Ce mémoire est accompagné : d'une vue du couvent, d'un plan du bourg de Saint-Pardoux et d'une carte de la baronnie de Saint-Pardoux.

A Monsieur Georges de RAMEFORT,

En témoignage de ma vive reconnaissance
et de ma respectueuse sympathie.

A Gabriel LAGRANGE,
et
Paul PETIT de PLAS,

Bien affectueux souvenir.

RECHERCHES

SUR LE MONASTÈRE ET LE BOURG

DE

SAINT-PARDOUX-LA-RIVIÈRE

PAR

M. Roger DROUAULT

Membre de la Société historique et archéologique du Périgord.

PÉRIGUEUX

IMPRIMERIE DE LA DORDOGNE (ANC. DUPONT ET Cie)

1900

RECHERCHES

SUR LE MONASTÈRE ET LE BOURG

DE

SAINT-PARDOUX-LA-RIVIÈRE

PAR

M. Roger DROUAULT

Membre de la Société historique et archéologique du Périgord.

PÉRIGUEUX

IMPRIMERIE DE LA DORDOGNE (ANC. DUPONT ET Cᵒ)

—

1900

RECHERCHES SUR LE COUVENT ET LE BOURG

DE

SAINT-PARDOUX-LA-RIVIÈRE [1]

I. — LE COUVENT.

Au point où la Dronne abandonne les rochers granitiques du Limousin qui barrent sa route à chaque pas et forment de si pittoresques, mais sauvages paysages, pour se transfigurer en une paisible rivière coulant à pleins bords, et où les coteaux, qui, jusque-là, l'enserrent étroitement, s'écartent de ses rives pour donner naissance à l'une des plus belles et riantes vallées du Périgord, s'étale, presque correcte-

---

(1) Qu'il me soit permis dès les premières lignes de ce travail d'adresser publiquement l'expression de ma vive reconnaissance à toutes les personnes qui ont bien voulu me donner leur précieux concours pour mener à bonne fin cette longue monographie, toute à la gloire du petit bourg où les hasards de la vie administrative m'ont fait passer, grâce à l'amabilité de ses habitants, quatre des meilleures années de mon existence. Ce sera m'acquitter envers eux que de fixer les faits et gestes de leurs ancêtres.

Je dirai tout d'abord Madame Petit de Plas, qui en me communiquant les anciennes archives du couvent sauvées par une de ses parentes, m'a donné l'idée première d'entreprendre ces intéressantes recherches. C'est aussi à son obligeance que je dois la plupart des vieilles coutumes que j'énumère plus loin. Elle me permettra de l'assurer de ma plus respectueuse gratitude.

M. Durand de Ramefort, notaire, à Saint-Pardoux, M. Jamain, notaire à Miallet, M. Duroy, notaire, à Saint-Saud, ont mis à ma disposition avec un empressement que je ne saurais trop reconnaître, leurs anciennes minutes, mine des plus riches où j'ai puisé à pleines mains.

M. le docteur Sireyjol, maire de Saint-Pardoux, m'a laissé prendre connaissance des anciens registres d'état-civil où se trouvaient nombre de renseignements précieux, et des registres municipaux de la période révolutionnaire.

ment aligné, le bourg de Saint-Pardoux-la-Rivière (1) d'où la vue s'étendait autrefois sur la campagne environnante ; aujourd'hui placé au fond d'un entonnoir, barrée qu'est cette vallée par un immense et obsédant remblai, jeté là de par la volonté utilitaire, mais peu esthétique, des ingénieurs du chemin de fer ; remblai interrompu, il est vrai, par un elégant viaduc dont les quatre arches enjambent hardiment la rivière, la route et la voie du tramway.

Ce bourg porte le nom d'un personnage dont le culte était très répandu en Limousin dès le XIIIᵉ siècle : saint Pardoux né vers 657 à Sardent, village du diocèse de Limoges, fut promu en 687 à la direction du monastère de *Garactum* (Guéret), où il mourut le 6 octobre 787. Il fut inhumé dans l'église de Saint-Aubin de cette ville qui jusqu'à la Révolution conserva ses reliques dans une curieuse châsse d'ivoire dont un fragment figure au musée de Guéret.

Je n'oublierai pas mes bienveillants et érudits confrères de la Société archéologique : M. Dujarric-Descombes, qui, au cours de ses nombreuses recherches, a relevé à mon intention tout ce qui concernait Saint-Pardoux ; M. le comte de Saint Saud qui a eu l'obligeance d'annoter mes listes de religieuses et de me donner de nombreux renseignements sur les anciennes familles ; M. Villepelet, archiviste du département, et M. Cailliac, bibliothécaire de la ville, qui, avec une complaisance infinie, ont guidé mes recherches dans les riches dépôts dont ils ont la garde ; M. le chanoine Brugière, qui, très libéralement, m'a communiqué ses précieux cartons ; M. le marquis de la Garde, qui m'a ouvert ses archives du château de la Pouyade ; mon excellent ami Paul Petit de Plas qui m'a fait d'intéressantes trouvailles aux archives et à la bibliothèque de Bordeaux.

Enfin toutes les personnes de Saint-Pardoux qui m'ont communiqué leurs papiers de famille : Madame Larret-Lagrange, MM. Chartroule, Dupeyrat, Desmarthon, etc.

A tous j'adresse mes plus vifs remerciments.

(1) Une notice sur le couvent de Saint-Pardoux a déjà été donnée par M. de Laugardière dans le *Bulletin* de la Société (1884.)

L'auteur n'a eu communication pour rédiger son travail que du terrier du couvent ; il n'a point eu connaissance de la fondation, des faits survenus en 1553, 1625 et 1685, ainsi que de tous les évènements concernant l'histoire du bourg, lacunes que le dépouillement de près de 30,000 minutes de notaires, des registres d'état-civil, de nombreux papiers de famille, ainsi que des recherches aux Archives départementales de la Dordogne et de la Gironde, aux Archives et à la Bibliothèque nationales, et à Rome, nous ont permis de combler.

COUVENT DE SAINT-PARDOUX-LA-RIVIÈRE

Plusieurs vies anciennes de saint Pardoux existent à la Bibliothèque nationale et mentionnent les miracles qui lui furent attribués : guérison d'aveugles et de paralytiques, délivrance de possédées, défaite des Sarrazins (1), etc. ; mais ni les unes, ni les autres ne donnent la moindre indication sur les causes qui firent adopter à notre bourg le patronage de ce saint. Il existe bien aux environs une fontaine dite de Saint-Pardoux, mentionnnée dès 1318, mais les traditions qui s'y rattachaient sont perdues.

Il est vraisemblable d'admettre que le groupement d'habitants qui s'était constitué en ce point, — l'origine de la vallée fertile de la Dronne, — se mit sous la protection du saint limousin (2) et lui éleva une église dont le vocable fut pris pour le nom du village ; plus tard, pour le distinguer des nombreux bourgs du même nom, on ajouta les mots *la Rivière*, et on disait en latin, *Sanctus Pardulphus de Ripariâ* (3).

A la fin du xiii° siècle, la fondation d'un couvent de l'ordre des Dominicaines vint accroître l'importance de cette petite paroisse rurale : pendant six siècles, ce monastère fut pour le bourg une source de profits de toute sorte ; aussi les religieuses étaient-elles fort aimées et considérées (4). Rien ne saurait mieux en donner une idée que l'expression de *nos dames* dont les villageois se servaient pour les désigner dans la conversation. En maintes circonstances, ils n'hésitèrent pas à prendre parti pour elles dans des conflits soulevés avec l'autorité civile ou ecclésiastique, quitte cependant à

---

(1) Cf. *la Vie de saint Pardoux, patron de Guéret*, par M. Coudert de la Villatte ; Guéret, 1835.

(2) Il nous paraît curieux de faire remarquer que la dévotion à saint Pardoux n'a guère dépassé la région sise autour du Limousin, si l'on en juge du moins par la distribution géographique des localités qui portent le nom de ce saint. La Corrèze en possède 5 ; la Creuse et la Dordogne, chacune 4 ; deux en Lot-et-Garonne ; une seule dans l'Allier, la Charente Inférieure, les Deux-Sèvres, le Lot, le Puy-de-Dôme et la Haute-Vienne. Ce nom s'écrit indifféremment Pardoux, Pardoult et Perdoux.

(3) Pendant la Révolution, le bourg s'appela *les Sables-de-Dronne*.

(4) Au xvii° siècle, nous avons rencontré plusieurs procès où la prieure est choisie comme arbitre,

leur intenter des procès au sujet de la perception des dîmes ou de l'exercice du droit de four banal.

Cet ordre de Dominicaines avait pour fondateur saint Dominique de Guzman, moine espagnol, né à Carlange, dans la vieille Castille, l'an 1170. Ayant reçu du pape Innocent III l'autorisation de prêcher les Albigeois, il vint en France où il se conduisit avec tant de zèle et de prudence qu'il fut nommé inquisiteur en Languedoc.

Ce fut alors qu'en 1206 il institua à Prouille, entre Carcassonne et Toulouse, un couvent de filles auxquelles il donna la règle de Saint-Augustin avec quelques modifications. De là ces religieuses se répandirent en France, Italie, Espagne et Portugal, si bien qu'au siècle dernier, elles possédaient 45 maisons en France et un grand nombre à l'étranger (1).

A l'origine, cet ordre n'admettait que des filles nobles issues d'un mariage légitime, tout au moins pour les religieuses de chœur. Leur habit consistait en une robe blanche avec chape tannée et voile noir ; en hiver, elles pouvaient porter trois tuniques avec une pelisse, ou quatre, sans pelisse.

Elles ne pouvaient manger de viande qu'en état de maladie, devaient porter des chemises de serge, dormir sur des paillasses et consacrer leur temps à la prière et à la méditation, en filant la laine et le lin.

D'après les constitutions de l'ordre, leurs couvents devaient être construits sans faste — *mediocres domos et humiles* ; — par suite les peintures et les sculptures qui « déforment la pauvreté », en étaient proscrites. Il leur était interdit aussi d'avoir plus d'une cloche ; de même qu'il ne leur était pas permis d'accompagner leurs chants avec des instruments de musique : l'usage des orgues ne fut toléré qu'en 1515.

L'église était divisée en deux parties : l'une ouverte aux parents des sœurs ; l'autre, consacrée à celles-ci, était entièrement entourée d'un grillage percé d'une ouverture de la largeur d'une palme par où la communion leur était donnée.

En 1601, le pape Clément VIII réglementant les réceptions

---

(1) P. Touron, *Histoire de saint Dominique*, Paris, 1739.

au parloir, ordonnait que celui-ci serait garni de deux grilles distantes de deux mains, et composées de barreaux de fer entrelacés et ne laissant entre eux qu'un espace de deux doigts ; deux religieuses voilées devaient assister aux visites.

Les punitions étaient dans l'ordre progressif : privation de la voix haute (*vox activa*), de la voix basse (*vox passiva*), des divers offices, des sacrements, enfin l'excommunication. La sœur qui ne chantait pas dans le ton suivi par ses compagnes était punie de huit jours de voix basse (1).

En raison de l'origine des religieuses, cette règle sévère ne fut pas partout observée et, au xvi° siècle, presque tous les couvents de cet ordre étaient tombés dans un relâchement extrême : à Aix, monastère fondé par Charles II, roi de Sicile, elles accommodaient l'habit religieux aux modes du temps ; une gravure ancienne nous les représente portant un vêtement blanc avec un scapulaire de la grandeur d'un tablier ; derrière leur coiffure, savamment édifiée, est jeté en guise de voile un petit morceau de crêpe ; la robe drapée d'une façon fort gracieuse, largement décolletée, relevée derrière en pouf, est garnie dans le bas d'un haut volant : costume d'un goût parfait que les élégantes du temps n'auraient pas désavoué. Une gravure de la même époque nous montre une religieuse de Montfleury, en habit d'hiver : robe blanche recouverte d'un manteau noir descendant jusqu'à mi-jambe, ouvert par devant et bordé de deux larges bandes d'hermine ; une pointe noire, comme les veuves en portaient jadis, tombe sur le front (2).

Nous verrons plus loin que le monastère de Saint-Pardoux ne fut point à l'abri de ces écarts.

* *

A la fin du xiii° siècle, la règle imposée par saint Dominique était encore suivie dans toute sa rigueur, et les reli-

---

(1) Cf. le P. Echard, *Scriptores ordinis Predicatorum recensiti, notisque historicis et criticis illustrati*. Paris, 1719.

(2) *Histoire des ordres monastiques, religieux et militaires, avec gravures*, Paris, Gosselin, 1725 ; t. III. p. 240 et suiv.

gicuses jouissaient d'un légitime renom d'austerité et de
vertu ; elles étaient particulièrement estimées en Limousin
et en Périgord où l'ordre des Dominicains, fondé par le
même religieux, possédait déjà plusieurs couvents.

· Le Limousin, dont faisait alors partie Saint-Pardoux, était
depuis 1263 sous le gouvernement de Marguerite de Bourgogne : fille du duc Hugues IV et de Yolande de Dreux, celle-ci
avait épousé Gui VI, vicomte de Limoges, décédé à Brantôme
en 1263, en revenant d'assiéger le château de Bourdeille.

Gui ne laissant qu'une fille âgée de trois ans, Marguerite
dut prendre le gouvernement du comté ; c'était, écrit M.
Marvaud, une femme hautaine et ambitieuse, aussi implaca-
ble dans ses ressentiments que hardie dans l'exécution de
ses desseins. Bientôt sa dureté souleva contre elle tous les
habitants de la vicomté, en particulier les bourgeois de Limoges qu'elle accablait d'exactions. En 1270, ceux-ci, ayant
obtenu des secours du roi de France, secouèrent le joug et
chassèrent l'impérieuse vicomtesse qui dut se retirer avec
ses troupes à Aixe et Chalusset ; « alors cette femme que la
haine ne laissait plus dormir, courant çà et là dans le Limousin, chercher armes et gens de guerre, toujours à cheval comme un homme de bataille, criant, vociférant contre
les bourgeois, fortifia les garnisons de ses châteaux d'Aixe et
de Châlus et ordonna aux siens de piller partout les propriétés des bourgeois (1). »

La vicomtesse avait auprès d'elle, comme instrument de
ses vengeances, un seigneur du nom de Gérard de Maumont,
homme cruel et astucieux, qui, par ses bassesses et ses flat-
teries, avait su capter sa confiance et s'était fait nommer
gouverneur de Limoges. Pour être agréable à sa maîtresse,
il profita d'une absence de celle-ci, pour, de concert avec son
frère, Elie de Maumont, doyen de Saint-Yrieix, annuler de
sa propre autorité toutes les franchises précédemment ac-
cordées par Marguerite aux bourgeois qui avaient fait leur
soumission. La vicomtesse le récompensa de ce coup d'au-

---

(1) M. Marvaud, *Histoire des vicomtes et de la vicomté de Limoges*, p. 300
et suiv.

dace, en le nommant gouverneur du Limousin et en le comblant de présents.

Enfin Marguerite mouru t (1). La nouvelle de sa mort fut accueillie avec joie par tous les habitants du pays qu'elle avait opprimés pendant de longues années ; maintes légendes ont porté jusqu'à nous le triste renom de *Marguerite l'enragée*, que ses compatriotes surnommèrent la *vicomtesse-reine*.

Marguerite fut, jusqu'au delà de la mort, l'incarnation la plus parfaite de ces temps féodaux où le seigneur, après avoir pillé indistinctement amis et ennemis, sans même respecter les biens de l'Eglise, se recueillait au seuil de l'autre vie, et, pour des fondations pieuses, instituait cette même Eglise légataire d'une grande partie de ses biens que fréquemment ses successibles, malgré les formules d'anathème insérées dans les actes contre les usurpateurs, ne se faisaient aucun scrupule de conserver.

Pour racheter ces cruautés, la vicomtesse, par son testament qui ne nous est point parvenu, témoigna le désir de faire établir une communauté de Dominicaines au bourg de Saint-Pardoux qui lui appartenait : Gérard de Maumont, son exécuteur testamentaire, fut chargé de réaliser son désir.

Gérard, raconte le chroniqueur limousin, Bernard Gui (2),

---

(1) Moréri place sa mort en 1290, tandis que M. Marvaud, t. I, p. 341, la met en 1277 : la chronique de Saint-Martial dit que Marguerite mourut le vendredi après la Saint-Barthélemy, 1277.

(2) Ou Bernard Guidonis : voir sur ce chroniqueur limousin une intéressante étude biographique et bibliographique de M. l'abbé Arbellot, dans les bulletins de la Société archéologique du Limousin, t. XLV. Né en 1260, Bernard Guidonis prit l'habit de Saint-Dominique le 16 septembre 1279 dans le couvent de Limoges ; après avoir rempli diverses dignités il fut nommé prieur de ce couvent en 1305, puis en 1307 inquisiteur à Toulouse et enfin en 1324 évêque de Lodève ; il mourut le 3 décembre 1331 laissant de nombreux ouvrages d'histoire et de théologie. C'est dans son histoire de la fondation des couvents de l'ordre des Frères Prêcheurs publiée par dom Martène, dans l'*Amplissima collectio*, t. VI, que nous avons retrouvé la relation concernant les origines du couvent de Saint-Pardoux.

Il existe trois copies anciennes de cette histoire, l'une conservée aux archives des Frères Prêcheurs à Rome, la seconde à la bibliothèque de Bordeaux et la troisième à celle de Toulouse.

Le R. P. Maur. M. Kaiser, bibliothécaire de l'ordre des FF. Prêcheurs, à

historien de l'ordre de Saint-Dominique et contemporain de
ces faits, s'employa de tout son pouvoir à exécuter les dernières volontés de sa bienfaitrice et, suivant ses intentions,
fit construire (1) un monastère qu'il dota de rentes et de la
haute justice de Saint-Pardoux.

Vers la fête de Sainte-Agnès (21 janvier), étant à Paris, il
offrit ce nouvel établissement à l'ordre de Saint-Dominique
représenté par frère Guillaume Aurelie et Bernard de Bertrand, en présence du roi Philippe, qui, sur la prière de
Gérard, accorda des lettres de sauvegarde à ce monastère le
plaçant sous l'autorité royale, à charge de prières pour lui
et ses successeurs. Ces lettres furent octroyées à Melun au
mois de février suivant, 1292 (n. st.)

Cette donation fut acceptée au chapitre provincial tenu à
Brive le jour de l'Assomption 1292 par Raymond Extranei (2),
vicaire de la province, la charge de provincial étant alors
vacante, et par quatre définiteurs : Raymond d'Hunald (3),
prieur de Toulouse ; Odon de Causencio, prieur de Mout-
pellier, Guiran, prieur de Marseille, et frère Jean Vigoreux.
Pour rendre cette donation irrévocable, Gérard la renou-
vela solennellement au maître de l'ordre, Etienne Bisuntinum (4), le dimanche des Rameaux, dans le couvent des

---

Rome, a bien voulu nous envoyer une copie de la première qui est cotée
dans ses archives lib. KL. p. 308 et 314 ; elle reproduit avec quelques va-
riantes le texte publié par D. Martène, et une note fait connaître qu'elle fut
envoyée en 1307 aux religieuses de Prouille.

M. le baron de Rivières, inspecteur de la Société française d'archéologie,
a bien voulu confronter ce texte avec celui conservé à Toulouse.

(1) On nous a assuré avoir vu autrefois dans les archives du couvent un
papier où il était indiqué que les ouvriers qui travaillaient à cette construction touchèrent un denier et un oignon par jour.

(2) Originaire de Montbrun en Limousin, il était prieur de Brive en
1291-1293.

(3) Raymundus Hunaudi de Loantario, Tolosanus, dixième prieur provincial ;
Amplissima collectio, t. II, col. 427.

(4) « Etienne de Besançon, né de maison médiocre, releva son extraction
par la sincérité de ses vertus et fut aussi grand prédicateur qu'il était admiré
dans les escholles. » Docteur en théologie, il fut régent du couvent Saint-

Dominicains de Paris, en présence de nombreux frères, parmi lesquels se trouvaient cinq maîtres en théologie, neuf bacheliers, Guillaume Aurelie, et Gérard de Bremont, du couvent de Périgueux, spécialement délégués pour terminer les négociations. Sur le champ, le maître de l'ordre, du consentement des religieux présents et sur les nouvelles instances de Gérard de Maumont, manda aux religieuses de Prouille, d'avoir à envoyer quelques-unes des leurs pour occuper le nouveau monastère de Saint-Pardoux, et un accord fut conclu entre Gérard et Etienne Bisuntinum le samedi avant la Toussaint 1292.

Gérard, que les chroniques nous représentent comme « un grand et puissant tyran qui prenoit à dextre et à senestre »(1) profita de ce qu'il tenait en sa main les biens destinés par Marguerite pour la dotation du couvent, et de sa toute puissance comme clerc du roi de France, pour s'en approprier une partie, et il sut amener le maître de l'ordre à donner son assentiment à ses usurpations.

Par l'accord dont nous venons de parler, Gérard déclare bien délivrer à l'ordre de Saint-Dominique le couvent qu'il a fait construire, le bourg et la paroisse de Saint-Pardoux, tels que les tenait le vicomte et lui-même après le décès de la vicomtesse, sous réserve d'une rente de 12 livres données par celle-ci aux Cordeliers de Nontron, et lui assigne comme dotation les terres acquises par la vicomtesse, de Raymond de Saint-Martin (2), la manse de la Bleynie, parois e de St-Front-la-Rivière, et la manse de la Roussie, paroisse de

---

Jacques de Paris, provincial de France en 1291, puis général de l'ordre en 1292. Il mourut à Lucques en Toscane le jour de Sainte-Cécile 1295, laissant plusieurs ouvrages.

V. *Histoire des saints, papes, cardinaux et autres hommes illustres qui furent supérieurs ou religieux du couvent Saint-Jacques de l'ordre des FF. Prêcheurs de Paris*, par le F. Antoine Mallet. Paris, 1634, p. 400.

(1) Ancien manuscrit cité par Daguesseau, *Œuvres*, t. VI, p. 475. La légende que nous citons plus loin l'accuse d'avoir fait un pacte avec le diable pour la construction du couvent.

(2) La vicomtesse avait acheté ces terres par acte du mercredi après l'octave de Pâques, 1265 (Nadaud, t. III, page 97.)

St-Martin-le-Peint ; mais reprenant d'une main ce qu'il abandonne de l'autre, il exige du maître de l'ordre d'immenses
concessions : celui-ci consent à le laisser en possession du
fort de Saint-Pardoux au-dessous duquel est construite l'é-
glise paroissiale, entouré de murs et de fossés avec toutes
les terres sises à l'entour qui n'étaient ni la propriété de l'é-
glise, ni celle des particuliers ; il lui reconnaît la haute et
basse justice sur ce fort et ses dépendances, l'appel de la justice du bourg et de la paroisse ; le droit de conserver
les vignes qu'il avait fait planter sur ce même territoire,
du côté de Châlus, avec la faculté d'en établir de nouvelles ;
d'acheter des terres, d'y construire des maisons et d'exercer sur ces biens les droits de haute justice.

Le maître de l'ordre s'engageait en outre, au nom de ses
religieuses, à faire célébrer une messe chaque jour de l'an
par un frère dominicain pour le repos de l'âme de la vicomtesse, de son mari, de ses parents et bienfaiteurs ; plus quatre anniversaires solennels pour la fondatrice : le premier le
lendemain de la conversion de Saint-Paul (27 janvier) ; le
deuxième, le lendemain de la fête de Saint-Marc, évangé-
liste, le troisième, la veille de la Sainte-Marguerite (19
juillet) et le quatrième la veille de la Saint-Luc (18 octobre).

Pour lui, Gérard obtint une messe quotidienne jusqu'à sa
mort et, après celle-ci, une messe des défunts dite chaque
jour pour le repos de son âme, de ses parents et bienfaiteurs. De plus les religieuses étaient tenues de prier chaque jour en chapitre pour la vicomtesse, son mari, Gérard
et les leurs. Enfin le maître de l'ordre consentit à admettre,
à chaque mutation du seigneur de Châlus, une religieuse
présentée par le nouveau possesseur. Pour plus grande confirmation de tous ces accords, Gérard apposa son sceau au
pied de l'acte ; l'empreinte en cire verte présentait un écu
fascé (1).

Tout étant ainsi réglé, six religieuses furent envoyées du

---

(1) Nadaud dit cependant, t. III, p. 209, que les armes de Gérard de Maumont sont deux lions passants.

monastère de Prouille ; elles arrivèrent à Saint-Pardoux le
9 des kalendes de juin (29 mai) 1293, jour de la Trinité, qui,
cette année-là, coïncidait avec la fête de la Translation de
Saint-Dominique : une foule immense composée du peuple,
des prêtres et des nobles du pays tout entier, au milieu desquels se distinguait Gérard, versant d'abondantes larmes
d'allégresse, se porta au devant d'elles et les accompagna en
grande pompe au monastère en chantant des cantiques et
des actions de grâce, avec maintes démonstrations de joie.
Ces religieuses se nommaient : Fine d'Aragon, Elisabeth de
Saves, Agnès de Bechevena, Beatrix de Bethesi et Claire
Davine ; celle-ci dans la suite retourna à Prouille (1).

Fine d'Aragon leur fut donnée comme première prieure ; à
côté d'elle on plaça un prieur syndic chargé de s'occuper des
intérêts matériels de la communauté et élu par celle-ci : le
premier prieur fut Guillaume Aurélie qui avait été délégué
par l'ordre pour accepter la fondation de Marguerite de
Bourgogne. La durée de cette charge, d'abord fixée à un an,
fut ensuite portée à trois ans ; le prieur était indéfiniment
rééligible.

(1) Après l'histoire, la légende : Gérard de Maumont, raconte-t-elle, fit un
pacte avec le diable pour construire le couvent, et tous deux arrêtèrent de
l'édifier sur les hauteurs de Couderfery, point culminant de la région, à demi-
lieue de Saint-Pardoux. Alors le diable apporta sa pleine poitrine de pierres ;
mais lorsqu'il lui fallut de l'eau pour faire le mortier, il s'aperçut qu'il aurait
beaucoup de peine pour la monter à cette hauteur; et il prit pour l'emporter
un panier percé ; de telle sorte que lorsqu'il arrivait, il n'en restait plus une
goutte.

De dépit, il abandonna son tas de pierres — en cet endroit le coteau est
couvert de rochers et une carrière qui y est aménagée porte le nom de carrière du Diable ; non loin on trouve aussi toute une suite de tombelles, — et
il décida que le couvent se construirait où tomberait son marteau : du haut de
Couderfery, le diable « tira son marteau » qui alla tomber au bord de la
rivière. Il se mit alors à l'œuvre.

Gérard lui ayant demandé quelle hauteur auraient les bâtiments, le diable
lui répondit qu'ils seraient limités par son marteau et il le lança en l'air : cet
outil s'arrêta à une certaine hauteur et resta ainsi suspendu jusqu'à ce que la
maçonnerie fût arrivée à son niveau.

(Conté par la Bouninne, vieille mendiante âgée de 93 ans, noyée vers Pâques
1898, derrière le couvent.)

Guillaume Aurélie, à l'expiration de ses fonctions, fut nommé prieur du couvent des Frères Prêcheurs de Périgueux et remplacé par Armand de Monte Agrario ; son successeur, Raymond de Curamonte, reçut l'investiture de Fr. Pierre de Godin, prieur provincial, l'an 1303 (1).

La fondation et les origines de ce couvent ainsi retracées nous donnerons sous le nom de chaque prieure, pour utiliser d'une façon plus complète le résultat de nos recherches, les divers faits que nous avons recueillis sur cet établissement.

FINE D'ARAGON, la première prieure, appartenait sans doute à la famille royale de ce nom qui possédait alors en France le comté de Roussillon et la seigneurie de Montpellier dont Prouille, berceau de notre ordre, était fort proche (2).

L'année de la fondation, le vigier, qui gouvernait le château pour Gérard, fit recevoir sa fille, Pétronille Seguin, comme religieuse.

Peu de temps après, la communauté fut augmentée par l'arrivée de six autres religieuses : quatre venaient encore de Prouille, Marguerite Dardine, Elisabeth Vesine, Agnès de Bethesi et Bertrande d'Escayrac ; les deux autres, qui avaient reçu leur éducation religieuse au même monastère, venaient de Pontvert (3) : Sereine d'Escayrac, sœur de Bertrande, et Azema Froment de Martel.

En 1295 l'église du couvent reçut la sépulture d'Elie de

1) *Arch. des FF. Prêcheurs de Rome*, lib. K. L. p. 314.

(2) D. Francisco de Bofarull, archiviste général de la Couronne d'Aragon, a bien voulu faire, à notre demande, dans les célèbres archives de Barcelone, sur la filiation de Fine d'Aragon, des recherches qui sont restées infructueuses. Elle n'est pas nommée, nous a-t-il écrit, dans l'important ouvrage publié par son aïeul, D. Prospero de Bofarull : *Los Condes de Barcelona ;* pas plus, du reste, que dans toutes les généalogies de la famille d'Aragon qu'il a pu consulter.

Il voudra bien trouver ici l'expression de notre très respectueuse gratitude.

(3) *Pontus Viridis*, Pontvert près Condom, prieuré fondé en 1280; parmi les religieuses de ce couvent, Bernard Gui cite Serena de Scayrac, *Cartusensis*, et Azema Fromento de Martello, (*Ampl. Collectio*, col. 126.)

Maumont, doyen de St-Yrieix, frère du fondateur, qui, décédé à Paris vers la fête des Rameaux 1294 (v. st.), avait d'abord été inhumé dans le couvent des Dominicains de cette ville (1).

Gérard lui-même étant mort au château de Châlus dont il était seigneur, la veille de la Nativité de la Vierge (7 septembre) 1299, son corps fut apporté à Saint-Pardoux et enterré, selon son désir, dans l'église des religieuses, en grand appareil, le troisième jour après son décès (2).

Sur le testament d'Adhémar Seguin, qui, le 27 avril 1303, faisait une donation au couvent, figure le sceau d'Armand de la Brandie, prieur du couvent de Saint-Pardoux : l'empreinte en cire brune de forme ovale (35^{mm} sur 24^{mm}) porte, sous une arcade ogivale, la Vierge couronnée à mi corps, l'Enfant à sa gauche ; plus bas sous un arc de même forme, un moine tourné à droite, à genoux, les mains jointes. Autour se lit la légende :

.... IORIS DE SCO PAR.. LPHO ORA P. MICH.
Sigillum prioris de Sancto Pardulpho ; ora pro michi (3).

SEREINE D'ESCAYRAC, prieure en 1307, l'une des religieuses venue de Prouille, succéda à Fine d'Aragon. Elle pouvait être la fille de Bertrand d'Escayrac, vivant en 1267, et de sa seconde femme, Sereine de Saint-Privat.

Son obiit figurait à la date du 25 février dans un nécrologe qui existait encore au siècle dernier aux archives du couvent, où il fut consulté par l'abbé Nadaud. Des notes que celui-ci a laissées (4), il résulte que ce nécrologe était une

---

(1) Nadaud dit qu'il mourut entre le lundi et le mardi de la semaine de la Passion 1294, t. III, p. 209.

(2) *Anno M° CC° IIII^{xx} XIX obiit magister G. de Malo Monte apud Chaslutz Chabrol et fuit sepultus in monasterio monialium S. Pardulfi.* (Chron. de Saint-Martial de Limoges.)

(3) M. de Bosredon, *Sigillographie du Périgord*, n° 439, et *Arch. des Basses-Pyrénées*, n° 1045.

(4) *Bibl. nat.* Collection Lespine, t. XXXV, f° 129 : « Catalogue des prieures fourni par M. Nadaud, curé de Teyjac » et f° 131 : « Extrait d'un martyrologe très ancien où on a inscrit sans ordre les articles suivants. »

sorte de calendrier contenant une vie des saints pour chaque jour de l'année : quand un décès ou un événement notable se produisait, les religieuses l'inscrivaient en marge de ce calendrier, en face du jour correspondant ; mais dans la plupart des cas le millésime de l'année était omis.

C'est, croyons-nous, un fragment de ce calendrier que nous avons retrouvé à Saint-Pardoux : il consiste en une double feuille de parchemin contenant, d'une écriture du xıvᵉ siècle, les vies des saints pour les 8ᵉ, 7ᵉ, 6ᵉ, 5ᵉ et 4ᵉ jours des ides de mai (8 au 12 mai); les lettrines sont dorées sur fond rouge et bleu ; les rubriques tracées à l'encre rouge. En marge se trouvent mentionnés des obiit et des anniversaires, les uns d'une écriture du xvᵉ siècle, les autres écrits au xvıııᵉ; ces derniers sont presqu'entièrement effacés (1).

BÉATRIX DE BELHES figurait dans le nécrologe comme prieure ; il y a sans doute identité entre elle et la prieure qui est désignée sous le nom de BESTRICT dans une copie faite au xvᵉ siècle d'un important accord conclu en 1318 entre l'ordre des Dominicaines et le vicomte de Limoges, qui, devenu possesseur de la seigneurie de Saint-Pardoux, s'était emparé, à la faveur des guerres, de la haute justice et de divers droits en dépendant.

Cet accord fut passé en janvier 1318 entre Jean de Bretagne, vicomte de Limoges, et Isabelle de Castille, sa femme, d'une part ; frère Hugues, provincial des Dominicains pour la province de Toulouse, Helie de Planis, prieur de Saint-

---

(1) En marge du 8ᵉ jour des ides (8 mai) on lit : *Anniversarii domini Helic de Machmat et Therii de Machmat pro faciendo conventum habuit... x s. rend.* ;

Du 6ᵉ (10 mai): *anniversarii Riche.... domicellus angliscus.*

Du 5ᵉ (11 mai) : *obiit soror Agnès Pantheus.*

Du 4ᵉ (12 mai) : *obiit soror Magdalena (?) Despani.*

Toutes ces notes paraissent tracées au xvᵉ siècle. Celles écrites au dernier siècle sont presque entièrement effacées. De l'une on lit encore : *Hac die decima et... rex hoc monasterio pro...urus ann...um singulis.*

Cette pièce nous a été très gracieusement offerte par Mᵐᵉ Larret-Lagrange, de Saint-Pardoux.

Pardoux et la prieure Bestrict, d'autre part. Le vicomte fit reconnaître son usurpation et ne laissa au couvent que la justice moyenne et basse sur le bourg et un territoire délimité du côté de Milhac et de Chaumeil, par la Dronne ; du côté du monastère, par la croix de la Môle et du côté du mainement de l'Age par la croix de la fontaine de Saint-Pardoux.

Dans l'étendue de ce territoire bien restreint, à l'intérieur des clôtures du couvent et dans les manses en dépendant sis dans la paroisse, le couvent pouvait connaître des causes dont l'amende ne dépassait pas 60 sous et un denier, et en cas de condamnation cette amende lui appartenait.

Il avait droit de tenir prison dans le bourg et dans sa manse de Nieul, et pouvait nommer prévôts, juges, greffiers et gardes avec faculté de tenir audience. Il conservait le droit de donner mesure à blé, à huile, à sel et à vin et les profits qui pouvaient en découler, mais cependant jusqu'à concurrence de 60 sous et un denier.

Il fut aussi convenu que les appels de ses jugements res sortiraient au château de Nontron qui était la propriété du vicomte. Celui-ci lui reconnaît les droits de four banal, d'estang de vin (1) et celui de lever annuellement 13 livres de taille et 100 sous de commestion sur les habitants du bourg.

Le vicomte et la vicomtesse restent en possession de la haute justice du bourg et de la paroisse avec tous les droits, prééminences et émoluments qui y sont attachés. Ils consentent en outre à ne pas empêcher leurs vassaux de faire moudre leur blé aux moulins du monastère, tant qu'ils n'auront pas fait édifier de moulins banaux dans les paroisses de Saint-Pardoux et Saint-Front-la-Rivière. Enfin ils confirment les possessions du couvent dans la vicomté de Limoges, lui donnant la faculté d'acquérir dans tous leurs fiefs, réservé le droit de leurs vassaux, sans payer de droits

---

(1) En vertu de ce droit d'estang ou d'estreing de vin, le couvent avait le privilège exclusif de vendre du vin pendant un mois.

féodaux, mais sans que toutefois la valeur des biens acquis puisse dépasser 30 livres. Les religieuses reconnaissent le duc et la duchesse pour leurs seigneurs temporels.

Puis les parties, tant pour elles que pour leurs successeurs, leurs hommes et officiers, se remettent réciproquement leurs injures, insultes, forfaits, excès et dommages qu'ils ont pu se faire; en témoin de quoi le vicomte et la vicomtesse, le provincial, le prieur et la prieure apposèrent leurs sceaux au pied de l'acte ainsi que celui du couvent (1).

Ce même prieur, Hélie de Planis, passait une transaction le mardi avant la fête de Saint-Georges 1320, avec Gui Flamenc, seigneur en partie de Bruzac, qui devait au couvent une rente de 100 sols pour Almoize et ses autres sœurs défuntes, reçues autrefois comme religieuses au couvent : Flamenc ne reconnut devoir que 80 sous qu'il assigna sur lé mainement de la Faye, paroisse de Champagnac, sur celui de Bionnac, paroisse de Saint Front et sur celui de la Rosselie. Le prieur fit en même temps reconnaître la promesse faite par Gui, dès le lundi avant la Saint-Martin d'hiver 1317, en présence d'Hélie Malet, Imbert de Nanteuilh, clerc, et Hélie de Buyn, de donner une rente de 20 sous pour fonder son anniversaire.

A défaut de renseignements nous placerons ici trois prieures dont nous ne connaissons que les noms (2) : AGNÈS DE BETHESI, une des religieuses venues de Prouille, décédée le 1er décembre ; RICHEFINE ou RICHELINE dont l'anniversaire était célébré le 6 mars, et AGNÈS dont l'obiit était inscrit à la date du 30 avril.

C'est probablement sous l'une d'elles que fut rendu par le juge de la vicomté de Limoges, le jugement suivant sur des difficultés qui s'étaient élevées entre le prieur et les paroissiens de Saint-Front et de Saint-Pardoux, que celui-ci vou-

____

(1) D'après une copie provenant des archives du couvent ; tous les faits cités sans indication de source, dans la suite de ce travail, ont même origine.

(2) D'après la liste de la collection Lespine, t. XXXV, f° 129.

lait contraindre à moudre leur blé aux moulins du monastère comme l'accord de 1318 l'avait décidé provisoirement :

Nos judex vicecomitatus Lemovicensis, notum facimus universis quod, cum Guillelmus Johannis, serviens de nostro territorio, citasset ad presentes asisias de nostro territorio, quod plures homines parrochianos burgorum Sanctorum Frontonis et Perdulphi de Riperia super factis quod moluerant blada sua ad alia molendina quod ad molendinum quod dominus vicecomes habet prope Sanctum Frontonem de Ripperia, cum diceret dictos parrochianos teneri blada sua molere ad dictum molendinum de statuto regni Francie, venerabili religiosoque viro priore Sancti Perdulphi de Ripperia opponente, se ad præmissa pro se et priorissa et conventu dicti loci et dicente se habere privilegium a domino duce Britannie vicecomiteque Lemovicensi quod nullus inpediretur per gentes suas quod posset molere bladum suum ad molendina dicti religiosi que sunt apud Sanctum Perdulphium et Ponbao ut circa et facta nobis fide de dicto privilegio per litteras magno sigillo dicti domini sigillatas confectas super compositione facto olim inter ipsum dominum, ex una parte, et dictum priorem et priorissam dicti loci, ex altera. Nos nolentes in aliquo decurtare privilegio dicto yminus (?) ipsum prout expedit pocius observare, inhibemus tenore presentium preposito et serviente de nostro territorio et cuilibet in sedis ne de cetero dictos parrochianos seu quovis alios inpediant seu perturbent quominus possint molere blada sua ad molendina prioris et priorisse predictorum, prout asueverunt facere temporibus retroactis, exceptis dumtaxat hominibus talhabilibus domini supradicti. Datum in assisias de nostro territorio die lune post diem dominicam qua cantatur *Judica me*, anno domini M.CCC° XX°. quinto.

MARGUERITE VIGIER DE HAUTECORNE (*de Alto Cornu*) fut, d'après l'obituaire, la sixième prieure : elle était sans doute proche parente de Catherine Vigier entrée au couvent en 1324, à qui son père Jehan Vigier, chevalier, seigneur de Hautecorne, avait constitué en dot une rente de 30 sols.

Suivant une pièce très mutilée du 7 des ides de novembre 13..7, le prieur Hélie de Julien et la prieure... *igeria* accensaient à Pétronille de Planande une maison et des dépendances dans la paroisse d'Antonne, moyennant une émine de froment et 12 deniers.

Le 5 juin 1344, la prieure RICARDE DE LA BRANDE accordait l'investiture au prieur Pierre Darchier pour des rentes sises dans la paroisse de Quinsac. Le même jour, elle abandonnait au monastère les dîmes qui lui appartenaient sur le fief donné au couvent par Raymond Eyraud, à charge d'un anniversaire.

Parmi les donations les plus importantes faites aux religieuses vers ce temps, nous mentionnerons celle consentie par Seguin de Neuil le mercredi après le dimanche où l'on chante *Oculi mei* 1324 par laquelle il abandonne tous ses biens, le repaire de Néuil, rentes, revenus, moulins, acaptes, tailles, vassaux en dépendant, sa maison de Saint-Pardoux, son colombier et sa forêt ; la fondation par Guillaume Mallet, le jeudi après l'octave de Pâques 1347, de quatre obiits et de quatre grand'messes pour la célébration desquels il concéda 12 setiers de froment ; le testament d'Hélie de la Roche, vicaire perpétuel de Saint-Pardoux, daté du lundi après la Nativité 1322 par lequel il donne une émine de froment de rente pour la fondation d'un obiit.

En l'an 1312, les religieuses augmentèrent les droits que leur payaient les habitants et les fixèrent à 5 sols par eu.

*

FINE BRUNE DE CHAMPNIERS succéda à la précédente prieure ; le lundi jour de l'Exaltation de la Ste-Croix (14 sep.) 1351, elle recevait, avec le prieur Hélie Darchier, la ratification par divers paroissiens de Quinsac de plusieurs contrats qu'ils avaient consentis au profit du monastère ; elle était encore prieure l'année suivante.

Le lundi fête de Saint Laurent 1360, Jean de Laurière, faisait donation au couvent de tous ses biens sous réserve de la moitié de ses revenus pendant sa vie et de l'autre moitié pendant celle d'Adhémar Jaucelin, prieur ; il donnait en même temps une rente de blé aux Dominicains de Périgueux pour la fondation d'un anniversaire le jour de Saint-Michel. En retour, il se réservait la faculté d'habiter le couvent de Saint-Pardoux, en habit régulier ou séculier, à son choix, et d'y finir ses jours. Par acte du 29 novembre 1362, sa sœur, Esclarmonde, veuve d'Hélie de la

Borie, fit don à ce même couvent de sa personne et de tous
ses biens, sous la réserve de sa nourriture et de son entretien, à charge pour le couvent de la faire ensevelir honora-
blement (1).

Pendant les guerres anglaises, le monastère eut fort à
souffrir des incursions ennemies qui ravagèrent tant les
environs de Nontron que les contrées voisines. Pour aider
les religieuses à relever le couvent de ses ruines, le pape
Clément VI, unit au prieuré, à leur sollicitation, la vicairie
perpétuelle ou cure de Saint-Pardoux, d'un revenu annuel
de 50 livres, à condition de payer au vicaire une portion
congrue de 50 livres. La bulle qui constate cette union est
du jour des calendes de juillet (1er juillet) 1345.

En 1371, une contestation s'étant élevée entre l'évêque et
le couvent au sujet de la présentation à la vicairie, les religieuses représentèrent au pape Grégoire XI « qu'il estoit
malaisé de traicter avec led. sr. évesque à cause qu'il de-
meuroit dans les terres subjectes aux Anglois (2) et que led.
lieu de Saint-Pardoux étoit tenu par les François ». Elles
lui demandèrent de nommer un arbitre devant qui le différend serait porté. Par lettres du 4 septembre 1371, Grégoire
désigna Pierre (3), cardinal diacre de Saint-Eustache qui,
à son tour, délégua l'abbé de Chancelade et le doyen de
Saint-Yrieix pour procéder séparément à une enquête :
après avoir ouï leur rapport, le cardinal décida que la présentation appartenait à la prieure et la collation à l'évêque (4).

BONNE DE LESPINATH qui est indiquée dans le nécrologe
comme ayant été la huitième prieure, vivait en 1384 et

---

(1) *Nobiliaire de Courcelles*, t. IV, art. *Laurière*.

(2) Le P. Dupuy dit en effet que l'évêque Pierre Tison était un partisan
des Anglais.

(3) Pierre Flandrin, originaire du Vivarais, doyen de Bayeux, créé cardinal en 1371, mourut à Avignon le 23 janvier 1381. (Moréri).

(4) Le couvent de Saint-Pardoux était compris, en 1332, pour une au-
mône de 10 sols tournois dans les charités du mardi-gras de la ville de Périgueux. (Note de M. Dujarric-Descombes.)

en 1403. Ce fut à sa supplication que le pape Boniface accorda au couvent, en 1390, une bulle le dispensant, à cause des souffrances endurées et des pertes subies pendant les guerres, de dîmes, tailles et autres subsides jusqu'en l'année 1404.

Aux prieures dont les noms suivent, d'après le catalogue, nous n'avons pu accoler la moindre date : AGNETTE DE LA BARDE, morte le 14 novembre, et GAILLARDE DE LA RIGAUDIE.

GUILLEMETTE DE SOLIO affranchit, en 1428, les habitants « de la subgection d'aller cuire au four banal », à charge de payer annuellement une rente de 5 sols par feu ; elle mourut le 9 février 1430.

PÉTRONILLE DE MAUMONT, alias DE MARMOYT, donnait à bail, avec Marie Béchade, sous-prieure, Gratienne de la Grelière et Marie Autier, religieuses, le 22 novembre 1445, des domaines sis à Saint-Martin-le-Peint ; elle décéda le 6 juin 1451.

Ce fut à cette prieure que Jean de Bretagne, vicomte de Limoges et comte de Pierregort, accorda, le 17 décembre 1445, des lettres confirmant les priviléges concédés par ses prédécesseurs, « aux prieur, prieures, sueurs et couvent », « attendu, dit-il, que nous désirons à ung chascun garder ses droiz et priviléges et mesmement à l'Esglise et non point diminuer ».

Vers ce temps, le pape Nicolas V (1447-1455) concéda des indulgences à tous ceux qui visiteraient le couvent le jour de la Sainte-Anne, ainsi qu'il est constaté dans des lettres d'Hélie, évêque de Périgueux du jour des calendes de juin 1451 ; deux ans après, ce même évêque instituait une confrérie en l'honneur de sainte Anne.

La prieure suivante, CATHERINE DE LA GRELIERE, passait le 29 juin 1452 avec Hélie Raoul, de Nontron, une transaction concernant un tènement à Saint-Martin-le-Peint. Elle est conclue *in capitulo dominarum sororum, ante fer-*

ratum (1) *monasterii :* tous jurèrent de tenir les conventions arrêtées, la prieure, le prieur et deux religieuses en mettant la main sur la poitrine, et Raoul en touchant le livre des Évangiles.

Le 21 avril 1452, elle obtenait du roi Charles VII des lettres mandant au sénéchal de Périgord de contraindre les habitants de Saint-Pardoux au paiement de 13 livres de taille et 100 sols de commestion dus au monastère en vertu de l'acte de 1318 ; elle avait eu l'adresse de faire insérer dans ces lettres que la juridiction de Saint-Sulpice lui appartenait en entier.

En affermant diverses maisons sises à l'intérieur du fort, le 14 décembre 1453, elle se réservait le droit, comme le pays n'était pas entièrement pacifié, de se retirer dans ces bâtiments dans le cas où, à cause des gens d'armes, elle serait obligée d'abandonner le couvent.

Sa mort était inscrite dans l'obituaire à la date de 1457.

PERRETTE DE LA MARCHE, décédée le 16 avril, fonda en 1447 un obiit à charge de 10 sols de rente sur le repaire de Neuil ; à cette date, elle n'était pas encore prieure.

SOUVERAINE DE POMPADOUR : dans l'obituaire on lisait : *Anno 1473 et die 14, mensis augusti, obiit honorabilis dómina Sobeyrana de Pompadoria, que fuit priorissa hujus monasterii.*

MARIE AUTHIER, religieuse au couvent pendant 55 ans, était prieure en 1477 ; elle décéda le 19 août 1498 ; le 3 mai 1482, les habitants lui rendaient une déclaration constatant qu'ils étaient ses justiciables et qu'ils étaient soumis à sa banalité ; pour s'affranchir de celle-ci, ils s'engagèrent, comme en 1428, à lui payer 5 sols par feu.

Sa parenté avec noble Antoine Authier, qui, le 4 mai 1447, léguait au couvent, pour fonder un anniversaire, une

---

(1) Tous les actes des xv⁰ et xvi⁰ siècles et du commencement du suivant sont passés *devant le ferrat* ou *au ferrat* du couvent. Ce mot que nous ne retrouvons pas dans les glossaires désigne sans doute la grille de *fer* qui divisait le parloir, et par extension le parloir lui-même.

rente sur son moulin de la Bastide, paroisse de Coussac-Bonneval, paraît probable.

JEANNE DE GUYENNE. La plus remarquable par la naissance des prieures qui gouvernèrent le couvent de Saint-Pardoux, est assurément Jeanne, bâtarde de Guyenne, petite-fille du roi Charles VII et par suite nièce de Louis XI.

Charles VII avait eu de son mariage avec Marie d'Anjou, fille du roi de Sicile, huit filles et quatre fils ; de ces derniers deux seulement survécurent : Louis, qui lui succéda sous le nom de Louis XI, et Charles, d'abord duc de Berri, puis duc de Normandie et de Guyenne, né au château du Montil-lès-Tours le 28 décembre 1446. « Cestuy monseigneur Charles, dit Commines, estoit homme qui peu ou rien faisoit de luy, mais en toutes choses fut manié et conduict par autruy (1) ». Cette appréciation de Commines est exacte et toute sa vie Charles fut le jouet de ses courtisans qui, plusieurs fois l'excitèrent à lever contre son frère l'étendard de la révolte : en 1464, il fut placé par eux à la tête de la Ligue du Bien Public dont le roi ne vint à bout que par des prodiges de diplomatie.

En 1471, de puissants seigneurs, exploitant sa faiblesse et son ambition, le firent entrer dans une nouvelle ligue formidable : le roi d'Angleterre devait descendre en Normandie, le duc de Bourgogne le rejoindre par la Picardie, tandis que le duc de Lorraine attaquerait par la Champagne et le duc de Bretagne par la Touraine ; à Charles était dévolue la conduite des bandes gasconnes qu'il devait amener au cœur même du royaume. Un hasard ayant mis le roi sur la trace de cette conjuration, il envoya, pour gagner du temps, aux ducs de Bourgogne et de Guyenne, des députés qui, par des promesses, essayèrent de les détacher du complot ; en même temps, il massa des troupes sur les frontières.

La situation du roi était toujours très critique, quand subitement Charles, l'âme de la conjuration, tomba malade : se trouvant, en octobre 1471, à Saint-Sever, il par-

---

(1) Commines, édition Buchon, p. 60.

tagea avec sa maîtresse, Colette de Chambes, dame de Montsoreau, une pêche qui avait été pelée par son aumônier, Jourdain Faure, dit Versois, abbé de Saint-Jean-d'Angely ; ce fruit était empoisonné : quelques instants après, tous deux furent pris de douleurs aiguës. Colette décéda le jour même, Charles languit plusieurs mois et mourut à Bordeaux le 12 mai 1472. On ne manqua pas de voir, avec quelque vraisemblance, l'intervention de la main du roi, dans cette mort survenue si fort à propos, bien que Louis ait donné pendant la maladie de son frère les marques de la plus vive douleur (1).

Faure et Henri de la Roche, écuyer de bouche, son complice, furent arrêtés et incarcérés à Nantes ; leur procès était déjà commencé, quand un jour on annonça que la foudre en tombant sur la prison, avait tué les accusés (2).

Colette de Chambes, fille de Jean, baron de Montsoreau, gouverneur de La Rochelle, et de Jeanne Chabot, avait épousé, le 24 janvier 1466, Louis d'Amboise, vicomte de Thouars, prince de Talmont, qui fut pour elle un véritable bourreau, la maltraitant et la tenant renfermée dans une prison du château de Thouars (3) ; restée veuve en 1469, encore toute jeune, elle fut persécutée par Louis XI qui lui refusait son douaire et se réfugia près du duc de Guyenne qu'elle séduisit « plus pour ses grâces et vertus que pour sa beauté, car elle sçavoit éloquemment parler et élégamment escrire en prose et rithme, voire jouer de tous instruments musicaux » (4).

Charles eut d'elle deux filles : Jeanne, notre prieure, pour qui, en raison de son illustre origine, on fit fléchir les

---

(1) Mérimée dans ses annotations des Œuvres de Brantôme, édit. Elzévir, t. III, p. 48, dit que la complicité de Louis XI dans la mort de son frère n'est guère douteuse.

(2) Bouchet, *Annales d'Aquitaine*, édit. de 1644, p. 277 et suiv.

(3) Berthre de Bourniseaux, *Histoire de Thouars*, 1824, p. 159.

(4) Bouchet, p. 277. De Bourniseaux dit cependant que « sa conversation amusante était soutenue par la bonté de son caractère et les charmes de sa figure ».

règles de l'ordre de Saint-Dominique qui proscrivait les bâtardes ; et Anne, qui épousa, en 1490, François de Volvire, seigneur de Ruffec, conseiller et chambellan du roi, décédée sans postérité.

Jeanne fut d'abord sous-prieure de Blaye, puis vint en la même qualité au couvent de Saint-Pardoux dont elle fut nommée prieure en 1498. La proche parenté de la prieure avec le roi de France ne pouvait être pour le monastère qu'une source de profits ; et en effet son gouvernement, qui dura 43 ans, fut une période de prospérité pour les religieuses qui, par elle, reçurent de nombreux dons.

En octobre 1490, le roi Charles VIII accordait sur sa demande, aux habitants de Saint-Pardoux le droit de tenir marché le jeudi de chaque semaine et deux foires par an : l'une le lendemain de la Sainte-Catherine (26 novembre), l'autre le lendemain de Sainte-Anne (27 juillet).

Les habitants, à l'instigation de la sous-prieure, avaient présenté au roi une requête faisant ressortir que St-Pardoux étant assis sur les grands chemins de Périgueux et Limousin tirant à Bordeaux, nombre de marchands traversent ce bourg dans lequel et aux environs « croissent plusieurs biens », que la création de marchés et de foires ne manquerait pas de les retenir et qu'ainsi la richesse du pays se trouverait augmentée.

Le roi accéda à cette demande par lettres données au château du Montil-les-Tours, en octobre 1490, voulant, y est-il dit, « que toutes denrées, marchandises licites, honnestes et permises soient vendues et distribuées aud. bourg durant lesd. foires et marchés, à charge pour les habitants d'establir, au lieu où seront ordonnées lesd. foires et marchés estre tenues, places, estaux, loges et autres choses nécessaires pour l'exercice d'icelles, en tenant en bonne seureté lesd. marchands, ensemble leurs denrées et marchandises durant icelles foires » (1).

---

(1) *Archives nationales*, Registres de la chancellerie : JJ. 221, f° 83, r° ; ces lettres sont signées par Louis de Luxembourg, comte de Ligny, et Louis Malet de Graville, amiral de France.

Cette autorisation avait été concédée par le roi, « pourveu qu'il n'y ait aucunes foires ou marchés aux jours dessus déclarez à quatre lieues à la ronde » ; condition qui ne se trouva pas remplie, car d'autres lettres données à Saint-Martin-de-Candes en avril 1491 reportèrent le marché au mercredi, la première foire à la Saint-Nicolas (6 décembre), et la seconde à la Sainte-Anne (26 juillet), jour où avait lieu au couvent le pèlerinage institué par le pape Nicolas V (1).

La faveur royale n'abandonna pas Jeanne de Guyenne au cours de sa longue carrière (2) et par lettres du 27 mai 1533 données à Moulins, François Ier lui continua une pension annuelle de 100 livres sur la recette des tailles du Périgord que Charles VIII avait accordée à sa cousine (3).

Vers 1518, le couvent fut pillé et perdit tous ses meubles, argenterie, ornements d'église et titres : le 10 mars 1518, l'official de Périgueux fulminait un monitoire contre les auteurs de ce vol qui fut sans doute commis par une bande d'aventuriers semblable à celle qui, cinq ans plus tard, sous la conduite de Maclou et de Commarque, devait ravager le Poitou et l'Anjou (4).

Jeanne de Guyenne décéda le 31 janvier 1541 (v. st.) laissant une grande partie de ses biens aux religieuses qui, reconnaissantes, mentionnèrent ainsi son décès dans leur nécrologe : *Anno Domini 1541, et ultima januarii, obiit generosa domina Joanna de Guiene, priorissa hujus monasterii, que mansit in officio priorali 43 annis ei quam plurima bona dedit, procuravit monasterio.*

LOUISE DES BROUSSES, prieure, figure avec Anne de Foix, sous-prieure, dans une reconnaissance de rente du 22 janvier 1542 (v. st.)

LOUISE DE CANTUEL, alias CHANTUEL, CHANLUET,

---

(1) *Archives nationales*, JJ. 222 f° 31, r°.

(2) Voir le P. Anselme, t. I, p. 118.

(3) *Id.* J. 960° f° 78 v° ; PP. 136 p. 198 et *Gallia christiana*, t. II col. 1507.

(4) Cf. Bouchet, *loc. cit*, p. 375 et suiv. ; Bourdigné, *Histoire agrégative des annalles et cronicques d'Anjou*, t. II, p. 338 et suiv,

était prieure l'année suivante ; elle résigna au profit de la suivante :

MARGUERITE DE ROCHECHOUART, issue d'une illustre famille (1), était entrée comme professe à Fontevrault, puis, par une bulle du 11 des calendes de novembre (22 octobre) 1546, avait été nommée abbesse de Saint Pardoux (2). Le 20 décembre suivant, elle donnait procuration pour prendre pos-session de son prieuré où, dit l'abbé Nadaud, elle eut beau-coup de déboires pour s'y faire recevoir et mettre le bon ordre. A l'encontre de ce qu'affirme le célèbre historien limou-sin, ce fut elle au contraire qui favorisa le désordre dans son couvent en se rebellant contre l'autorité ecclésiastique.

Ce fut sans doute à l'occasion de difficultés avec ses religieuses que, par trois fois, Marguerite de Rochechouart dut se démettre de ses fonctions ; les événements qui vont suivre et qui forment une des plus curieuses pages des débuts de la Réforme en Périgord, n'y furent pas non plus étrangers.

Le xvıe siècle fut pour l'Église une période de rudes épreuves ; sans parler de la Réforme qui lui enleva un grand nombre de fidèles, le souffle de la Renaissance réveillant le paganisme et ses jouissances toutes matérielles, ne porta dans les couvents que le désordre et le relâchement. Les couvents de femmes surtout n'offraient alors rien de l'austérité et de la régularité qui nous paraissent aujourd'hui inséparables de l'idée de couvent ; leurs portes étaient grandes ouvertes aux passions mondaines qui se doublaient des rivalités de la vie religieuse ; généralement sans clôture, le couvent était plu-

---

(1) Sa filiation est inconnue : elle est dite sœur de Vincent de Roche-chouart qui ne figure pas dans la généalogie. Un contemporain, presque un compatriote, Belleforest, prétend qu'elle était sœur du vicomte de Roche-chouart : « Plusieurs autres abbayes et prieurés sont en Périgord, comme Saint-Pardoux où de nostre temps estoit encore abbesse la fille naturelle de Charles de France et après elle y commanda la sœur du vicomte de Rochechouart, estant cette maison très riche et fondée de longue ancienneté. » *Cosmographie*, col. 30. — Nadaud, t. IV, p. 66, la croit fille de Jean de Pontville et d'Anne de Rochechouart.

(2) *Arch. du Vatican*, Reg. 1661, f. 86, V.

tôt une assemblée mondaine qu'une réunion dévote ; au parloir, où les hommes avaient accès, on discutait sur les modes,
le scandale du jour et l'amour. A Port-Royal, les religieuses
comme les élégantes du temps, portaient le loup et les gants.
A Montbrison, où était abbesse Madame d'Estrées, sœur de la
Belle Gabrielle, les religieuses jouaient des comédies, recevaient dans leurs jardins et dansaient conduites par la
prieure (1).

Ce relâchement plus marqué dans les couvents qui, comme St-Pardoux, se recrutaient dans les hautes classes, était
vu d'un œil fort indulgent par les contemporains, et il serait
injuste de se montrer plus sévère qu'eux. Ces jeunes filles,
obligées par les nécessités sociales de se sacrifier pour laisser aux aînés une plus large part de l'héritage paternel déjà
entamé par les folies des guerres d'Italie, ne pouvaient, ainsi
cloîtrées, être astreintes aux rudes exercices d'austérité que
seule une vraie vocation permet de supporter : nous ne de-
vons pas les juger avec notre morale actuelle, mais d'après
les mœurs du temps, et telle était la morale de cette époque
que nous nous étonnerons que la perversion n'ait pas été
plus profonde.

Saint-Pardoux ne fut point à l'abri de ces désordres, et vers
1552, le Parlement de Bordeaux (2) averti « des grans scandales qui se commectent journellement dans les couvents de
Saint-Pardoux, Limoges, Albugo et Bonnesaigues », ordonnait qu'ils seraient réformés par des présidents et conseillers députés à cet effet ; préalablement il manda à sa barre
le provincial de chaque ordre et les prieures des couvents et

---

(1) Voir sur ce sujet une curieuse étude de Mᵐᵉ Arvède Barine : *Une abbesse italienne au xvıᵉ siècle*, dans *Portraits de femmes*, Hachette, 1887, p.
197.

(2) Le Parlement de Bordeaux s'employait avec un grand zèle à faire rentrer
les couvents dans le devoir : en 1542, il informait contre les religieux de Fes-
caille, Sablonceaux et Pleineselve en Saintonge, qui au lieu de vaquer au service divin « vont nuit et jour piller, vagabonder et paillarder. » (*Arch. du Parl.*
B. 24.) La même année, il examinait une plainte portée contre les religieuses
de l'Annonciade de Bordeaux « pour estre allées se baigner à la grande mer
accompagnées par gens mal famés du pays de Médoc. » (*Id. B. 24.*)

ordonna que chacune de celles-ci consignerait 50 écus pour les frais, faute de quoi leur temporel serait saisi (1).

Un huissier fut envoyé de Bordeaux pour signifier cet arrêt et on tenta de procéder à la réformation : inutilement, car quelque temps après, frère Bernard de Castera (2), docteur en théologie, provincial de la province de Toulouse, dans un rapport sur la manière de vivre des religieuses, constatait que le désordre régnait toujours en maître à Saint-Pardoux et que les abbesse et religieuses lui avaient fait « plusieurs rébellions et désobéissances » (3). A la suite de quoi, le 10 juin 1553, le Parlement ordonnait qu'une nouvelle information serait faite par un de ses huissiers « sur la contravention à l'arrest exécuté aux abbesse (4) et religieuses du monastère, malversations et façon de vivre des religieuses et autres qui les fréquentent. » Il défendait à l'abbesse et aux sœurs de contrevenir de nouveau à cet arrêt à peine de dix mille livres d'amende et leur enjoignait de remettre « les choses concernans lad. réformation en l'estat qui furent mises cy devant par l'huissier exécuteur dud. arrest ». De plus il chargeait le juge de Saint-Pardoux de tenir chaque mois le Parlement au courant à peine d'une amende de 500 livres.

Malgré toutes ces dispositions, les religieuses excitées par leur prieure ne s'étant pas conformées à ces nouvelles injonctions, le Parlement dut déléguer pour continuer la réformation un de ses membres les plus en vue, le conseiller Jean Alesme (5), jurisconsulte de talent.

---

(1) Cf M. Gaullieur, *Histoire de la réformation à Bordeaux et dans le ressort du Parlement de Guyenne*, Bordeaux, 1884, t. I, p. 138.

(2) Le 17 juillet de la même année, ce provincial requérait le Parlement de sévir contre 7 ou 8 religieux de son ordre qui s'étaient retirés en armes dans un ermitage près d'Agen où ils commettaient « grandes insolences et scandales. » (*Arch. du Parl.* B. 60.)

(3) *Id.* B.-63.

(4) A partir de cette époque les prieures prennent souvent le titre d'abbesse.

(5) Il a édité les *Decisiones Aureæ* du président Bohier et a publié *Juris utriusque candidati declamatio in laudem sacerdotalis ordinis* (1531) ; il était conseiller lay depuis 1534. (M. Gaullieur, p. 414.)

Alesme se transporta à Saint-Pardoux, accompagné du provincial et de son commis ; après avoir écouté lés religieuses qui tentèrent d'excuser leurs « dissolutions et mauvaises versations », ils procédèrent ensemble à la réformation en la règle tracée par l'Église ; « en signe de ce affligèrent les articles de lad. réformation, tant sur la forme de vivre que du divin service et conversations desd. religieuses à ung tableau ; mais ladite abbesse avec aucunes religieuses aurait faict... à la dicte réformation, rompeu et brisé les clostures du couvent et faict de grandes insollences ».

Le procureur général aussitôt informé saisit de cette nouvelle rébellion, « pour l'honneur de Dieu et de la Religion », le Parlement, qui, justement irrité de se voir tenir en échec, ordonna qu'une instruction criminelle serait ouverte contre les religieuses rebelles.

Pendant ce temps, l'abbesse, « voullant fuyr à la correction de discipline pour tousjours continuer à leur désordre et vie scandaleuse », s'adréssa directement au roi et trouva moyen « par opportunité, circumdation et autrement » d'obtenir de lui des lettres enlevant la connaissance de cette affaire au Parlement de Bordeaux et chargeant Mᵉ François Fumée, conseiller au présidial de Poitiers, tout dévoué à la prieure, d'informer contre les religieuses.

Fumée, accompagné de 25 ou 30 hommes en armes, se rendit sur le champ à Saint-Pardoux et assisté d'André Macé, chanoine théologal de Périgueux, lui aussi homme de la prieure, « sans monstrer sa commission et procédant par vóye de faict, sans ouyr ne appeler les parties, auroit cassé les procédures et exécutions faites par led. Alesme et provincial et icelui constitué prisonnier et mené, ensemble quelques religieux, qui estoient députéz pour tenir la main à lad. réformation et service divin, prisonnier aud. Poitiers, tellement que le service divin a depuis cessé et que les autres religieuses sont en voye de s'en aller hors de la religion ».

Le Parlement, furieux de cette nouvelle injure, en appela comme d'abus au roi qui, par lettres données à St-Germain-en-Laye, le 30 août 1553, annula la commission de Fumée et reconnut à la Cour de Bordeaux le droit exclusif de s'occuper

de cette affaire, l'autorisant à faire citer à sa barre l'abbesse
et ses religieuses ; en conséquence, elle fit immédiatement
élargir les prisonniers de Poitiers, tandis qu'elle faisait in-
carcérer à Bordeaux le chanoine Macé.

Celui ci comparaît en la Grande Chambre du Parlement le
12 septembre suivant, sous l'inculpation d'avoir, avec Fumée, soi-disant conseiller au présidial à Poitiers « et certains
grand nombre de gens en armes », fait de la nulle et abusive
procédure, cassé et annulé celle faite par les commissaires
de la Cour. Macé, pour sa défense, prétend qu'il a été induit
en erreur par Fumée.

Le procureur général, avant de prendre ses conclusions, demanda à la Cour d'enjoindre à Macé de représenter la commission donnée à Fumée et la procédure par lui faite « pour
informer sur lad. prise d'armes et congrégation illicite, car
de lad. procédure il apparoist que ce fust led. défendeur
(Macé) qui fit toutes les réquisitions ».

Fayard, avocat de Macé, répondit que son client ne possédait aucune pièce de cette procédure et que celui-ci ne se
prêta à cette affaire « que comme contrainct, n'estant
aucunement adverty de la procédure faite par la Cour ».

Le Parlement, faisant droit aux réquisitions du procureur
général, ordonna à Macé de rapporter cette procédure dans
le délai d'un mois à peine de 2,000 livres d'amende et permit
sa mise en liberté ; il enjoignit de plus à la prieure et à Macé
de la lui délivrer sous peine d'une amende de 10,000 livres.

Le même jour, Macé, après avoir promis par serment qu'il
se présenterait à l'expiration du délai imparti, sous peine
d'être déclaré convaincu des crimes qui lui étaient imputés,
fut élargi et élut domicile au logis de Martial de la Vergne
qu'il constitua pour son procureur (1).

Le 16 suivant, le Parlement ordonnait la comparution per-
sonnelle de la prieure et de Fumée.

Ici s'arrêtent nos renseignements sur cette curieuse affaire :
toutes nos recherches, tant aux Archives de la Gironde qu'aux
Archives nationales, pour en connaître le dénouement, ont

---

(1) *Arch. du Parl.* B. 60.

été vaines ; il est à croire que, grâce aux puissantes relations de la famille, la prieure put étouffer le scandale et qu'en même temps la crainte d'un châtiment la fit rentrer dans le devoir et accepter la réforme du couvent.

Marguerite de Rochechouart affermait, le 11 février 1556, à Penot et à Peyre de Puypelat, « leur molin avec ses aysines sis dessus le fleuve de Dronne et au dedans le mur et clousture dud. monastère », moyennant 12 setiers de blé par an. Les fermiers étaient tenus des réparations « aux roues, rondets, pales, empalement, chanaux, meules, chasanons et encluze. » Ils s'engagent en outre à moudre gratuitement le blé nécessaire au couvent et à « refaire de menuiserie les pourtaux dud. monastère, le grand de l'entrée venant de la rivière de Dronne et l'autre qui est après, à l'entrée du monastère auprès du four, en ce que lesd. dames seront tenues leur fournir les ayes, membrazes et autres boys nécessaires ». Ils devaient aussi rabiller la vaisselle vinaire.

En 1566, le couvent fut pillé par les huguenots, mais les documents ne nous ont laissé aucun détail sur cet événement.

Marguerite de Rochechouart décéda le 15 novembre 1597. Au cours de ses fonctions, elle avait été amenée, avons-nous dit, à les résigner trois fois. D'abord, vers 1547 à LOUISE CHOUMETTE qui était sous-prieure depuis 1532. Le 30 avril 1548, celle-ci assistée d'Anne de Foix, sous-prieure, et de Guillaume Venuelly, prieur, et des autres religieuses, donnait quittance à sire Pierre Pourtent, sieur de la Barde, marchand, et à Jean, son frère, licencié ès-lois, des droits de lods et ventes dus pour diverses acquisitions dans la mouvance du monastère.

Marguerite de Rochechouart, rentrée dès 1549 (1) en pos-

---

(1) Arrêt du Parlement de Paris, du 28 septembre 1549, pour Marguerite de Rochechouart, abbesse de Saint-Pardoux, portant défaut contre Loys Versaveau, Jehan Versaveau dict Pothuron et François Forichon, commissaires commis au régime et gouvernement de fruits de lad. abbaye (Arch. de la Dordogne).

session de son bénéfice, le résigna une deuxième fois le 13 juillet 1566 à JEANNE DE CLERAMBAULT, professe de Fontevrault, qui prit possession le 2 janvier suivant : celle-ci à son tour le lui restitua peu de temps après moyennant une pension. Enfin Marguerite de Rochechouart abandonna une troisième fois la direction de son prieuré au profit de la même à partir du 20 juin 1582.

Jeanne de Clérambault se retira le 9 avril 1611. Son décès est ainsi constaté dans les registres d'état-civil de Saint-Pardoux : « le troyziesme janvier 1617, jour de mardy, décéda Jehanne de Clerambault, dame antienne du monastère, fut ensevelie dans le grand esglize dud. monastère le jeudy d'après ». Elle était sans doute fille de Jacques de Clerambault, seigneur du Plessis Clerambault, et de Jeanne de la Roche, mariés le 14 décembre 1531.

Ce fut sous son administration et avec l'aide de l'évêque Jean Martin, qu'on commença à réparer les ruines causées par les Huguenots dans le monastère (1).

NICOLE SAUNIER DE LA BARDE fut nommée prieure sur la résignation de Madame de Clerambault, signée le 9 avril 1614. Elle avait alors 45 ans et était fille de Grimaud Saunier, seigneur de La Barde et de Françoise de Chazay (2).

Sous cette prieure, la conduite des religieuses obligea les autorités ecclésiastiques à procéder à la réformation du couvent. Sur cet événement nous avons trouvé des détails précis aux archives de l'archevêché de Bordeaux (3) et dans le livre de raison de l'abbé de la Roussie de la Pouyade (4).

Dès le mois de mars 1623, la sous-prieure, Françoise de la Gourelie, dite de Villars, soutenue par un certain nombre de religieuses, se révolta contre la prieure et s'empara de la

---

(1) P. Dupuy, *Estat de l'Eglise du Périgord.*

(2) Note de M. de Bellussière, qui a fait d'importantes recherches sur cette famille.

(3) G. 629.

(4) Papiers de la famille de la Roussie, au château de la Pouyade, très obligeamment communiqués par M. le marquis de la Garde.

direction du couvent (1). Pour faire rentrer les mutines dans l'obéissance, Mgr de Sourdis (2), archevêque de Bordeaux, et l'évêque de Périgueux furent obligés de se transporter à St-Pardoux, où ils arrivèrent le 23 septembre. Ils procédèrent de concert à la réformation, défendant tout particuliérement aux sœurs de sortir de l'enclos du couvent et de recevoir des visiteurs (3).

A peine étaient-ils partis que les scènes de désordre recommencèrent et obligèrent la prieure à les signaler à l'évêque par la lettre suivante :

« Monseigneur, j'ay fait despuis vostre despart tout ce qui a ésté de mon possible pour l'exécution des commandemans que vous nous avez laysés par escrit touchant la reformation et puis après disposé toutes choses requises et convenables, et à quoy je trouve très prontes et facilles les huy religieuses qui m'ont assisté jusques isy et lesquelles n'ont aucunement contrevenu à vos hordonnances ; mais quand à la sous-prieure et aux religieuses qui sont avec elle, elles n'y ont aucunement voullu entendre et sortir avant que la lecture en fut faicte et la crainte de l'excomunication par vous hordonnée n'a point empêché qu'elles n'ayent sortis dans la cour, dans le pré et dans le présent bourg ; mesme que le jeudy sincq d'octobre, après vespres, la dite sous-prieure et une autre religieuse soupèrent, couchèrent et dinèrent au logis de la poste avec Madame de Rochechouart.

L'on me menace fort du général de nostre hordre ; vous verrez le tout par une information que j'ai fait faire.

La sous-prieure et ses adhérentes ne nous donnent aucun repos ; l'on ne peut pas seulement prandre le repas commun que ce ne soit avec injurés et menaces.

Vostre très humble et obéissante fille et servante,
Nicole SAUNIER.

En effet, le 7 octobre, la prieure représentait à Andrieu

---

(1) Le.... (blanc) de mars 1623, la sous-prieure de Saint-Pardoux a pris possession de l'abbaye. (Journal de M. de la Roussie.)

(2) François d'Escoubleau de Sourdis, archevêque de Bordeaux, de 1598 à 1628.

(3) Les religieuses se visitaient entre elles : « Je fus à St-Pardoux le jour de N.-D. de septembre 1622 et y estoit Madame de Masnadeau, religieuse de Boubon, et communia de ma main ainsi que Madame de Javerlhac et de la Mothe et je me fis enrôler dans la frérie du chapelet. » (Journal de M. de la Roussie.)

Beausoleil, lieutenant de la juridiction du monastère, que, malgré deux arrêts du Parlement et les ordonnances du chapitre provincial des FF. Prêcheurs, de l'archevêque et de l'évêque, qui l'avaient maintenue en possession du prieuré, la sous-prieure et ses amies « ne cessent de la molester par une infinité d'injures, menaces et toutes sortes de rébellions » et en conséquence lui enjoignait d'ouvrir une enquête sur la conduite de ces religieuses.

Devant le lieutenant défilèrent un grand nombre de témoins, tant religieuses que gens du bourg, qui établirent que le jeudi 5 octobre, veille de la fête de Saint-Pardoux, Françoise de la Gourelie, Gabrielle de Larye, dite de Loberge, les sœurs de Javerlhac, de Rochemorin et de là Doüe, profitant d'une absence de la tourière, s'emparèrent des clefs des portes et sortirent dans les prés ; mais seules, les deux premières se rendirent au bourg dans la maison du maître de poste Fourichon, où elles trouvèrent la vicomtesse de Rochechouart (1), accompagnée d'une nombreuse suite de gentilshommes venus en carrosse assister à la fête patronale. Ces deux religieuses, qui avaient eu soin de faire apporter du couvent du pain, du vin et des confitures, soupèrent, couchèrent et dînèrent au logis de là poste (2) et ne rentrèrent au couvent que le lendemain, vers trois heures après-midi, « au grand scandale des religieuses et des habitants ». L'une d'elles, en quittant les gentilshommes, se permit même d'embrasser l'un d'eux.

A la réception de ce procès-verbal, l'évêque nomma une commission composée du chanoine et archidiacre Pierre Duchayne, official ; François Ladebat, lieutenant; Pierre Lavergne, procureur, et le curé de Preyssac, Jean Regis, greffier. Il la chargea de procéder à une nouvelle enquête et d'interroger les accusées.

Le 30 octobre, ils commencèrent leurs opérations et obtin-

---

(1) Françoise Stuart de Caussade, fille de Louis seigneur de Saint-Mégrin et de Diane des Cars, mariée le 11 décembre 1595 à Jean de Pontville, vicomte de Rochechouart.

(2) Le logis de la poste était situé dans la grand'rue de la Barre.

rent de nouveaux témoins la confirmation des faits dénon-
cés par la prieure. La tourière, Françoise Barret, ajoute
même à sa première déposition que la sous-prieure et ses
adhérentes la menacent et veulent la battre parce qu'elle
refuse de leur ouvrir les portes.

En suite de ces dépositions, les commissaires firent avertir les sœurs de la Gouretie, de Loberge, de Rochemorin et
de Javerlhac d'avoir à comparaître devant eux pour s'expliquer sur les faits qui leur étaient reprochés : les deux dernières seules se présentèrent et répondirent « avec dédain et
mespris fort grands » que leurs compagnes étaient malades
et ne pouvaient venir.

Le lendemain, à la reprise de l'enquête, les religieuses du
parti de la prieure rapportent que la sous-prieure et ses
adeptes, avertis de l'arrivée des commissaires « par un signal
donné par le heurtement de l'anneau de fer qui pend au ferrat de l'esglise », se sont retirées de l'église avec tumulte
et, interrompant l'office, se sont renfermées dans les dor-
toirs, laissant en sentinelle à la porte Hélène de la Doyre
dite du Mayne qui, à toutes les sommations faites au nom de
l'official, refusa d'ouvrir.

Le 28 précédent, Nicole Saunier, fatiguée de ces luttes stériles, offrait sa démission à l'évêque et désignait pour lui
succéder Madame Pot de Rhodes, religieuse vertueuse et
de grande sainteté, et de plus parente de l'évêque et de M.
de Bourdeille.

Malgré cette démission, la procédure ecclésiastique suivit
son cours et le 17 novembre, l'archevêque de Bordeaux, lé-
gat du Saint-Siège, rendait une ordonnance aux termes de
laquelle il condamnait les deux religieuses les plus compro-
mises, Françoise de la Gouretie et Gabrielle de Larye, à être
« menées dans un carrosse, assistées de femmes dévotes,
graves et de qualité », au couvent de Sainte-Claire de Périgueux, pour y être cloîtrées pendant six semaines.

Le 12 décembre, Duchayne, chargé de l'exécution, se rend
au couvent et fait mander les deux sœurs coupables par
deux religieuses : celles-ci trouvent la chambre de la sous-
prieure fermée et, devant la porte, armées de bâtons, les

sœurs de Villars-Maranges et de Beynac, qui leur demandent ironiquement si elles sont les recors de quelque sergent ; le lendemain les deux envoyées eurent encore pareil insuccès, et de guerre lasse l'official se contenta d'afficher au parloir l'ordonnance de l'archevêque.

La sous-prieure payant d'audace, fit appel de la procédure de l'official et porta une plainte contre lui, tout en assurant l'évêque de son obéissance et protestant que si elle avait contrevenu à ses ordonnances, ce n'avait été que poussée par la nécessité de soutenir ses droits. En même temps elle écrivait à l'archevêque pour lui demander de la faire respecter par Nicole Saunier, qui, disait-elle, lui avait résigné sa charge.

Malgré ses protestations, Mgr de Sourdis renouvelait, le 30 décembre, son ordonnance contre les deux religieuses qui trouvèrent encore un moyen d'éluder son application immédiate. En effet ce ne fut qu'au mois d'août suivant que frère Pierre Beguey, prieur de St-Emilion, délégué par frère Raymond Poisson, provincial de la province de Toulouse, se rendit à Saint-Pardoux pour mettre à la raison Françoise de la Gouretie, qui seule, refusait de se rendre aux ordres de l'archevêque : sur son nouveau refus, il dut sévir avec rigueur et prononça contre elle, avec toute la mise en scène imposante qui accompagnait cette cérémonie, les formules de l'excommunication, lui interdisant l'accès du couvent et tout commerce avec les religieuses.

La révoltée ne s'avoua pas vaincue : elle sut intéresser à son sort le lieutenant de police d'Angoulême, Gabriel Houllier (1), un compatriote, qui le 27 août se transporta à Saint-Pardoux avec quantité de nobles et de gens de justice, installa la sous-prieure dans le couvent, se saisit des clefs et arracha les serrures mises par ordre du cardinal-archevêque ; la prieure qui était tombée malade fut retenue prisonnière.

---

(1) Dans les papiers du repaire de Ramefort, nous avons trouvé un certain nombre de lettres écrites par Houllier de 1608 à 1629, et adressées à Jean Barriasson, procureur d'office de Bourdeille ; dans l'une d'elles datée de 1620 il annonce à son correspondant qu'il vient d'acquérir l'office de lieutenant criminel d'Angoulême.

Le 5 septembre 1624, Beguey s'étant présenté pour parler à Nicole Saunier, l'entrée du couvent lui fut refusée ; mais en s'aidant d'une échelle, il parvint à la fenêtre de la prieure avec laquelle il put causer à travers les barreaux : elle lui dénonça que le lundi auparavant, Françoise de la Gouretie, Catherine Dusaut dite Villars-Maranges et autres voulurent lui faire signer sa résignation et que, sur son refus, elles la frappèrent et la laissèrent comme morte.

Beguey tenta une dernière fois de réduire la sous-prieure et se présenta devant elle pour lui lire les ordres du provincial : mais celle-ci, sans vouloir entendre cette lecture, prit les papiers, les déchira et mit Beguey à la porte du couvent. Cette fois la mesure était comble, Beguey partit immédiatement pour Bourdeille et obtint de Monsieur de Bourdeille une troupe de soldats qui, le 8 septembre, durent faire subir un véritable siège au couvent où les rebelles avaient fait entrer « quantité d'hommes armés et inconnus qui commandent comme maistres et frappent ceux qui protestent. » Le dernier mot resta à l'autorité : les soudards furent expulsés et Françoise de la Gouretie arrêtée ; il n'en est plus fait mention par la suite. Quant à sa compagne, sa punition accomplie, elle revint au monastère où nous la retrouvons de 1626 à 1656.

Nicole Saunier mourut le 23 novembre 1626.

CATHERINE POT DE RHODES, professe de Saint-Laurent de Bourges, appartenait à une ancienne famille du Limousin qui posséda pendant un siècle la charge de maître des cérémonies de France. Son père, Guillaume Pot, seigneur de Rhodes, remplissait cette fonction et était premier écuyer et porte cornette blanche du roi ; sa mère, Jacqueline de la Châtre était la sœur du fameux maréchal de ce nom. Par elle notre prieure se trouvait cousine de M. de Bourdeille, gouverneur du Périgord, qui avait épousé Madeleine de la Châtre. Elle prit possession le 17 octobre 1625 étant âgée de 70 ans (1).

---

(1) Elle mourut le 29 août 1645.

Au contraire de la prieure précédente, son administration fut des plus profitables au monastère où l'ordre le plus parfait ne cessa de régner. Elle s'employa aussi très activement à la reconstruction des bâtiments du couvent qui avait été entreprise par sa prédécesseur.

Le 13 juin 1627, elle concluait un marché avec Mery et Jacques Boissard pour « bastir, edifier et construire l'encluse du moulin d'icelui monastère, tout à neuf, à bois et à pierres, ensemble d'eslargir d'un montant de boys l'empallement dudit moullin et au pied d'icelluy empallement faire une pile de cartelage ». Ils reçurent pour ce travail 105 livres et une barrique de vin.

Ce fut cette prieure qui, pour augmenter les revenus du couvent entamés par les guerres de religion, et peut-être aussi comme moyen dérivatif, pour ramener au bien les religieuses que l'oisiveté avait poussées à des actes blâmables, leur fit entreprendre l'éducation des jeunes filles : les pensionnaires appartinrent d'abord à la noblesse ; puis les bourgeois vaniteux, alléchés par le bon renom de l'établissement, y envoyèrent leurs filles. Nous n'avons rien trouvé sur la nature et le degré de l'instruction qui y était donnée ; mais on sait qu'en cet heureux temps où les brevets étaient choses inconnues, nos ancêtres se contentaient pour leurs filles de quelques notions de lecture et d'écriture, jointes à de vagues teintes d'orthographe : les autographes de nos religieuses et de leurs élèves en offrent une preuve évidente ; en revanche, si l'instruction était rudimentaire, on enseignait admirablement l'art de confectionner la pâtisserie et les confitures ; la musique et, comme on le verra plus loin, la danse, voire les cartes, n'étaient pas non plus négligées. Nous donnerons à la fin de ce travail une liste des jeunes filles qui reçurent l'éducation au couvent où, plus tard, on admit aussi des dames pensionnaires payantes.

Au commencement du dernier siècle, les jeunes filles pensionnaires payaient 120 livres par an (1).

---

(1) Pièces de procédure contre les frères de Marguerite Delarue qui était restée en pension de 1718 à 1721.

Un registre de l'administration de Madame de Rhodes nous a été conservé ; on y relève quelques professions de religieuses : le 2 mars 1627 Jeanne Vidal, fille d'un magistrat de Périgueux, est admise au monastère avec une dot de 1500 l. et une pension de 45 l. ; ses parents s'engagent en outre à « lui meubler une chambre honestement de meubles, selon sa qualité ». Marguerite Huguet, servante depuis 1625 est reçue sœur laye en 1628 en donnant 150 l. Le 9 janvier 1629, les religieuses admettent parmi elles Marguerite de la Marthonnie, fille du seigneur de Bruzat ; son père lui donne 1200 l., une pension et une chambre meublée ; il offre de plus au couvent « un parement de devant d'autel de velours à ramage à fonds de satin. »

FRANÇOISE POT DE RHODES (1), aussi professe de Saint-Laurent de Bourges, fut faite prieure, dit la liste de Nadaud, sur la résignation de la précédente signée le 10 août 1627.

Elle ne resta que fort peu de temps en charge, car dès le 19 janvier 1628, la précédente avait repris la direction du monastère. Elle mourut en 1643, étant alors sous-prieure : « L'an de N.-S., le 5 de juillet 1643, environ l'heure de vespres, a décédé sœur Françoise Pot, dame de Rhodes, religieuse et sous-prieure du dévot monastère de Saint-Pardoux, de l'ordre de Saint-Dominique, âgée de 60 ans ou environ, et le lendemain sixième dud. mois, son corps a été apporté dans l'église du monastère au tumbeau des prieures. Son service a été faict par huict religieux de l'ordre de Sainct-Dominique, neuf prestres seculiers et cinq Cordeliers. »

GASPARDE POT DE RHODES, nièce des précédentes, était née du mariage de François Pot, seigneur de Magnest, puis de Rhodes, grand maître des cérémonies de France, tué en 1622 devant Montpellier et de Marguerite d'Aubray (2).

---

(1) Sœur de la précédente. M. de la Porte, dans *Les gens de qualité de la Basse-Marche*, 3ᵉ livr. p. 21, dit que Catherine avait pour sœur, Georgette, religieuse à Saint-Pardoux ; celle-ci est probablement la même que Françoise.

(2) Nadaud la dit fille de Claude Pot et de Louise de Lorraine, mariés en 1639 ; c'est inexact, notre prieure étant née en 1619.

Elle prit possession du monastère le 17 août 1645, n'étant âgée que de 26 ans ; elle termina les travaux de réfection du couvent et mourut le 10 février 1684 en l'abbaye de Villechasson, au diocèse de Sens (1).

En 1662, le couvent reçut une donation de 1.000 livres d'Annet des Cars, marquis de la Mothe, lieutenant général des armées et gouverneur d'Honfleur, pour fonder deux anniversaires en mémoire de sa femme, Lucrèce Stuart de Caussade. Cette dame étant décédée le 20 avril 1662, ses entrailles et son cœur furent portés dans l'église de Saint-Front-la-Rivière, et son corps embaumé fut conduit vingt jours après dans l'église des religieuses de Saint-Pardoux. Ce fait était rappelé par une inscription qui se voyait autrefois dans le sanctuaire du côté de l'épître :

> Ci gist le corps de haute et puissante dame
> Lucresse Esthuart, fille aisnée et héritière de
> Haut et puissant seigneur Jacques Esthuart
> Comte de la Vauguyon, marquis de Saint-Megrin
> seigneur de Varaigne, Tonnins ; Villeton, Gra-
> Teloup et chevalier des ordres du roi et de
> Haute et puissante dame Marie de Roque
> Laure, sa mère, femme épouse de haut et puis-
> sant seigneur; Annet Marquis des Cars, comte
> de la Motte, seigneur de Belle Serre, Saint Sesert,
> et Puysegur, lieutenant général des armées du
> Roy, laquelle est décédée la cinquante troisiesme
> année de son âge, le 20 avril MDCLXII.

Au dessous se trouvait un écusson parti (2).

En 1678, le couvent reçut une singulière pensionnaire : c'était une jeune fille qui se faisait appeler Marie de Camp ; peu de temps après son arrivée, on s'aperçut qu'elle était enceinte et par décence on la logea au village de Puypelat, dans le domaine du couvent, où elle accoucha d'une fille

---

(1) Villechasson autrement Rosel, couvent fondé en 1106 ; Marie-Gasparde du Mesnil Simon de Beaujeu, fille du marquis de Beaujeu et de Louise Pot de Rhodes en était prieure en 1668. Cf. *Gallia Christiana*, t. XII p. 190.

(2) Nadaud V° Cars.

qui, baptisée le 9 mars 1679, eut pour parrain le receveur du couvent et pour marraine, une pensionnaire, Gabrielle-Gasparde de Mesgrigny, demoiselle de Vendeuvre. Le père, disait-elle, était un gentilhomme du Poitou, Louis Poictevin, seigneur du Plessis-Landry.

Cette enfant décéda le jour même et sa mère la suivit de près dans la tombe : elle mourut le 30 du même mois. A ses derniers moments, elle révéla au curé qu'elle était la fille de Gabriel de Chasteaubriant, marquis des Roches-Baritaud, seigneur de Saint-Paul, lieutenant-général en Bas-Poitou. Séduite par M. du Plessis-Landry, son compatriote et voisin, elle était venue cacher sa faute au couvent où les religieuses, très tolérantes, l'admirent et permirent même à une de leurs pensionnaires, une poitevine aussi, il est vrai, d'être la marraine de son enfant (1).

Pour attirer des fidèles au couvent, le pape Urbain VIII lui avait concédé un bref, le 13 septembre 1640, qui accordait « indulgence plénière, rémission de tous péchez à tous fidèles de J. - C., de l'un et de l'autre sexe, vrayement pénitents et confessez et repeus de la sacrée communion, qui visiteront pieusement chaque année, l'église du monastère des religieuses le jour et feste Sainte-Anne depuis les premières vespres jusqu'au soleil couchant de lad. feste : et là prieront dévotement pour la concorde des princes chrétiens, extirpation des hérésies et exaltation de notre sainte mère l'Eglise ; les présentes valables pour 7 ans seulement. » (2)

Ces indulgences furent renouvelées par un autre bref du 6 juillet 1648.

FRANÇOISE DE BOISSEUIL, fille de Jacques, maréchal des camps et armées du roi, et de Suzanne de la Faye, fut pourvue du prieuré de Saint-Pardoux par brevet du roi du 23 septembre 1684.

Sans caractère et sans énergie, Madame de Boisseuil se laissa circonvenir par plusieurs de ses proches qui s'instal-

----

(1) Registre d'état-civil.

(2) Placard imprimé de l'époque ; *Arch. de la Dordogne.*

lèrent au couvent comme en pays conquis et tentèrent de dilapider les revenus et les propriétés des religieuses. Bientôt on vit se renouveler des scènes scandaleuses semblables à celles que nous avons déjà fait connaître. Mais laissons la parole au greffier du lieutenant criminel de Périgueux, ou plutôt résumons-le en suivant pas à pas la plainte et les dépositions.

Le 2 février 1685, Pierre Escuyer, procureur aux sièges royaux, se présente au nom de frère Dominique Chazelle, prédicateur de l'ordre des Frères Prêcheurs et syndic du couvent de Saint-Pardoux, devant Pierre Dalesme, écuyer, sieur de la Grèze, conseiller du roi et son lieutenant général criminel en Périgord, pour le requérir de se transporter au couvent de Saint-Pardoux, procéder à une enquête au sujet de faits graves imputés à la prieure par ses religieuses.

Dalesme accède à cette réquisition, et le lendemain part pour Saint-Pardoux où il arrive à une heure de l'après-midi. Il met pied à terre dans la basse-cour du couvent et là trouve le syndic qui lui expose que la dame prieure se prévalant de son autorité a introduit plusieurs fois dans ledit monastère le sieur de la Borie, son frère, et le sieur de Villars (1), son cousin, qui y ont passé les nuits ; lequel sieur de Villars, ennemi déclaré des dites dames avec lesquelles il est en procès, se prévalant de l'autorité qu'il s'est acquis sur l'esprit de la dame de Boisseuil, sa cousine, qui a été nommée par S. M. aud. prieuré, pour se venger desd. religieuses, qui, depuis la mort de la dame de Rhodes, précédente prieure, avaient intenté le procès, se serait, par l'autorité de la dame prieure, emparé de tous les dehors du monastère où il est toujours resté attroupé de 10 ou 12 personnes armées, faisant journellement des pièces et insultes aux religieuses, croyant par ce moyen les intimider et se rendre maître absolu du monastère, afin, pour le gain de son procès, d'enlever des archives plusieurs titres et papiers qui prouvent l'inanité de ses prétentions. Pour cela, il se serait concerté avec la dame de Boisseuil, les sieurs de la Contie (2) et de Lagrange, frère et cousin de celle-ci, qui, la nuit du 21 janvier, les introduisit dans le monastère pendant le sommeil des religieuses.

A cette fin, vers les dix heures du soir, la prieure, contre son ordinaire, aurait commandé à la sœur Gasparde, converse, qui avait l'habitude de la

----

(1) Jacques d'Abzac, seigneur de Villars.

(2) Gilles de Boisseuil, seigneur de la Contie, dont la fille fut ensuite prieure.

déshabiller (1) et de fermer les parloirs, de s'aller coucher sans remplir son office et de laisser les parloirs ouverts. Quelque temps après que cette religieuse fut au lit, environ l'heure de minuit, la dame de Boisseuil serait sortie, pieds nus, de son cabinet dans lequel étaient les clefs des archives et de la vieille porte, portant quelque chose en sa main qu'elle cachait contre sa cuisse, de peur que la sœur Gasparde s'en aperçût. Étant sortie de sa chambre, elle serait descendue dans les cloîtres accompagnée de la demoiselle de Masleroy, proche parente du sieur de Villars, et s'en serait allé du côté de la vieille porte, mais là, ayant aperçu deux religieuses qui venaient de faire oraison et qui avaient une bougie allumée, la dame de Boisseuil et la demoiselle de Masleroy, crainte d'être découvertes, se seraient retirées ; même la demoiselle de Masleroy aurait pris la fuite et s'en serait venue tout effarée dans la chambre de la prieure, dans laquelle la demoiselle de Boisseuil, sœur de celle-ci couche ; à laquelle la demoiselle de Masleroy aurait dit qu'elles avaient été découvertes. A quoi la demoiselle de Boisseuil lui aurait recommandé de se retirer au plus vite dans sa chambre. Et comme dans ce temps la dame de Lascout, religieuse, se serait trouvé mal au bruit que fit la dame de Montréal, sa tante, toutes les religieuses sortirent de leurs chambres pour la secourir. Quelques-unes d'entre elles ayant voulu aller chercher du vinaigre auraient rencontré la prieure, pieds nus, qui voulait enfoncer une fenêtre qui de tout temps a été fermée.

Ces événements auraient obligé le P. Labat (2), provincial de la province, qui venait de faire la visite du couvent d'y retourner deux jours après pour ordonner la remise des clefs des archives entre les mains de dépositaires. Mais comme il ne fit point recoler ces archives et que le plaignant a été averti que du depuis ladite nuit le sieur de Villars fait copier divers titres dans le bourg de Saint-Pardoux, lesquels pourraient lui avoir été remis par la prieure dans les fréquentes conversations qu'elle avait avec lui, lui plaignant est obligé de requérir la permission d'informer des soustractions de papiers, attroupement et force publique faits par le sieur de Villars et ses complices contre lesquels il se rend partie instigante et attendu l'autorité que le sieur de Villars a dans le présent lieu, qui pourrait empêcher les témoignages de se produire, Chazelle requiert qu'il lui soit permis en outre de fulminer par censures d'Eglise.

---

(1) Les prieures, contrairement aux règles monastiques, avaient toujours attachées à leur personne des religieuses ou des laïques : en 1677, Henriette Migon est qualifiée de « demoiselle servante de la prieure. »

(2) Peut-être parent du dominicain J. B. Labat (1663-1738), voyageur célèbre, qui a laissé de nombreuses relations de ses découvertes en Amérique et en Afrique. Ce n'est pas de lui dont il s'agit ici, car il ne fit profession que le 11 avril 1685 (Moréri).

Dalesme ayant acquiescé à ces requisitions, le curé de Saint-Pardoux prononça en chaire des monitoires contre les coupables : tous ceux qui avaient eu connaissance d'un fait se rapportant à la plainte, étaient tenus de le révéler à la justice sous peine d'excommunication.

Le lendemain, 4 février, le lieutenant criminel se transporte au monastère, s'installe dans le parloir qui est à main droite, et assisté de son greffier, reçoit, en présence du syndic, les dépositions des témoins.

Sœur Gasparde Eymery, sœur laye, 30 ans, femme de chambre de la prieure, dépose que le 10 ou 11 janvier, vers 11 heures ou minuit, le sieur de la Borie, accompagné de la prieure et des demoiselles de Masleroy, de Saint-Laurent et de Boisseuil, entrèrent dans la chambre de la prieure qui dit aussitôt à la déposante : « voici mon frère de la Borie qui est entré. » Puis ayant été quelque temps dans sa chambre, ils sortirent tous ensemble.

Depuis deux mois en ça, ajoute-t-elle, le sieur de Villars accompagné de 10 à 12 personnes a presque toujours demeuré dans les dehors du monastère, et dans les fêtes de Noël ils étaient 28 bouches qui étaient nourries aux dépens de la communauté. Dans lequel temps le sieur de Villars insulta une religieuse nommée la dame de Rochefort, la traitant de friponne et de folle et diverses autres injures, en présence de la dame de Boisseuil, à cause que la dame de Rochefort aurait dit que le sieur de Villars devrait bien se retirer dans sa maison et laisser la chambre qu'il occupait depuis si longtemps. Elle dit que les domestiques du sieur de Villars ont fait diverses insultes tant à la déposante qu'à la dépensière. La nuit du 21, comme elle se disposait à déshabiller la prieure, celle-ci la renvoya et lui recommanda de ne pas fermer les portes des parloirs.

Anne du Breuil, dame de Theon, religieuse, 34 ans ; ce fut elle qui alla chercher du vinaigre pour la dame de Lascoux ; elle trouva la prieure en chemise cherchant à ouvrir une fenêtre et lui ayant dit qu'on n'avait jamais passé par cette fenêtre qu'elle n'avait point vue ouverte, la dame prieure lui répondit qu'elle voulait en faire venir la mode. La déposante se retira ensuite dans une chambre où on a coutume d'aller se chauffer et y trouva plusieurs religieuses : au bout d'un instant la dame prieure vint les y retrouver et se fâcha contre la sœur Gasparde qui avait laissé les parloirs ouverts.

Elle ajoute que si la dame de Lascoux ne s'était pas trouvée mal, la prieure remettait les archives aux sieurs de Villars, de la Grange et de la Contie ; aussi le lendemain toute la communauté porta plainte au P. Labat qui fit mettre les archives aux mains de personnes de confiance et ce, malgré les menaces du sieur de Villars.

Sœur Marie de Beynac, 20 ans, accompagna la dame de Theon ; elle a vu la prieure en chemise et confirme la déclaration précédente.

Françoise de Chantemerle, religieuse, 30 ans, a vu entrer dans sa chambré la demoiselle de Masleroy tout effarée et le bruit qu'elle fit réveilla tout le dortoir.

Sœur Françoise de Nieul-Mazotte, 35 ans, a été injuriée par la suite du sieur de Villars ; il y a trois jours un laquais lui a dit des paroles insultantes qu'elle n'oserait répéter ; hier, elle a voulu fermer la grille du chœur, mais elle en a été empêchée par le sieur de Villars qui la repoussa à plusieurs diverses fois avec grand scandale.

La sœur laye, Magdeleine Desfosses, 40 ans, a donné le pain et le vin aux 28 bouches amenées par le sieur de Villars : quand elle ne les servait pas assez vite, ils s'emportaient, disant que le revenu du monastère appartenait à la prieure et non aux religieuses.

La nuit du 20 au 21, elle a entendu du bruit et on lui a dit que le sieur de Villars avait voulu s'introduire dans le couvent.

Après cette déposition, le lieutenant criminel s'ajourne au lendemain et s'en va dîner chez le maître de poste Fourichon où il couche.

Le jour suivant il interroge Marie de Roquart, demoiselle de Saint-Laurent, 20 ans, pensionnaire au monastère, dont la déposition est autrement grave que les précédentes.

Le dix ou onzième du mois de janvier dernier, environ les 10 ou 11 heures du soir, la déposante étant au parloir avec la prieure et le sieur de la Borie, frère de celle-ci, et les demoiselles de Boisseuil et de Masleroy, étant dans le parloir de dehors et jouant ensemble aux cartes, la demoiselle de Boisseuil pria ladite qui dépose d'aller quérir les clefs de la porte du tour dans la chambre de la prieure pour lui aller ouvrir la porte. Ce que lad. déposante ayant fait, par la permission de la prieure, elle aurait été ouvrir la porte et les demoiselles de Boisseuil et de Masleroy seraient entrées dans le présent monastère et y auraient fait entrer le sieur de la Borie, lequel monta le degré du dortoir au haut duquel il trouva la prieure, laquelle ayant un flambeau à la main, prit ledit sieur par la main et le conduisit dans la grande chambre où elle s'est assise et le fit asseoir sur ses genoux et en le baisant elle lui disoit : « N'est-ce pas beau pour une religieuse d'avoir fait entrer de nuit un jeune cavalier dans son couvent et de le tenir sur ses genoux (1). » Ensuite elle proposa de le déguiser en fille pour le faire passer par tout le couvent, puis elle l'emmena dans sa chambre où elle couche qui est dans le dortoir et le fit passer par tout le monastère ; elle le conduisit même à l'endroit où sont les archives et il resta de cette manière dans led. couvent jusqu'à trois heures après minuit.

Elle ajoute qu'il y a deux nuits, vers les onze heures du soir, la prieure lui donna la clef pour ouvrir les portes aux demoiselles de Boisseuil et de

---

(1) Faisons remarquer que c'était son frère.

Masleroy qui étaient dehors avec les sieurs de Villars, Saint-Chamand et Laborie, lesquels entrèrent tous entre les deux portes du tour et du cloître où ils dansèrent pendant plus de deux heures, même que le sieur de Villars proposa d'aller jouer dans la grande chambre, mais ils en furent empêchés par deux servantes du couvent qui ayant entendu du bruit se levèrent, ce qui les contraignit à sortir (1).

Ici l'enquête s'arrête brusquement sur la signature de Marie de Roquart : il y a tout lieu de croire que la prieure, effrayée des suites que pouvaient avoir ses inconséquences, fit agir de hautes influences et que l'ordre d'interrompre cette procédure arriva au lieutenant criminel, qui néanmoins crut devoir déposer au greffe le procès-verbal qu'il avait rédigé (2).

Quoi qu'il en soit, il paraît bien établi que les allégations du syndic étaient exactes et que le couvent de Saint-Pardoux était encore une fois retombé dans le désordre, par la faute de sa prieure ; celle-ci ne profita pas des avis que ses supérieurs ne manquèrent pas de lui adresser, car nous avons retrouvé une opposition faite devant notaire le 31 octobre 1705 par Claude d'Allogny, seigneur du Puy-Saint-Astier, comme curateur de Marie d'Abzac, demoiselle de Saint-Pardoux, sa belle-sœur, au mariage de celle-ci qu'il avait mise dans le monastère pour y prendre l'éducation convenable à une personne de sa qualité. « Il a été averti, dit-il, que depuis le 23 courant certaines personnes, dans la vue de la faire

---

(1) *Arch. dép.* B. 188.

(2) Dans une transaction passée le 24 septembre 1701 entre Françoise de Boissouil et les enfants de feu Guillaume Bourcin, sieur de la Vergne, apothicaire, il est dit que ceux-ci réclament une certaine somme due à leur père pour voyages à Paris concernant les affaires de la prieure. Celle-ci n'offrait que 2 l. par jour pour indemnité de séjour tandis que les enfants réclamaient 3 l. Ils rappellent que Bourcin, pour rendre service à la prieure, dut abandonner, il n'y a pas trente ans, son état d'apothicaire et faire à Paris un très long séjour, il alla même en Parlement.

Les voyages à Paris pourraient se rattacher à l'affaire que nous venons de raconter, car en disant que ce séjour eut lieu il n'y a pas trente ans les parties semblent le placer au début du gouvernement de cette prieure, alors en charge depuis 17 ans.

marier sans la participation dud. seigneur, l'ont fait sortir clandestinement sans l'aveu de la supérieure, l'ont enlevée et transférée dans des maisons affidées pour passer contrat de mariage » (1).

L'administration de cette prieure fut aussi désastreuse au point de vue matériel qu'au point de vue moral (2). Les documents nous la montrent, faisant des largesses avec les revenus du couvent, aliénant même les biens-fonds de celui-ci sans l'autorisation de ses religieuses. C'est ainsi que le 16 décembre 1691, elle avait fait don à son chirurgien Jean Mathieu, en considération des bons et agréables services qu'elle prétendait avoir reçus de lui, de certaines masures dites de Bretagne, joignant du midi à la rue tendant de l'église au grand pont, du couchant à la muraille du canton appelé du Chareyron, qui va de lad. rue à la place publique. En 1722, sans doute brouillée avec les héritiers de Mathieu, elle les obligea à restituer le don fait à leur auteur, sous prétexte, avouait-elle, qu'elle avait été circonvenue, que les services rendus étaient supposés et que les biens de la communauté étaient inaliénables, que de plus ces masures avaient toujours servi de prisons, qu'il n'y avait pas d'autre endroit plus convenable pour en construire d'autres et qu'enfin l'acte était nul, comme ayant été passé en dehors de la participation du syndic : on plaida, et le 5 août 1727, les héritiers renoncèrent au bénéfice de cette donation.

En 1689, elle avait intenté un procès aux habitants au sujet du droit de four banal et de la dîme de vin : le 30 juillet de cette année ceux-ci s'assemblaient sur la place publique au nombre de 63, et nommaient deux d'entre eux pour les représenter dans ce procès. Ils prétendaient que le four banal

---

(1) Procès-verbal de Delarret, notaire.

(2) Elle ne renonça jamais à la vie mondaine : en février et août 1732, elle assista comme marraine à deux baptêmes d'enfants de soldats du régiment de Clermont qui avait pris ses quartiers d'hiver à St-Pardoux. Les parrains furent deux officiers de ce régiment : René Edouard de Mombossier, sieur de Canillat, chevalier de Saint-Jean-de-Jérusalem, capitaine, et Jacques Monschant, lieutenant.

4

existait bien de fait, mais qu'ils n'avaient jamais consenti à son établissement ; quant à la dîme de vin, elle s'était toujours levée au quinzain et non au onzain, comme le demandait le monastère. Ils chargeaient en retour leurs délégués de demander à la prieure « un vicaire de secours pour aider et secourir led. bourg et paroisse, de messe qu'autrement, estant au moins nombre de seize cents communiants ou plus et de lui fournir cent cinquante livres par an pour son entretien » (1).

Un jugement du présidial de Périgueux du 19 mai 1690, rendu sur les conclusions de M. de Monthozon, procureur du roi, les condamna à payer la rente de 5 sols due par chaque habitant pour le four banal, les renvoya devant la Cour pour la question de dime et devant la juridiction ecclésiastique pour celle relative au vicaire (2).

En 1710, autre procès avec François Quilhac, curé de St-Front-la Rivière, au sujet de la grandeur du boisseau du couvent ; celui-ci qui devait des rentes en grains aux religieuses émettait la prétention de les acquitter avec « le boisseau du monastère scellé de trois fleurs de lis avec une bande en abîme, qui est réglé à un picotin moins que celui de la halle de Châlus » ; à quoi le couvent répliquait que le droit de mesure qui lui appartenait depuis sa fondation avait toujours imposé le boisseau de Châlus.

Dans une déclaration que cette prieure fournit au roi en 1692, il est dit que le prieuré consiste en bâtiments, cour, moulin, jardin, pré et bois d'une contenance de 15 journaux, le tout fermé par la Dronne et des murs. Elle se dit dame de la basse, moyenne et mixte justice du bourg et de la moitié de la paroisse et déclare avoir droit de pressoir et de four à ban. De plus elle est propriétaire des dîmes de la paroisse sur lesquelles elle paye 96 l. de décimes, 300 l. au vicaire perpétuel et 150 l. au vicaire de secours (3).

---

(1) Procès-verbal de Lapeyronnie, notaire.

(2) *Arch. dép.*

(3) Répertoire commencé le 6 avril 1690 par François Rivière, prédicateur général et sous-prieur des Frères Prêcheurs de Périgueux, terrier conservé aux Archives départementales.

Au mois d'août 1717, c'est à l'évêque d'Angoulême à qui les hommages de la baronnie de Nontron sont dévolus par depied de fief, que François de Champagnac, sieur de la Beraudie, au nom de cette prieure, rend la foi et hommage lige et prête serment de fidélité « teste nue, les deux genoux en terre, sans espée, ayant les mains jointes en celles de l'illustrissime et reverendissime sgr. Mgr. Cyprien-Gabriel-Bernard de Rezay, pour raison du couvent, préclôture, justice basse, domaines, cens et rentes én dépendant » (1).

Pour la fin du xviie siècle et tout le suivant, les minutes des Lapeyronnie, notaires, à Saint-Pardoux (2), renferment un assez grand nombre de contrats de religion : on trouvera dans la liste des religieuses, qui suivra, les renseignements particuliers que nous y avons puisés ; disons, au point de vue général, que ces actes étaient passés à l'expiration du noviciat : les dots constituées étaient variables suivant la situation de fortune des parents, néanmoins elles sont toutes comprises entre 2,000 et 3,000 l. ; tantôt cette dot était livrée en capital, tantôt en rentes ; on y ajoutait généralement l'ameublement d'une chambre ou sa valeur ; de plus les parents payaient les frais du festin de prise d'habit ; d'autres plus généreux faisaient don au couvent d'ornements religieux.

Madame de Boisseuil se démit en 1739 et mourut le 6 mai 1740.

ANGÈLE DE BOISSEUIL, qui lui succéda, entra au couvent le 3 janvier 1702 ; sa tante, la prieure précédente, lui fit obtenir le 24 novembre 1723, des lettres de provision de l'office de coadjutrice (3) ; le 21 février suivant, en présence de la communauté réunie dans le parloir du couvent, elle la

---

(1) *Arch. de la Charente*, E. 1063. Communication de M. de Fleury, archiviste.

(2) Actuellement possédées par M. Jamain, notaire à Miallet, qui les a mises à notre disposition avec une rare obligeance.

(3) *La Gazette* du 27 novembre 1723.

présenta comme sa coadjutrice, « pour lui aider pendant sa vie et lui succéder après sa mort » ; un notaire donna lecture des lettres et Angèle, interpellant une à une toutes les religieuses, se fit reconnaître en cette qualité.

Elle prit possession du prieuré le 6 mai 1741 (1) et n'était plus prieure à la fin de 1777, car un acte du 14 octobre 1777, dressé pour l'élection d'un confesseur, constate que les religieuses se sont assemblées sous la présidence de Marguerite de la Garde de Saint-Angel, sous-prieure en chef.

Le 15 mars 1762, elle convenait avec le curé de lui donner pour le pain, le vin et le luminaire qu'elle était tenue de lui fournir, trois pièces de vin rouge, six setiers de froment, deux setiers d'avoine et un pot de confiture.

Elle soutint, en 1740, un long procès avec Renée d'Abzac, dame de St-Pardoux, au sujet du droit de faire sonner les cloches de l'église pendant quarante jours après le décès des prieures.

SUZANNE MOSNIER DE PLANEAUX ne fut prieure que pendant trois ans : le 14 mars 1778, avant de recevoir les vœux de Jeanne Versaveau, novice au couvent, et encore mineure, le grand-père de celle ci l'émancipa par la cérémonie suivante qui eut lieu dans le parloir : « Après que lad. Versaveau s'est mise à genoux, les mains jointes, led. Versaveau ayant passé les mains à travers la grille, a relevé sa petite-fille, lui a déjoint les mains en signe de liberté, l'a émancipée et mise hors sa puissance ».

Le 20 août 1779, elle nommait, comme procureur d'office de Saint-Pardoux, Jean Ribadeau-Dumas, en remplacement de Gui de Lapeyronnie, que ses infirmités avaient obligé de démissionner.

Cette prieure était encore en fonctions le 4 mai 1780.

MARIE-ANNE DU MAS DE PAYZAC, fille de François du Mas, marquis de Payzac, chevalier de Saint-Louis, brigadier d'infanterie des armées du roi, et de Paule-Marie-Thérèse de Boisse, fut d'abord religieuse à l'abbaye de la Règle, puis

---

(1) Après sa nomination comme prieure elle signe Angélique de Boisseuil.

vint en 1780 comme prieure à Saint-Pardoux (1). Le 1er décembre de cette année, elle et ses religieuses « capitulairement assemblées au son de la cloche, après avoir mûrement réfléchi, ont unanimement et de commune voix délibéré et arrêté que ne connoissant personne si capable, ni si intelligent pour être leur syndic que la personne de maistre J.-B. Saint-Martin, très digne religieux, docteur en théologie, elles le nomment et créent et attestent pour leur syndic ».

MARIE-THÉRÈSE-VICTOIRE DE TAILLEFER, dernière prieure de Saint-Pardoux, était fille de Louis-Jean de Taillefer, marquis de Barrière et de Villamblard, et de Marguerite-Thérèse de Sanzillon de la Foucaudie ; baptisée le 7 janvier 1734, elle entra en religion au couvent de Saint-Benoît de Périgueux, en 1749. Par lettres du 21 mars 1784, le roi lui accorda le prieuré de Saint-Pardoux, qu'elle conserva jusqu'à la Révolution (2).

Les biens du clergé ayant été déclarés à la disposition de la Nation par la loi du 2 décembre 1789, et leur vente ayant été décidée, le gouvernement fut obligé de subventionner les ministres du culte et les religieux. En vertu de cette loi, les religieuses de Saint-Pardoux adressèrent aux administrateurs du district une pétition où elles demandaient une pension de 700 l. pour chacune des douze religieuses de chœur et de 350 l. pour les converses qui étaient au nombre de quatre ; par une pétition particulière la prieure réclamait 1,500 l.

Pour répondre à ces demandes, le Directoire du district examinait, le 21 mai 1791, la situation matérielle du couvent dont les recettes s'étaient élevées en 1790 à 14.816 l. et les dépenses à 14.056 l. ; mais comme le revenu moyen n'était que de 12.069 l., dont il fallait déduire les charges : 1.200 l. au curé, 700 l. au vicaire, les frais du culte, les décimes, il ne restait disponible qu'une somme de 10.527 l. insuffisante pour faire face aux exigences des religieuses ; aussi, s'auto-

---

(1) Renseignements dûs à l'obligeance de M. le marquis du Mas de Payzac.
(2) Madame de Taillefer est décédée à Thiviers, le 14 juillet 1817.

risant des lois en vigueur, les administrateurs fixèrent les pensions au prorata du revenu net : ainsi la prieure toucha 1397 l., chaque religieuse de chœur, 625 l. ; et chaque converse, 326 l.

Quelque temps après, le Directoire voulut se faire remettre les archives, mais il se heurta à une opposition absolue de la part des religieuses. A une nouvelle démarche, elles répondirent qu'elles ne se rendraient à l'invitation qui leur était adressée que si le Directoire prenait l'engagement de faire dresser un inventaire général des papiers. Dans sa séance du 21 décembre 1791, cette assemblée, sur le rapport de deux de ses délégués, arrêtait qu'une dernière mise en demeure serait adressée aux religieuses, attendu qu'un inventaire général demanderait aux deux délégués un travail assidu de trois ou quatre mois, et que de plus ils seraient obligés de se faire assister par un homme habitué à déchiffrer les anciennes écritures.

Les religieuses n'ayant pas obtempéré à cette nouvelle réquisition, le district décidait, le 19 février 1792, que, pour les obliger à verser leurs titres et papiers, on leur retiendrait leur traitement, « moyen plus décent que la contrainte par corps ».

Ce procédé n'eut pas plus de succès que les précédents et les sœurs gardèrent leurs archives.

Le 1er octobre 1792, les religieuses quittèrent le couvent dont tous les objets mobiliers furent vendus aux enchères du 14 au 22 du même mois (1) ; l'argenterie fut seule réservée pour être portée à la Monnaie de Limoges, mais quand le Directoire voulut en prendre possession, il se trouva que les pièces les plus précieuses avaient été enlevées (2) : à la suite d'une enquête prescrite le 5 novembre

---

(1) La vente produisit 3134 l. *Arch. de la Dordogne*, série L, 638.

(2) Dans les registres de délibérations du district on trouve à la date du 7 mars 1792 la description des vases sacrés des couvents de Peyrouse, de Boschaud, de Badeix et des Cordeliers de Nontron, mais il n'y a rien pour Saint-Pardoux. (L. 167.)

suivant, la sœur Versaveau (1) fut arrêtée et incarcérée à Nontron sous la prévention d'avoir soustrait des objets servant au ci-devant culte catholique ; elle était encore en prison en avril 1793.

Le 10 novembre 1792, les bâtiments du couvent furent adjugés au citoyen Planchas-Lavalette moyennant 18.724 l. (2).

Les portes du monastère s'étaient à peine fermées sur les religieuses, emportées par la tourmente révolutionnaire, qu'elles se rouvrirent pour donner passage, comme au temps de sa splendeur, aux femmes des premières familles du pays.

En effet, M. Planchas, pour tirer parti de son acquisition, avait loué ces bâtiments au Département qui y installa une prison pour les suspects : dès le 16 pluviôse an II, on y transportait de Nontron les dames Moreau de Saint-Martial fille, Rose Maillard, Royère fille, Marie Villard, Rose du Haultmont, d'Ancors, veuve Marando du Cousset, et ses deux filles, Royère, veuve la Bardonnie, sœur Saint-Remys, Cammin. Les hommes étaient : Milhate du Hautmont, Desmarets, Texier, Alexis Cammin, Raynaud père et fils, Roux-Luçon ; d'autres vinrent bientôt les rejoindre :

---

(1) C'est à cette religieuse que nous sommes redevable de la conservation d'une partie des archives du couvent.

Lors de la fermeture du monastère, tous les papiers et titres furent placés dans deux coffres. L'un fut emporté par la sœur Desport, l'autre par la sœur Versaveau, toutes deux de Saint-Pardoux. Le premier s'est brûlé dans un incendie. Quant à l'autre resté en possession de la famille de la sœur Versaveau, il avait été transporté au village de Negrecombes où il était resté cloué pendant plus de 80 ans. Ce fut Madame Petit de Plas qui le fit défoncer et y retrouva les pièces qu'elle nous a si obligeamment communiquées.

(2) Sur une dénonciation venue de Nontron, le département ordonna de surseoir à la prise de possession par son nouveau propriétaire, sous prétexte que de nombreuses irrégularités avaient été commises lors de l'adjudication. A cette mesure de défiance, le district répondait en prenant le 13 décembre une violente délibération qualifiant l'arrêté du département d'injurieux et despotique, obtenu par haine particulière, et en lui envoyant un long mémoire justificatif portant pour épigraphe : *Quælibet a quovis mendacia credere promptus.*

Basset de Rivailles, Roussarie, Pinton, Larret-Grandpré, Lapeyronnie père et mère (1).

Le 23 messidor suivant, le district décidait que cette prison serait exclusivement affectée aux femmes (2) ; on y conduisit alors mesdames Roux-Luçon mère, Roux-Luçon grand'mère, les quatre sœurs Dupin de Saint-Cyr, la Roussie, les deux Lajard-Gresignac, Cammin-Saint-Sulpice, Boistillé-Desgroges, Marie Moreau-St-Martial, la Brousse-Vaubrunet et ses deux filles, Chaban ci-devant religieuse, les deux sœurs Conan d'Ancors, les deux Villars-Poutignac, tantes, Gallard-Béarn née du Tillet, Leymarie et ses quatre filles, les trois sœurs Saunier, Vaucocour, veuve Boulouneix, Desrivailles, la Roussie, ci-devant religieuse, Girou-Desmarets, Escravayat-la-Barrière et ses deux filles, d'Abzac-St-Viance, les quatre filles de La Croix du Repaire, Dereix, Suzanne Valade, ex-religieuse, Delezon fille, Auvrai-St-Remy, veuve Moreau-Maillard, soit au total 53 personnes appartenant tant à la bourgeoisie qu'à la noblesse (3).

Les détenues recevaient chacune 25 sous par jour pour leur nourriture, chauffage et blanchissage ; seul le pain leur était fourni par la municipalité. Elles devaient choisir parmi elles une économe chargée d'acheter les denrées et de les payer.

Il était obligatoire pour elles de prendre leurs repas en commun et elles devaient se contenter de l'ordinaire ; défense absolue leur était faite d'acheter d'autres vivres au dehors. L'assistance de domestiques leur avait été refusée et elles devaient elles-mêmes préparer leurs repas, nettoyer la prison et entretenir leur linge. Cependant plusieurs d'entre elles étant tombées malades, le district se départit de ses cruelles rigueurs en leur permettant, le 9 thermidor an II, d'engager à leurs frais trois filles de chambre (4).

---

(1) *Arch. de la Dordogne*, L. 648.

(2) *Idem*, L. 638.

(3) *Arch. de la Dordogne*, L. 639. Nous donnons ces noms tels qu'ils figurent sur les documents.

(4) *Arch. de la Dordogne*, L. 668, 632.

Le 26 messidor, le pourvoyeur de la maison de détention informait la municipalité « que les détenues manquaient totalement de pain et qu'il ne savait où en prendre. » Celle-ci, vu la pénurie des grains, arrêta de prendre le blé de Lapeyronnie, père d'émigré, alors en prison, à charge de verser 750 l. à la caisse du séquestre.

Des temps plus calmes revinrent et la prison de Saint-Pardoux laissa échapper ses détenues : bientôt les bâtiments d'un entretien difficile furent transformés en carrière où chacun vint puiser les pierres nécessaires à ses constructions. Le vandalisme accomplit son œuvre ; l'église, les cloîtres, les ailes disparurent et le couvent se trouva réduit au corps de logis lépreux qu'on voit encore et qui fait songer à ces paroles d'un illustre écrivain : « Il y a deux sortes de ruines très distinctes, l'une ouvrage du temps, l'autre ouvrage des hommes. Les premières n'ont rien de désagréable, parce que la nature travaille auprès des ans. Font-ils des décombres, elle y sème des fleurs, entrouvrent-ils un tombeau, elle y place le nid d'une colombe. Sans cesse occupée à reproduire, elle environne la mort des plus douces illusions de la vie.

Les secondes ruines sont plutôt des dévastations que des ruines : elles n'offrent que l'image du néant, sans une puissance réparatrice. Ouvrage du malheur et non des années, elles ressemblent aux cheveux blancs sur la tête de la jeunesse. »

Le monastère, autant qu'on peut en juger par ses restes et les renseignements que nous avons pu recueillir, comprenait un ensemble de constructions encadrant une cour carrée bordée de cloîtres (1).

Le bâtiment qui existe encore est un corps de logis flan-

---

(1) La Bibliothèque nationale ne possède pas d'estampes anciennes concernant Saint-Pardoux. (Lettre de M. Henri Bouchot, conservateur du cabinet des estampes.) Au château du Caucau, commune de Saint-Front-la-Rivière, M. Henri du Genest de Broussaneix conserve un album qui renferme deux dessins du couvent faits vers 1840, par un de ses parents.

qué de deux pavillons découronnés (1) ; il est percé de trois portes surmontées de cordons dans le style Louis XIII et de nombreuses fenêtres sans aucune ornementation. Dans les salles hautes se voient encore des restes de peinture du siècle dernier : attributs, fleurs, etc.

L'église qui lui était perpendiculaire fut détruite vers 1830 : elle avait 30 m. de long et était fort remarquable (2) ; dès 1777, elle possédait une horloge qui réglait toutes les « montres horologères » du bourg.

Du côté N.-O. se trouvaient d'autres bâtiments qui communiquaient avec le corps de logis dont nous venons de parler par une galerie couverte partant du premier étage.

Les cloîtres ont été en partie transportés, vers 1808, dans une maison de Saint-Pardoux où ils existent encore : les arcades qui affectent la forme d'anses de panier sont ornées d'une seule voussure bordée vers l'extérieur d'un tore et d'un bandeau ; elles reposent sur un tailloir chanfrené soutenu par des piliers composés chacun d'un faisceau de huit colonnettes groupées deux à deux et surmontées de chapiteaux coniques sans autres ornements qu'un annelet à la base.

Ces cloîtres sont certainement plus anciens que le couvent actuel ; cette forme d'arc fut fort en vogue pendant la Renaissance ; cette partie pourrait donc être contemporaine de la période brillante que traversa le monastère sous le gouvernement de Jeanne de Guyenne.

Le long de la rivière, un peu au-dessus de l'écluse, devait exister un autre bâtiment d'une construction soignée à en juger par un gros cordon qu'on distingue encore sous les herbes et qui courait tout le long du mur.

Du mobilier qui garnissait le couvent nous n'avons rencontré que de rares épaves.

Les objets sacrés furent, comme nous l'avons dit, cachés

---

(1) La vue qui accompagne le présent travail est due au talent de M. Chanard, receveur de l'Enregistrement à Saint-Pardoux, à qui j'adresse ici tous mes remercîments.

(2) Note de M. le chanoine Brugière.

par la sœur Versaveau, qui dut les restituer au culte après la Révolution (1).

De l'église du couvent provient une Vierge au geste peu commun en iconographie, qui est conservée chez M. Mariaud, maître d'hôtel au bourg. Elle fut sauvée par la sœur Desport et enfouie par elle dans la terre où elle fut retrouvée longtemps après.

Cette statuette en pierre du pays polychromée a 0^m64 de hauteur ; elle représente la Vierge vêtue d'un corselet rouge très collant ; ce corsage qui s'attachait sur l'épaule gauche est dégrafé et par l'entrebâillement le sein énorme, disproportionné, apparaît.

Elle est enveloppée dans un grand voile bleu qui, partant de la tête, drape le corps, tombe jusqu'aux pieds, dégage le bras droit et le buste ; le pan droit est relevé sur le bras gauche ; la bordure de ce voile est blanche, semée de roses séparées par des points (2). Sous ce voile apparaît une robe rouge.

Ses cheveux sont noirs ; épars sur les épaules, ils tombent au dessous de la ceinture. Autour du cou un trait de peinture noire indique un ruban qui se termine par une croix jaune. La tête de la Vierge, les paupières baissées, les joues vermillonnées, est empreinte d'une grande douceur (3).

Sur sa main gauche qui sort du voile, est assis l'Enfant enveloppé dans des langes bleus qui montent jusqu'aux aisselles et laissent à découvert les pieds : le gauche se trouve placé dans la main droite de la mère ; ses cheveux sont blonds et longs par derrière ; ses yeux bleus. Il entoure de ses deux mains le sein de sa mère, tandis que sa tête, à l'expression vieillotte, se penche sur le côté et s'éclaire d'un sourire de contentement.

---

(1) Cependant, il y a quelques années, en démolissant un mur dans une maison habitée par cette religieuse après la fermeture du couvent, on trouva une cachette qui renfermait deux candélabres en bronze.

(2) Cette bordure était primitivement dorée, la statue ayant été peinte plusieurs fois.

(3) Le sommet de la tête qui portait peut-être une couronne a été coupé.

La reproduction de la Vierge allaitant se retrouve dès le xi° siècle ; cependant la nudité du sein est un signe de décadence. « Pour moi, nous écrit l'éminent archéologue, Mgr Barbier de Montault, cette Vierge est antérieure à la Renaissance : les cheveux ondulés de la mère et les langes de l'Enfant sont une tradition du moyen âge, vers le xiv° siècle ; le corsage collant et le drapemeut des vêtements sont bien du xv° siècle. Je m'arrête à cette dernière époque. »

Mme Petit de Plas possède un tableau religieux qui vient aussi du couvent ; il représente une religieuse dominicaine en prière devant une statue de la Vierge.

Dans la famille de la sœur Versaveau, nous avons retrouvé des couverts d'argent ayant appartenu à des religieuses : les uns portent le nom VERSAVEAV entre deux fleurs ; sur d'autres on voit l'écusson losangé des prieures contenant la bande chargée des trois larmes des de Boisseuil ; d'autres enfin portent gravées ces armes que nous n'avons pu identifier : fascé d'or et d'azur au chef d'azur à trois fleurs de lis d'argent ; couronne de comte.

Peut-être aussi provient-il du couvent ce superbe processionnal enluminé qui est la propriété de Mme Larret-Lagrange. Ses feuillets de parchemin sont couverts de lettrines aux vives couleurs et sont enchâssées dans une délicieuse reliure du xv° siècle toute semée de chardons et de fleurs de lis (1).

---

(1) Voir dans *La Semaine religieuse de Périgueux et de Sarlat*, numéro du 29 janvier 1899, une intéressante notice consacrée à ce précieux manuscrit sous le titre : *Fragments d'un processionnal périgourdin*, par M. E. Ch.

« L'écriture, la notation et les lettrines d'ornement qui sont encore dans un fort bon état de conservation, permettent d'assigner à ce manuscrit la fin du xiv° siècle. »

RELIGIEUSES DE SAINT-PARDOUX-LA-RIVIÈRE (1).

Fine d'Aragon, prieure, 1293.
Agnès d'Arnoville, 1293.
Elisabeth de Saves, 1293.
Agnès de Bechevena, 1293.
Beatrix de Bethesi, 1293.
Claire Davina, 1293.
Petronille Seguin, 1293 (2).
Marguerite Dardine, v. 1300.
Elisabeth Vesine, v. 1300.
Agnès de Bethesi prieure, v. 1300.
Bertrande d'Escayrac, v. 1300.
Azema Froment de Martel, v. 1300.
Agnès Robert, 1301-1304 (3).
Agnès de Magnac, 1305 (4).
Sereine d'Escayrac, prieure, 1307.
Bestrict ou Beatrix, prieure, 1313-1318.
Beatrix de Belhes, prieure.
Almoize Flamenc.
Richefine ou Richeline, prieure.

Agnès, prieure.
Marguerite Vigier de Haute Corne, prieure.
Melissende de Maumont, 1317.
Catherine Vigier, 1324 (5).
Petronille Capelle, 1330-1341.
Ricarde de la Brande, prieure, 1344.
Fine-Brune de Champniers, prieure, 1345-1351.
Bonne de Lespinath, prieure, 1384-1403.
Agnette de la Barde, prieure,
Gaillarde de la Rigaudie, prieure.
Guillemette de Solio, prieure, 1428-1430.
Jeanne Raynaud, 1437 (6).
Anne Romané, 1440 (7).
Marie Autier, prieure, 1443-1498 (8)
Petronille de Marmois alias de Maumont, prieure, 1445-1451.

(1) Cette liste renferme plus de 200 noms relevés dans les papiers du couvent, les minutes de notaires, les registres d'état-civil, etc. Elle contient certainement des doubles emplois, par suite de l'habitude prise par les religieuses de se faire appeler tantôt par leur nom de famille, tantôt par un nom de terre. Par contre, il a existé en même temps des religieuses portant les mêmes noms et prénoms et il ne nous a pas été toujours possible de les dédoubler d'une façon certaine.

M. de Saint Saud, qui connaît si bien les familles périgourdines, a bien voulu nous identifier un certain nombre de religieuses. Les minutes des notaires renfermaient de nombreux contrats de religion où nous avons puisé de précieuses indications pour le XVIII* siècle.

(2) Fille d'Adhémar Seguin, chevalier, de Saint-Pardoux.

(3) Fille de Gérard Robert.

(4) Fille de Guillaume de Magnac, paroisse de Milhac ; elle fut tante de Aimery de Magnac, évêque de Paris.

(5) Fille de Jean, chevalier, seigneur de Hautecorne.

(6) Parente de Jean Raynaud, seigneur de Lâge.

(7) Parente de Jean Romané, licencié-ès-lois, de Poitiers, et d'Etienne, son frère.

(8) Peut-être fille d'Aymar Autier, damoiseau, vivant en 1400.

Marguerite Bechade, sous prieure, 1445.

Gratienne de la Grelière, 1445.

Perrette de la Marche, prieure, 1447.

Catherine de la Grelière, prieure, 1445 (1).

Souveraine de Pompadour, prieure, 1473-1501 (2).

N. d'Aixe, 1479 (3).

Gabrielle de Bonneval, 1498 (4).

Marguerite Fauconnie, alias Fauconne et Frauconnie, 1480-1500.

Ysabeau Fauconne, 1480-1500.

Catherine de Royère de Courson, 1481-1536 (5).

Jeanne de Guyenne, prieure, 1490-1541.

Marguerite de Bonneval, 1498-1542 (6).

Antonie de Laron, sous-prieure 1500.

Leonarde de Beaudeduit, 1500.

Antonie Sorberies alias de Sorbiers, 1500-1542.

Françoise de Colonges, 1500.

Catherine de Monteau, 1500.

Isabelle de Monteau, 1500.

Martine de la Barde, 1500.

Marie de Lasteyrie, 1500 (7).

Ysabeau de Palenne, 1528.

Catherine de Lur, 1528-1558.

Marguerite de Lur, 1528-1559.

Antonie de Beaudeduit, 1528-1536.

Marguerite d'Anglars, 1528-1542.

Antonie alias Antoinette d'Anglars, 1528-1558.

Marguerite Pastorelle, 1528.

Marguerite de Comborin alias de Combour, 1528-1532.

Jeanne de Leyssac, 1528-1542.

Ysabeau de Chasseigne, 1528-1542.

Catherine Bruchard, 1528-1536.

Jeanne Chomecte alias Choumette, sous-prieure, 1528-1556.

Marguerite de Noailles, 1532-1547 (8).

Marguerite Collette 1532-1536.

Gabrielle du Teuilh ou du Teil, 1532-1539.

Anne de Foix, sous-prieure, 1532-1548 (9).

Raymonde Vigier, 1532-1546.

Françoise de la Porte, 1532-1559.

---

(1) On trouve à Piégut un Jean de la Grellière dont un fils vivait en 1444.

(2) Une Souveraine de Pompadour épousa en 1444 Jean de Razès.

(3) Fille de David d'Aixe et d'Hélix Paute.

(4) Fille de Foucaud de Bonneval, damoiseau, seigneur de la Roque, Messac, Rochebrune et Mimolle, et de Gabrielle de Lestrange.

(5) Parente de Jacques de Royère de Courson, alias de Baudeduis, seigneur de Courson, du Verdier et de la Chabassière.

(6) Sœur de Gabrielle citée plus haut.

(7) Sans doute une des 8 filles qui furent religieuses, de Jean de Lasteyrie, seigneur du Saillant, et de Jeanne de Bonneval.

(8) Fille d'Aimar, seigneur de Monclar et de Chambes, et d'Antoinette de Saint-Exupéry ; née en 1485.

(9) Fille de Jean de Foix, comte de Gurçon et du Fleix, et d'Anne de Villeneuve-Trans.

Marguerite de Choumont, 1532.

Marguerite de Noailles, 1536-1558 (1).

Louise Choumettes, prieure, 1536-1548.

Charlotte Plaisante, 1536-1558.

Jeanne de la Porte, 1536-1559.

Marie de Noailles, 1536-1548 (2).

Françoise de Badefol, 1536.

Raymonde de Lamberthie, 1536-1559 (3).

Marguerite de Razac, 1536-1548.

Louise des Brousses ou des Brosses, prieure, 1542-1544.

Louise de Cantuel, prieure, 1543.

Charlotte d'Izelle, 1546.

Marguerite de Rochechouart, prieure, 1546-1597.

Jeanne des Brousses, 1558-1559.

Catherine Bouchard, 1558.

Jeanne de Gontaud de St. Geniés, 1546-1564.

Madeleine de Gontaud, 1558-1559 (4).

Charlotte de Lercer, 1558.

Antoinette de Saint-Victor, 1559.

Marguerite de Saint-Genieix, 1546.

Jeanne de Clerambaud, prieure, 1566-1617.

Ysabeau de Montardit, 1603-1623.

Françoise de la Gouretie de Villars sous-prieure, 1603-1623.

Nicole Saunier, prieure, 1603-1626 (5).

Anne de Rochechouart, sous-prieure, 1603-1609 (6).

Jeanne Roux de Lusson, 1609-1629.

Souvereine Beron, 1609.

Lucrèce de Lambert, 1609-1662 (7).

Renée de Leyrisse de la Mothe, 1609-1636.

Marie-Anne de La Doue, 1623-1657.

Hélène de Ladoire du Maine, 1623.

Claire de Ladoire, 1623-1629,

Marie Gerard de Bechemor, 1623-1659.

Jeanne Saunier, 1623-1648.

Suzanne de Montardit, s. prieure, 1623-1662.

Henriette de Javerlhac, 1623-1653 (8).

Hélène de Fayard, 1623-1653.

---

(1) Fille de Louis et de Catherine de Pierrebuffière ; nièce de Marguerite qui précède.

(2) Sœur de Marguerite de Noailles.

(3) Fille de François, seigneur de Miallet, Pensol et Lamberthie, et de Marguerite de Maumont.

(4) Jeanne et Madeleine de Gontaut sont filles de Jean, seigneur de Badefol et de Saint-Geniés, et de Jeanne d'Endaux ; Marguerite de Saint-Genieix appartient aussi à cette famille.

(5) Fille de Grimaud, seigneur de la Barde, et de Françoise de Chazay.

(6) Fille de Louis de Pontville, vicomte de Rochechouart, et de Madeleine de Bouillé.

(7) Fille de Jean, seigneur de la Filolie, et de Marguerite Robinet de la Serve.

(8) Henriette de Javerlhac est sans doute fille de François Texier, seigneur de Javerlhac, et de Françoise de la Marthonnie.

Gabrielle de Larie de Loberge, 1623-1656.

Jeanne Perry, 1623-1656.

Françoise Barret, sœur laye, 1623-1624.

Marie de Beynac, 1624.

Anne de Sauzet, 1624-1653.

Catherine du Sault de Villars-Maranges, 1624-1648.

Françoise d'Amelin de Rochemorin, 1625-1653.

Jeanne d'Amelin de Rochemorin, 1625-1654.

Catherine Pot de Rhodes, prieure, 1625-1645.

Françoise Pot de Rhodes, prieure 1627-1653.

Jeanne Vidal, 1627-1655 (1).

Marguerite Huguet, sœur laye, 1628-1656.

Marie-Madeleine de Beynac, 1629-1691.

Marguerite de la Marthonnie, 1629-1655 (2).

Gasparde Pot de Rhodes, prieure, 1640-1653.

Suzanne de la Doue, 1644.

Marguerite d'Abzac de Villars (3), 1634-1702.

Jeanne Duplessis, 1645-1660.

Renée de Labesse, 1645.

Catherine de Ladoire, 1645.

Françoise Green de Saint-Marsaud, 1645-1699 (4).

Marie d'Achery ou d'Achey, 1646-1654.

Gabrielle de la Garaudie, 1646-1650.

Gasparde-Marie du Mesnil-Simon de Beaujeu de Neuilly, 1647-1658 (5).

Anne Perry, 1648-1653.

Françoise d'Aydie, 1648-1699.

Marie du Mesnilsimon 1650-1654.

Marguerite du Mesnilsimon de Beaujeu, 1650-1664.

Françoise de Lamberthie, 1650-1698 (6).

Jeanne de Lamberthie (7).

Marie de Lamberthie (8).

Jeanne de Lamberthie, 1668 (9).

Jeanne des Cars, 1654-1659.

N. Brochard, 1654.

Angélique de la Marthonnie, 1654-1665.

Gabrielle d'Amelin de Rochemorin, 1654-1720.

Marie-Anne de la Doire 1656.

Gasparde du Plessis de la Merlière, 1667-1729.

---

(1) Fille d'Albert Vidal, conseiller du roi en Périgord.

(2) Fille de Jacques de la Marthonnie, seigneur dudit lieu, Bruzac, Puiberal. etc., chevalier de l'ordre du roi, et d'Ysabeau de Montagrier.

(3) Fille de Pierre, seigneur de Villars, et d'Anne Perry.

(4) Fille de François, seigneur de Nieul, et de Yolande de Barbarin.

(5) Fille du marquis du Mesnilsimon et de Louise Pot de Rhodes ; par suite nièce de Gasparde Pot de Rhodes, prieure. Elle-même devint en 1668 prieure de Villechasson. Cf. *Gallia Christiana*, t. XII, p. 190.

(6) Fille de Jean, seigneur de Marval, et de Jeanne Couslin du Masnadaud,

(7) Fille du même.

(8 et 9) Filles de Léonard, seigneur de Maraval, et de Marie de Fontlebon.

Suzanne Amelin, 1667.

Marguerite d'Abzac de Villars, sous-prieure, 1684-1707 (1).

Françoise de Boisseuil, prieure, 1684-1740.

Gasparde Eymery, sœur laye, 1685.

Anne du Breuil de Theon, 1685 (2).

Françoise de Chantemerle, 1685.

Françoise de Nieul-Mazotte, 1685.

Jeanne de Foucault de Lascaous de la Besse, sous-prieure, 1685-1729.

Marie de Beynac, 1685-1707.

Madeleine Desfosses, sœur laye, 1685.

Jeanne de Foucaud de Montreal, 1685-1720.

N. Parry de la Roche, 1691.

Catherine d'Aute, 1691.

Anne de Foucaud de Puisseguin, 1691-1707.

Gasparde d'Abzac de Mezières de Villars, 1691-1729 (3).

Anne de Fornel, 1691-1725.

Marie-Anne d'Aydie de Jumilhac, 1691-1729.

Antoinette Regnault de Larye, 1691-1729.

Anne de la Marthonnie, 1691.

Julie de la Marthonie de Gagnon, 1691-1707.

Jeanne d'Aydie de Ribérac, s. prieure, 1691-1740.

Marie de Lamberthie, 1691-1740.

Gabrielle de Foucaud de Montreal, sous-prieure, 1691-1702.

Anne de Campniac de Romain, 1698-1742, s. prieure (4).

Jeanne d'Aydie de Vaugoubert, s.-prieure, 1698-1742.

Marie Dumas, sœur laye, 1698 (5).

Marie de Beynac, 1698-1729.

Marie de Lamberthie, 1698-1742.

Marie de Fayolle de Tocane, 1698-1702 (6).

Renée d'Escravayat de la Chapelle de Belat, 1699-1735 (7).

Angèle de Boisseuil de la Contie, prieure, 1702-1777 (8).

---

(1) Fille de Jean, seigneur de Villars, et de Renée de Lambertorie.

(2) Fille de Claude, seigneur de Theon, Meschers et Chateaubardon, et de Marguerite Goullard de Touverac.

(3) Sœur de Marguerite qui précède.

(4) Probablement fille de Claude, seigneur de Romain, et de Gabrielle Mosnier de Planeaux.

(5) Fille d'Arnaud, notaire, et de Marguerite Barrière.

(6) Fille de Gaston-Isaac, seigneur de Tocane et du Chadeuil, et de Dauphine de la Brousse (1er mai 1698).

Nota. — La date entre parenthèses indique la date du contrat de religion ; presque tous ces actes sont reçus par les Lapeyronnie, notaires à Saint-Pardoux.

(7) Fille de Jean, seigneur de Bellat, et de Catherine de Vezeau (11 novembre 1699).

(8) Fille de Gilles, seigneur de la Contie, et de Marguerite des Cars (3 janvier 1702.)

Suzanne-Henriette d'Aydie de Ri-
berac, 1704-1742 (1).

Antoinette Renée d'Aydie des Bernardières, 1704-1707 (2).

Suzanne de Boisseuil de la Contie,
1707-1757.

Jeanne de Roffignac, 1707-1757 (3)

Marguerite de Montgibault, 1713-
1742 (4).

Anne des Cars, 1714-1742 (5).

Marguerite de la Garde de Saint
Angel, s. prieure, 1715-1780
(6).

Anne Mosnier de Planeaux, 1724-
1757 (7).

Suzanne Mosnier de Planeaux des
Pelisses, prieure, 1724-1780 (8).

Marie Joumart de Chabans de Saint-
Georges, 1725-1780. (9)

Rose de Bosroire de Vilhac, 1725-
1772.

Jeanne Lacoste de La Vergne s.
laye, 1725-1792 (10).

Catherine Delarret, sœur laye, 1727.

Françoise Regnault de la Soudière,
1729-1779 (11).

Françoise Barbe, sœur laye, 1735
(12).

Suzanne Pasquet de Salagnac, 1738-
1757.

Marie de Coux du Queroi, sous
prieure, 1738-1784 (13).

Jeanne Girou des Marais (14), s.
laye, 1739.

(1 et 2) Fille de Blaise, marquis des Bernardières, Champeau, la Chapelle-
Pommier, Montcheuil et Saint-Martial de Valette, vicomte des Peluches, seigneur de Montagrier, comte de Benoges, baron de Rion et de Crussol, et de
Diane-Thérèse de Bantru-Nogent (4 août 1704). Antoinette devint plus tard
prieure des Bénédictines de la Mothe-Saint-Héraye.

(3) Fille de Jean, seigneur de Belleville, et d'Antoinette-Renée d'Aydie
(13 novembre 1707).

(4) Fille de Bertrand, seigneur du Chastenet, et de Philippe de Boisseuil
(15 novembre 1713).

(5) Fille de Charles, seigneur du dit lieu, des Queroux, Vigneras, Feri-
gnac, et de Catherine de Bosroire de Fialeix (25 mars 1714).

(6) Fille de Thibault de la Garde de Saigne de Vallon, baron de Saint-
Angel, Saint-Pancrace, Langlade, Puycastanet, et de Blaise de Sonier.
(24 octobre 1715).

(7 et 8) Filles de François, baron de Planeaux, et de Claire Roger (4 septembre 1724).

(9) Fille d'Annet-Jules, marquis de Chabans et de la Chapelle-Faucher, et
de Souveraine Perry (29 juillet 1725).

(10) Fille de François, sieur de la Vergne, et de Marguerite Delarret.

(11) Fille de François, seigneur de la Soudière, et de Françoise Chauveron
de Magnac (4 octobre 1729).

(12) Fille de Antoine, sieur de Lafont, et de Marguerite Esmart (30 avril
1735.)

(13) Fille de Paul, seigneur de Coux, et d'Anne de Saint-Vincent (8 décembre 1733).

(14) Fille d'Annet, sieur des Marais, et de Catherine Rousseau (7 juin 1739).

Françoise de Boisseuil, 1740-1777 (1).

Marie de Champagnac, 1742-1779 (2).

Marie de Conan, 1746-1780 (3).

Marie de Villoutreix de Sainte-Marie, 1752-1792 (4).

Antoinette de Roux, 1757-1780 (5).

Françoise de Roux de la Filolie, 1757-1780 (6).

Marguerite Delarret du Maine, sœur laye, 1757-1792 (7).

Marie Delarret du Maine, sœur laye, 1757-1792 (8).

N. Chasteigner de la Pouyade, 1762-1769.

Suzanne de Chabans, 1777-1780 (9).

Leonor de Lamberterie, 1777-1780.

Marie de Masvaleix, 1777-1780.

Marie de la Guionnie, 1779-1780.

Jeanne Versaveau, sœur laye, 1778-1792 (10).

Marie de Tessières de Bellecize, 1779-1780 (11).

Thérèse de Roux de la Forest, 1782-1792 (12).

Marie-Anne du Mas de Payzac, prieure, 1780-1783.

Marie-Thérèse de Taillefer, prieure, 1784-1792.

N. de Saint-Georges, 1785-1786.

N. de Saint-Avit.

Philippe Beausoleil, sœur laye, 1792.

PRIEURS SYNDICS DE SAINT-PARDOUX.

Guillaume Aurelie, de Brantôme, 1293-1295.

Etienne Pichaud, 1302.

Armand de la Brandie, 1303.

Raymond de Curmont, 1305.

Bernard Danchier, 1305-1313.

François de Julien, 1317.

Helie de Planis, 1318-1332.

Helie Darchier, 1332.

Bernard Darchier, 1344-1345.

---

(1) Fille de Charles, capitaine au régiment de Beaucaire, et de Marthe d'Abzac (4 octobre 1740).

(2) Fille de Jean, seigneur de la Jaunie, et d'Antoinette de Malet (16 aoû 1742).

(3) Fille de Joseph et de Marie des Bories.

(4) Fille de Jean-Alexandre, seigneur de la Meynardie et Sainte-Marie, grand sénéchal de Saint-Yrieix, et de Marie-Blaise de Ribeireix (6 juin 1757).

(5 et 6) Filles de Joseph, seigneur de Lusson, capitaine au régiment de Champagne, et d'Ysabeau Roux (8 février 1757).

(7 et 8) Filles d'Antoine, sieur du Maine, et de Marie Devars.

(9) Fille d'Annet-Jules; sœur de Marie citée plus haut.

(10) Fille de Guillaume, bourgeois, de Saint-Pardoux, et d'Anne du Bourgvieux (1778).

(11) Fille de Pierre-Joseph, seigneur de Nanteuil et Sarrazac, et d'Andrive du Montet (26 octobre 1779).

(12) Fille de Jacques, seigneur de la Forest, et de Marthe-Thérèse Bouyer.

Adhemar Girbeaudie, 1362-1375.
Helie de Julien, 1347-1367.
Adhemar Jaucelin, 1360.
Jean Goudon, 1375.
Pierre Grimaud, 1382.
Martin de St.-Martin, 1383.
Hugues Gaucelin, 1399.
Br. de Picamilh, 1408.
Jean Mathieu, 1445-1462.
Ythier du Puy, prieur de Peyrouse, 1464-1480.
Martial de Sarrazac, 1494-1495.
Martial Faversat, 1500.
N. du Bois, 1501.
André Bilhaud, maître en théologie, 1510-1518.
Jean de Arisio, 1524-1525.
Jean de Rex, doct. en théol. 1528.
François Raymond, lic. en théo. 1528-1531.
Jean Gerlandy ou Gerlaudy, doct. en théo., 1532-1533.
Guillaume Spiandy (1), du couvent du Port-Sainte-Marie, prov. de Toulouse, 1533-1544.
Guillaume Melanson dit de Civitate, 1542.
Guillaume Venuelly, 1548.
Jean Johanelli ou Joanetti, 1555-1559.
Jean Queroy, 1571.
Guillaume Lortige, 1579-1582.
Jean de la Chaumette, 1583.
Guyon Viaud, 1596.
Léonard Bordes, 1601-1614 (2).
Geoffroy de Villepreux, 1611.

N. Gaumondie, 1612.
Pierre Dysse, 1613-1614.
Antonin de la Croze, 1625-1628.
Léonard Peyronin, 1628-1630.
Dominique Brugeiller, prédicateur général, 1653-1663.
Martin Morestot, 1683 (3).
Dominique Chazelle, 1685.
Antoine Surin, 1686.
Thomas Guadet, 1689.
François Rebière, 1690.
Barthelemy Pagnon, 1691.
Antoine Ayral, 1695.
Vincent Lacaze, 1696.
Jean Poumeiroulhe, doct. en théo. 1696-1697.
Hyacinthe Tesseron, 1698-1702.
J. Chapes, 1703.
Antoine Parade, doct. en théo. 1704.
Joseph de Langlade, 1705-1706.
JeanBar bot, 1710-1712.
Jean-Nicolas Alran, 1713-1741.
Jean-Dominique Laval, 1737-1741.
B. Delatour, doct. en théo., prieur. de Bergerac, prédicateur, 1714.
Pierre Pinède, prédicateur général, 1742.
Léonard Nadaud, 1746-1750.
François Fournier, 1755-1759.
Antoine Tussaud, 1763-1772.
Pierre Deyxidour, 1764-1785.
Jean Ferchaud, 1772.
Gerald Carlet, prédicateur général, 1777-1780.
J.-B. Saint Martin, doct. en théo. 1780-1781.

---

(1) Nommé le 5 février 1533 par Frère Vidau de Becanie, docteur en théologie, provincial de Toulouse.

(2) Inhumé le 7 février 1614 « dans la grand esglise du monastére. »

(3) Décédé le 17 janvier 1683.

Jean Garrigou, prieur de Rochechouart, 1783-1784.
Jean-François Syllain, 1784-1786.

Étienne Boisse, du couvent d'Auch,
1788-1791.

PENSIONNAIRES DU COUVENT.

Henriette du Menilsimon de Beau-
jeu, 1645-1646.
Anne de Savignac, 1645-1647.
Anne Tenant, 1645.
Jeanne et Anne Gautier, 1645.
Marthe de Lamirande, 1646.
Luce Ferrand, 1653.
Marie de Majote, 1653.
Anne de Lamberthie, 1653-1654.
Jeanne de Montsalard, 1653.
Anne et Barbe de Chaumont,
1653 (1).
Jeanne Durand, 1653-1661.
M. de Rocquart, 1653-1659.
Louise de Bremout, 1654.
Jeanne des Cars, 1654-1659.
Marguerite Guitton, 1659.
Jeanne Terrasson, 1659.
Marguerite de Chalup, 1659 (2).
Marie d'Abzac, 1659-1660.
M. de Fondebont, 1660-1662.
Henriette de Pigoffier, 1661-1663.
L. de Montardit, 1661.
Hélène Montet, 1661-1663.
Gasparde Eymery, 1663.
Louise Mobois, 1663.
Louise Gretain, 1663.

Peyronne de Ribeireix, 1663.
N. de Saint-Laurent, 1663.
Lucrèce de Lambert, 1663.
H. Lemaistre, 1663.
Jeanne de la Faye, 1663.
Marguerite de Bernardières, 1664.
Gasparde du Plessis, 1667.
Ysabeau de Loterie, 1667.
Louise de Chabans, 1667.
Marguerite Darfeuille, 1679.
Isabeau de Landry, 1679.
Marie de Lamberthie, 1678.
Louise de Boisseuil, 1684 (3).
Louise de Foucaud, 1662-1663.
Gabrielle-Gasparde de Mesgrigny
de Vendeuvre, 1662-1679 (4).
N. demoiselle de Masleroy, 1685.
Marie de Roquart de Saint-Lau-
rent, 1685.
Françoise Roatin, femme séparée
de Gilles Filleau, sgr. des Bilhet-
tes en Poitou, 1698-1699.
Marie d'Abzac de St-Pardoux, 1703.
Suzanne du Lau, dame de Savi-
gnat, 1714 (5).
N. de Marquessac, 1711.
Marie de Beynac, 1712.

---

(1) Filles de Louis, seigneur de Clermont-Labatut, et de Louise de Par-
daillan de la Mothe-Gondrin.

(2) Fille de Bernard, seigneur de Farreyron, et de Anne Tourtel.

(3) Tous les noms qui précèdent ont été relevés sur les registres d'état-
civil ; quand dans un baptême une religieuse était marraine, toutes les jeunes
filles présentes au couvent signaient l'acte dressé par le curé.

(4) Fille de Jean de Mesgrigny, marquis de Vendœuvre, et d'Henriette du
Mesnilsimon.

(5) Fille de Gabriel, seigneur de Chateaurocher, et de Sibille de Peyzac.

Julie de Roffignac, 1712 (1).

Marie de la Brousse, 1714 (2).

Marguerite de la Forest, 1716

Marguerite Delarue, 1718-1721 (3).

Anne Pourtent, 1736 (4).

Marguerite de la Garde, veuve de François du Barry, 1738 (5).

Esther de Mazières veuve François de la Fisse, sgr. de Langlardie, 1740 (6).

Henriette de Cromières, 1745.

Marie Joumard de Chabans, 1749 (7).

Marguerite Lacoste de la Vergne, 1749 (8).

Madeleine Perry de Saint-Auvent, 1751.

Marie-Anne de Coustin du Masnadaud, 1755.

Catherine de Brye de Lagerac, 1768 (9).

Elisabeth de la Faye de la Martinie, 1769 (10).

Anne de Foucaud, 1769.

Marguerite de Puypelat, 1770.

Marie Barbi, 1772.

Petronille Bellicot, 1772.

Marie Beaupoil de Montplaisir, 1785 (11)

Marie-Thérèse Bouyer, veuve Jacques de Roux, 1783.

Marie-Anne-Louise-Victoire Roques, 1786 (12).

Rose-Marguerite de Coux, 1788 (13).

---

(1) Fille de Jean, seigneur de Belleville, et de Jeanne d'Eyraud, mariée en 1745 à Jean de Saunier, seigneur de Puyservier.

(2) Fille de François, sieur du Bosfrand, juge d'Augignac, et de Marie Chollet, mariée en novembre 1714 à Hugues Dufraisse, sieur du Cluzeau.

(3) Fille de Léonard et de Catherine Eymery.

(4) Fille de Pierre et Anne Fargeot.

(5) Fille de Thibault, baron de Saint-Angel, et de Marie-Blaise Saunier ; avait épousé François du Barry, seigneur de Puycheni.

(6) Sœur de François-Damien-Benjamin, seigneur du Passage.

(7) Sans doute fille de Claude, marquis de Richemont, et de Marie de Chabans.

(8) Fille de Laurent, sieur de la Jaunie, et de Marie Ginreaux, mariée le 25 novembre 1749 à François Forel, bourgeois d'Excideuil.

(9) Décédée au couvent le 7 décembre 1768, fille du seigneur de Lageyrac, et de Marie de Coustin du Masnadaud.

(10) Fille d'Etienne, seigneur de la Martinie, et de Marie-Anne de Foucaud, mariée par contrat de Pindrai du 8 novembre 1769 à Jacques Deforges, sieur de Montagnac.

(11) Décédée le 21 avril 1785, fille de François-Philippe, seigneur de Montplaisir, et de Catherine de Breau.

(12) Juive convertie, fille de Jacob et d'Esther Victoria, mariée le 21 novembre 1786 à Pierre-Toussaint-Germain Leclerc, capitaine général des fermes du roi, à Périgueux.

(13) Fille de Louis, chevalier de St-Louis, au Roura, île de Cayenne, et de Marguerite Fabre, mariée le 29 janvier 1788 à Gabriel de Tessière, seigneur des Bories.

Madeleine de Chateigner du Lindois, 1787 (1).

Marie-Anne de Bourdinaud (2).

Claire d'Abzac, veuve d'Elie de Vitrat, mestre de camp de cavalerie, ancien exempt des gardes du corps du roi, chevalier de Saint-Louis, 1792 (3).

II. — LES SEIGNEURS, LA JUSTICE.

Quoique Saint Pardoux ne fasse son apparition dans l'histoire qu'au commencement du XIIIe siècle, son existence antérieure ne saurait être mise en doute : placé au passage d'un gué, sur une route reliant deux antiques cités, Nontron et Thiviers, ce point était tout désigné pour l'édification d'une forteresse au pied de laquelle vinrent se grouper les maisons d'un petit village dont l'importance fut bientôt accrue par ce fait qu'il se trouvait sur le chemin tendant du Limousin à Brantôme, célèbre abbaye fondée en 779 et lieu fameux de pèlerinage.

Le nom de Saint-Pardoux-la-Rivière paraît pour la première fois dans une sentence arbitrale rendue en 1231 entre Adhémar de Mellet, chanoine de Périgueux et chapelain de l'église de Mellet (Miallet ?), et le damoiseau de Capol ; les arbitres qui étaient Aymeric Samathée, archidiacre de Périgueux, et Guillaume de Maumont, clerc, rendirent leur jugement dans le cimetière de Saint-Pardoux-la-Rivière (*Sanctus Pardulphus de Riparia*). Adhémar devint ensuite archidiacre, et son frère, Amanieu, est qualifié de seigneur de Saint-Pardoux (4).

La seigneurie de Saint-Pardoux faisait alors partie de la châtellenie de Nontron, une des plus importantes de la vi-

---

(1) Fille de François-Joseph, baron du Lindois, et de Elisabeth de Mazier.

(2) Fille de Pierre, avocat en Parlement, seigneur de Vieillecour, et de N. de la Morelie des Biars, grand'mère de notre érudit confrère M. de Montégut.

(3) Fille de Pierre Marie et de Jeanne de Lestrade.

(4) *Nobiliaire* de Courcelles, t. IV, art. de Laurière.

comté du Limousin, qui se composait de 35 paroisses et de 18 seigneuries (1).

En 1267, la terre de Saint-Pardoux appartenait à Gérard Chabrol qui y avait pour le représenter un prévôt ou vigier du nom de Seguin (2).

Ce vigier devait tenir les assises au nom du seigneur, punir les voleurs et autres criminels en les condamnant à la prison et à l'amende ; les deux tiers de celle-ci revenaient au seigneur et le surplus lui appartenait. Il était chargé de lever les impôts qu'il remettait au seigneur à la Saint Michel, sous déduction d'un denier par sol représentant son salaire : il agissait de même pour les tailles dues aux quatre nécessités.

Les héritages abandonnés par les propriétaires ou confisqués pour meurtre étaient sa possession, à condition de payer au seigneur les rentes et devoirs les grévant. Des biens en déshérence, il prenait le tiers, le surplus revenant au seigneur.

C'était aussi du vigier que les habitants devaient prendre les mesures à blé et à vin que lui-même tenait du seigneur. Enfin il commandait le fort de Saint Pardoux, pouvait ordonner les gardes ou sentinelles, convoquer le ban du seigneur et le faire exercer.

Quelque temps après, la seigneurie de Saint-Pardoux était en la possession du vicomte de Limoges.

Le 23 juillet 1274 ou 1275, Marie, vicomtesse de Limoges, épousa à Tours, Arthur de Bretagne, neveu du roi d'Angleterre. Le contrat passé au mois de mars précédent porte qu'aussitôt le mariage célébré, Arthur confirmera les dons faits à Gérard de Maumont, chanoine de Lyon, et à Élie, son frère,

---

(1) M. Clément-Simon, *La Vicomté de Limoges*, p. 138.

(2) Le sceau d'Adhémar Seguin a été décrit par M. de Bosredon, n° 284 de la *Sigillographie du Périgord*, d'après une empreinte apposée sur son testament du 5 des ides de mai 1303 : écu droit à la bande chargée d'une traînée dentelée et de 8 besants ou tourteaux, 4 d'un côté, 4 de l'autre, alternés, accompagnée de 6 billettes, 3 en chef, 3 en pointe. *Arch. des Basses Pyrénées*, n° 593. Légende : .... SE .... OMISEL .... (*Seguini domiselli*).

et que Marguerite rendra à sa fille la vicomté de Limoges sous réserve de la ville et terre de Saint-Pardoux, ainsi que des biens sis autour du bourg, acquis de Raymond de Saint-Martin, chevalier, le mercredi après l'octave de Pâques 1265 (1).

Nous avons dit plus haut comment Gérard de Maumont se fit attribuer le fort et la justice de Saint-Pardoux qui avaient été destinés par Marguerite à la dotation du couvent. Il dut, dans la suite, les abandonner à son frère Élie, qui en était nanti au moment de sa mort arrivée en 1295. Le roi ayant voulu mettre la main royale sur les terres qui dépendaient de sa succession, sous prétexte d'en assurer les revenus à Guillaume de Chanac, official de Paris, exécuteur testamentaire d'Élie, Guillaume de Maumont, héritier et neveu de ce dernier prétendait, en 1306, que ces terres lui appartenaient comme héritier de son oncle Gérard et qu'il n'avait rien à remettre ; il ne maintint pas cette prétention, car l'année suivante, 1307, Guillaume de Chanac cédait au roi Chalusset et une partie de la seigneurie de Saint-Pardoux dépendant de la succession d'Élie. L'échange ne fut complété qu'en 1312 (2).

Peu de temps après, la seigneurie de Saint-Pardoux était rétrocédée au vicomte de Limoges qui la possédait en 1318. Elle resta en la possession de ces vicomtes de Limoges, puis en celle des d'Albret, successeurs de ceux-ci, jusqu'en 1581. Le 21 juin de cette année, Henri d'Albret, roi de Navarre, comte de Périgord et vicomte de Limoges, vendait la terre et seigneurie de Saint-Pardoux avec tous ses droits, sauf ceux de moyenne et basse justice appartenant au couvent, à Antoine Vigier, seigneur de Saint-Mathieu et de Javerlhac, chevalier de l'ordre du roi, gentilhomme de sa chambre. L'acquéreur devait la tenir à foi et hommage lige « au debvoir d'un baiser à la joue à chaque muance de seigneur ou de vassal. » (3).

Aussitôt mis en possession de cette terre, Vigier, sans

---

(1) Nadaud, t. III, p. 97.

(2) Cf. M. Dessalles, t. II p. 97, et Arch. nat. J. 1040 et 296 n° 50.

(3) M. de Laugardière, *Bulletin* 1884, p. 44.

doute fort bien en cour, obtint du roi son érection en baron nie (1) et, en juillet 1581, des lettres patentes établissant des foires à Saint-Pardoux, celles créées par Charles VIII, en 1491, étant tombées en désuétude.

Avant de procéder à l'entérinement de ces lettres, les juges de la sénéchaussée procédèrent à une enquête qui fut commencée le 20 novembre 1581. Devant eux comparurent Pierre de Silhac et Jacques Prince, syndic des manants et habitants de Saint-Jean d'Escole, Gaston de la Marthonnie, seigneur dud. lieu ; Jehandillou Maynard et Pierre Fargeot, syndics de Saint-Martin de Fressingeas, Antoïne Guaren, Jehan Faure, Colas Darfueilh, Pierre de Verssavaulx, syndics de Villardz et Milhac, justice de Puyguilhem ; M° Pierre Vailhe, Jacques Chavil, François Parneau, Osthume Fayolaud, consuls des paro:sses de Thiviers ; Hélie dict Filhou, et Jehan Manniesse dict Peny, syndics de Miallet ; Jehan Gerbou dict Belet, et Hélie Goudou, syndics de Saint-Front-la Rivière ; Guillaume Belliquet, syndic de Nontron, Symon Chaussadas, et Guilhen Pignallye, syndics de Saint-Sault et M° Pierre Mailhard, soi-disant aumônier de Nontron. Ce dernier, le seigneur de la Marthonnie, et les syndics de Saint-Jean de Côle, firent seuls opposition.

La cour passa outre et entérina ces lettres le 14 mars 1582, confirmant ainsi l'établissement de « quatre foyres ung chascun an et ung marché chascune sepmaine pour y estre tenues dors en avant, scavoir est : la première desd. foires, le jour Saint Sébastien, 20ᵉ de janvier ; la seconde, le jour de Saint-Jozeph, 19ᵉ de mars ; la troisième, le jour Saint-Mathieu, le 21ᵉ septembre et la quatrième, le lendemain de Toussainctz, 2ᵉ novembre, et le marché, le jour de mercredi, chascune sepmaine, à la charge que tous marchans esd. jours de foires et marché pourront traficquer librement de toutes sortes de marchandises et tout ainsi que l'on a accoustumé à faire éz aux autres foyres du royaulme (2). »

---

(1) Il est qualifié pour la première fois de baron de Saint-Pardoux dans la procédure faite pour l'entérinement des lettres de 1581 dont nous parlons ci-après.

(2) *Arch. dép. de la Dordogne*, B. 67.

CARTE

de la baronnie de St Pardoux-la-Rivière

en 1618

La généalogie de cette famille Vigier de Saint-Mathieu est fort obscure ; nous n'avons pu trouver une suite complète des seigneurs de ce nom qui ont possédé Saint-Pardoux. Antoine est encore qualifié de baron de Saint-Pardoux dans l'aveu qu'il rendit au roi pour sa terre et vicomté de Saint-Mathieu, relevant de Poitiers (1).

Il mourut sans enfants et sa veuve, Jeanne de Pierrebuffière, se remaria, en 1595, avec Paul de Tournemire qui devint seigneur en partie de Saint-Mathieu (2).

Charles et Jean de Saint-Mathieu, peut-être ses neveux, sont qualifiés simultanément de barons de Saint-Pardoux. Ils étaient fils de Charles de Saint-Mathieu, et d'Anne d'Exandrieu ; le premier épousa, par contrat du 2 décembre 1595, Ysabeau Doyneau ; il mourut assassiné en 1616, laissant une fille, Elisabeth, qui épousa dans la suite Henri de Bonneval. Le second, Jean, fut nommé abbé de Peyrouse par le roi, le 4 janvier 1572 et confirmé par bulle de Grégoire XIII du 4 des ides d'avril 1573. Il prit possession le 28 juin suivant et siégeait encore en 1602 (3).

Ce fut sous ces seigneurs que le prince de Condé passa à Saint-Pardoux la veille de la Toussaint 1611 ; il logea avec tout son train chez le nommé Mommailleur (4).

La terre de Saint-Pardoux saisie (5) sur eux deux fut adjugée le 2 avril 1612 à Michel Bordier, juge de Saint-Pardoux, moyennant 10,000 livres. A la suite de cette adjudication, Pierre d'Abzac, seigneur du Petit-Villars, qui possédait sa maison principale dans la juridiction de Saint-Pardoux et avait ses tombeaux dans l'église de ce lieu, demanda à Bordier de

---

(1) *Arch. dép. de la Vienne.*

(2) Note de M. l'abbé Lecler, l'érudit limousin.

(3) Cf. *Gallia Christiana*, t. ii, p. 1505.

(4) Mémoires de Fourichon (état civil).

(5) Ils étaient poursuivis par Antoine Dusolier, avocat en Parlement, comme héritiers de leur frère Jean Geoffroy de St Mathieu sgr. des Belluchières ; dans le procès étaient intervenus : Gabriel de St Mathieu, écuyer sgr. de Reillac, qui prétendait que la tierce partie de Saint Pardoux et de Saint-Angel lui appartenaient, et Antoine de Saint Mathieu, écuyer, sieur de Masmartcau, qui revendiquait la quarte partie de Javerlhac.

lui céder la moitié de la justice par lui acquise. Celui-ci ayant accepté, leurs droits dans cette justice furent ainsi réglés le 15 août 1618, en la maison noble de Beaumont, devant Léonard Desport notaire :

La justice dépendant de Villars devait s'exercer sur un territoire comprenant les appartenances des villages des Juilleries et de las Brunias, suivant les limites qui séparent les juridictions de Romain et Saint-Pardoux, du village de la Forge, paroisse de Nontron ; les appartenances de las Bellaudias dépendant du village de Brin et métairie de Beaumont, en observant les ruisseaux et fossés qui séparent les deux domaines, laissant du côté de Villars un bois appartenant aux héritiers de Pierre Pourtent dit Courty, mais pour la justice seulement, une rente foncière grévant ce bois restant au sieur de Beaumont. De ce fossé la limite atteint le chemin d'Abjat à Saint-Pardoux, le remonte au milieu d'icelui jusqu'à la Croix du Cirieix Peyteau, point de contact des paroisses de Saint-Pardoux et Savignac, puis descend vers le bourg laissant, à main gauche, les domaines de Beaumont, et à main droite, le village du Pic jusqu'à la Croix de la Chapelle de la Motte ; puis de cette croix prenant à gauche jusqu'à la croix du Queroy ou de Lecure, continuant à main droite au moulin de Chez-Lâge et tirant le long de la voie publique et au milieu d'icelle droit au portail de Chez-Peybaille (1) et dud. portail à autre portail appelé de Chez-Jean Redon et dud. portail prenant à main gauche au milieu de la rue descendant toujours au milieu d'icelle, vers le gué appelé du Gadurant (2), suivant toujours icelle rue jusqu'à une petite rue appelée de Coutoudarias, prenant à main droite, faisant le coin de maison des dames religieuses du couvent appelée de Bretagne, et suivant lad. petite rue qui va en traversant et tirant jusqu'à la rue publique venant de la place au cimetière, laissant au-dessous les arcades de la maison des Darpes, laissant toujours led. lot à main droite, étant remis dans lad. rue et suivant le grand chemin et rue publique jusqu'au puits appelé de la Barre, à l'endroit de la maison du sieur Bourdier provenue de feue Bonne Pourtent, et sans icelle comprendre, et dud. puits de la Barre tirant le milieu de la Grand'rue appelée de la Barre, droit sur le grand pont et milieu d'icelui appelé du cimetière et du grand pont suivant le chemin de la poste qu'on va de Saint-

---

(1) Ce portail existait encore en 1712 : un acte de vente mentionne une maison « joignant à la rue que l'on va dans l'église et par le bas au chemin qui va du bourg au portal de chez Pey-Bayle, et à joignant à l'église. »

(2) Un acte de 1709 indique un chenebau au Gas Durant, joignant à la rue de l'église au grand pont.

Actuellement il n'y a pas de passage guéable entre les deux ponts.

Pardoux à Chalus-Chabrol, montant au milieu de la Pouge de Puydarnac, suivant ce chemin jusqu'à une grosse pierre étant dans led. chemin faisant division des justices de Milhac et Saint-Pardoux ; de cette pierre prenant sur main droite vers le village de Bordesoulle suivant la séparation desd. justices qui confrontent avec celles de Saint-Front et de la baronnie de Nontron.

Dans ce circuit sont compris partie du village de Bordessoulle, la Briderie, la Nouzarède, Jamayc, Chez-Grosguillou, Lapeyronnie, Puypelat, Negrecombe, le repaire de Neuil, le monastère de Saint-Pardoux, le mas de Brande, le repaire de Villars et moitié du bourg à main droite. Dans ces imites, le seigneur de Villars aura en entier la haute justice et partie de la moyenne et basse justice, le surplus de celle-ci appartenant au couvent dans les limites reglées par la convention de 1318.

Au seigneur de Beaumont reste la justice de l'autre moitié du bourg, du repaire de Beaumont, métairie et moulin de Brin en suivant le ruisseau du Maneix et le chemin de Saint-Pardoux à Abjat, continuant par les limites indiquées ci-dessus et comprenant les villages de las Pizearis, Lescure, le Ceroit, las Rochas, la Plassade, le Chastenet, las Bastissas, Ladorie, Chaumeille, le Maine, las Combas, le Mandareaux et Bonnombre, et en allant jusqu'à la grosse pierre qui sépare les justices de Milhac et Saint-Pardoux ; de là tirant vers la grande pouze et chemin de poste vers le village de Chantreix, laissant la justice de Milhac à main droite et celle de Beaumont à main gauche jusqu'à Fauche-Loubier où la justice de Saint-Pardoux prend fin (1). »

Bordier se réserve toutes les rentes foncières et féodales comprises dans son acquisition, mais « le circuit du fort, de l'église et place publique » demeurera commun entre lui et le seigneur de Villars.

La question des préséances dans l'église de Saint-Pardoux est ainsi réglée : le sieur de Villars conservera son banc et ses tombeaux à main gauche ; il pourra faire mettre une ceinture ou litre à ses armes autour de l'église, tant au dedans qu'au dehors ; il prendra le pain bénit le premier, sa femme et ses enfants venant ensuite, puis après eux le sieur de Beaumont et les siens ; même ordre pour l'offrande et les processions et autrement marcheront ensemble, le sieur de Villars prenant le haut du pavé.

---

(1) La carte de la baronnie qui accompagne cette étude a été dessinée par M. Gabriel Lagrange, ancien agent-voyer de Saint-Pardoux.

Bordier aura son banc et ses tombeaux à main droite ; il pourra faire peindre une litre, mais il la placera au-dessous de celles du sieur de Villars. (1)

Le péage du bourg se lèvera par moitié et, s'ils obtiennent des lettres confirmatives de foires et marché, les frais se partageront de même. Ils feront édifier à frais communs, sur la place du Fort, une tour pour mettre les prisonniers, élèveront, si bon leur semble, deux fourches patibulaires et deux poteaux sur cette même place ; tiendront leurs assises ensemble ou à part ; le seigneur de Beaumont conservant les officiers de justice, celui de Villars qui n'en possède pas, en créera.

Et d'autant qu'il peut se produire des conflits au sujet des excès, délits ou crimes commis sur les chemins qui séparent leurs juridictions et leur appartiennent en commun, ils arrêtent, comme dans la plupart des cas il est très difficile de déterminer d'une façon exacte auxquelles des deux justices revient la connaissance du fait délictueux, que les amendes seront alors partagées par moitié et que le premier officier arrivé pour informer retiendra la cause ; enfin ils rendront chacun hommage au roi. (2)

Cette cession fut faite moyennant la somme de 3,300 livres. Michel Bordier, secrétaire ordinaire de la chambre du roi, déjà sieur de Beaumont et d'Aisse, prit le titre de baron de Saint-Pardoux. Il se maria deux fois ; 1° à Marguerite Pigearias,

---

(1) Ces questions de préséance étaient jadis d'une importance capitale et dont naient lieu à maintes contestations. Le 30 juin 1717, Charles Saunier, seigneur de la Vigerie, fait exposer par notaire à Léonard Roux, sgr. de la Bastide, qu'ayant acquis du frère aîné de celui-ci, Roux de la Salle, le château de Lusson à Saint-Front-la-Rivière, avec tous les droits honorifiques attachés aux droits d'aînesse et spécialement une maille d'or basique évaluée 5 s. pour le droit d'hommage lige que Léonard devait à son frère aîné, « il lui a fait faire des honnestetés par diverses fois par gens qualifiés et parents communs pour lui rendre l'hommage et payer la maille d'or, » non seulement Roux n'a pas répondu à ses demandes, mais au contraire il s'est plu à lui faire de graves impolitesses, comme de prendre le pain bénit avant lui et sa femme et de passer le premier pour l'adoration de la croix. (Pindray.)

(2) Copie du xviie siècle. (Papiers Beausoleil).

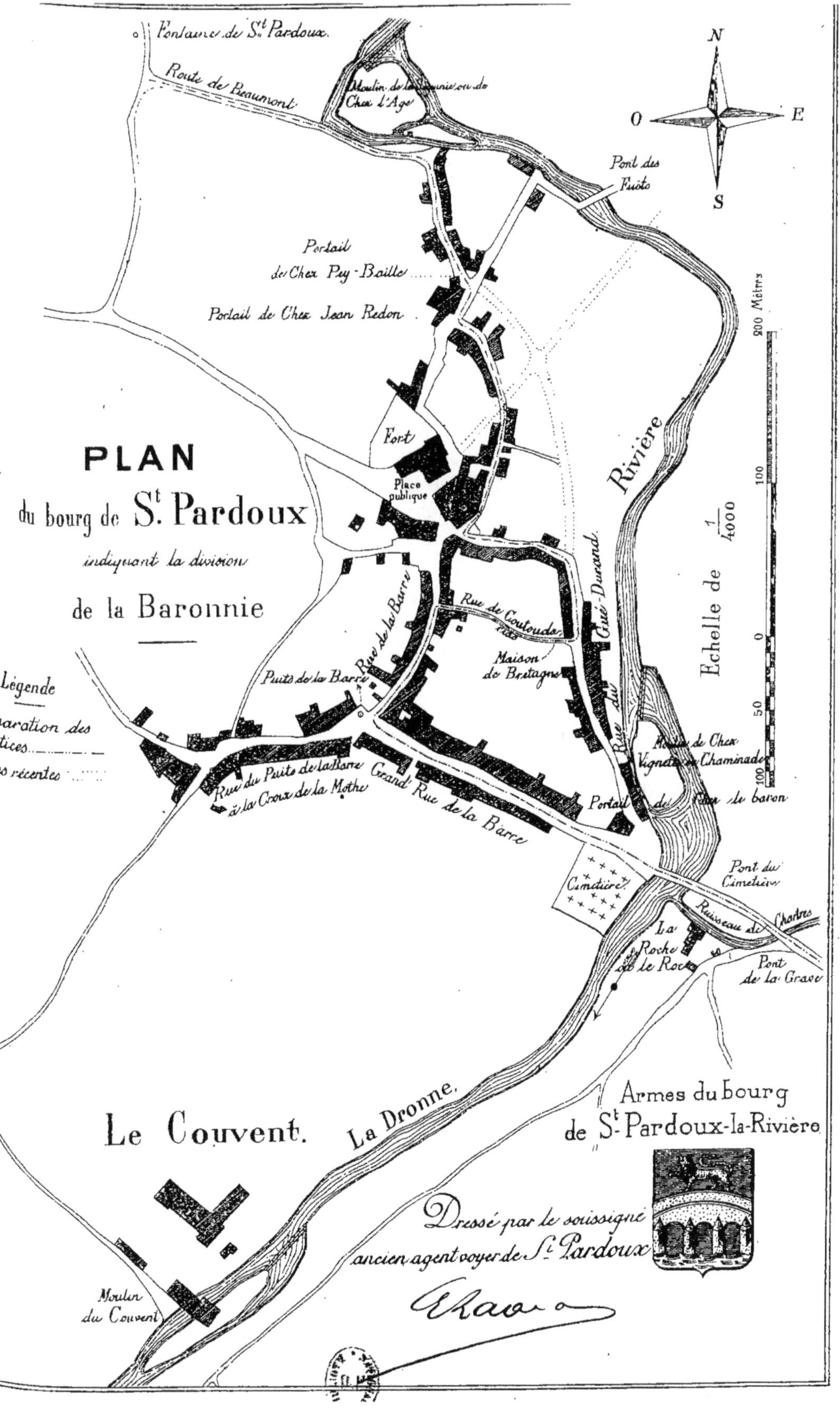
Fontaine de St Pardoux.
Route de Beaumont.
Moulin de la ... ou de Chez l'Age.
N
O   E
S
Pont des Fusto
Portail de Chez Pey-Baille.
Portail de Chez Jean Redon.
Riviere
900 Mètrs
PLAN
du bourg de St Pardoux
indiquant la division
de la Baronnie
Fort
Place publique
Echelle de 1/4000
100
0
Rue de la Barre
Rue de Coulouda
Prés
Rue du Gué-Durand
50
Légende
Puits de la Barre
Maison de Bretagne
Moulin de Chez Vignen ou Chaminade
100
séparation des justices
Rue du Puits de la Mothe
à la Croix de la Mothe
Grand' Rue de la Barre
Portail de Chez le baron
es récentes
Pont du Cimetière
Cimetière
Ruisseau de Chartres
La Roche de le Roc
Pont de la Grave
Le Couvent.
La Dronne.
Armes du bourg de St Pardoux-la-Rivière
Dressé par le soussigné
ancien agent voyer de St Pardoux
Moulin du Couvent

d'où Pierre, conseiller au présidial de Périgueux, official et vicaire général du diocèse, 2° par contrat du 15 juin 1598 à Marguerite Girard ; il testait le 5 octobre 1621.

Du second mariage vint Jean Bordier, écuyer, seigneur d'Aisse et de la Borye, baron en partie de Saint-Pardoux, qui, par contrat du 22 novembre 1624, épousa Monyon Duchassaing.

En 1629, il vendit sa part dans Saint-Pardoux à Henri vicomte de Bourdeille, marquis d'Archiac, gouverneur du Périgord, mort le 14 mars 1641 ; la femme de celui-ci, Magdeleine de la Châtre, étant décédée le 30 novembre de l'année suivante, son service fut célébré dans l'église de Saint-Pardoux le 1er décembre par le curé assisté de deux prêtres.

Ils laissèrent deux enfants : François-Sicaire, marquis de Bourdeille (1), et Claude, comte de Montrésor, tous deux décédés sans postérité : l'un, le 28 mai 1672, l'autre, le 3 juillet 1663. Le premier légua tous ses biens à son cousin Claude de Bourdeille, comte de Matha.

Le 2 mai 1679, devant François de Javel, intendant de Bordeaux, se présenta, au nom de Claude de Bourdeille, François Dujarric, avocat, qui, « estant teste nue, les deux genouils à terre, sans seinture, épée ni éperons, tenant les mains jointes entre les nostres et en la manière accoustumée, » rendit la foi et hommage que M. de Bourdeille devait au roi pour raison de la quatrième partie de la terre, fief et seigneurie de Saint-Pardoux-la-Rivière, mouvant de S. M. à cause de son comté de Périgord (2).

De son mariage avec Marie Boutet, il eut Henri de Bourdeille dont tous les biens saisis furent adjugés en 1701 à Jean Chapelle de Jumilhac. Le 26 juin 1708, Julie Foucaud, femme de Guillaume de Jumilhac, comte de Bourdeille, ven-

---

(1) M. de Bourdeille qui, pendant la Fronde, embrassa le parti du prince de Condé, recruta à Saint-Pardoux quelques adhérents à sa cause : il leur distribuait l'argent du Prince en décembre 1651.

V. notre *Repaire de Ramefort ; un document inédit sur la Fronde en Périgord*.

(2) *Arch. dép. de la Gironde*, C. 2331.

dait à titre d'engagement, à Jean de la Marthonnie, chevalier, marquis dud. lieu, Saint-Jean et Bruzac, sa part dans la seigneurie de Saint-Pardoux, avec tous ses droits de justice, telle qu'Henri de Bourdeille l'avait acquise, moyennant 4,800 livres. Plus tard, M. de la Marthonnie, cédant aux prières des religieuses de Saint Pardoux, la leur abandonna pour le même prix le 20 septembre 1720 ; celles-ci la conservèrent jusqu'à la Révolution.

L'autre partie de Saint-Pardoux resta en la possession des d'Abzac. Pierre d'Abzac, qui l'avait acquise, eut d'Anne Perry de Saint-Auvant, Pierre qualifié de baron de Saint-Pardoux, seigneur de Villars et Mézières ; il épousa à Marval le 15 janvier 1640 Renée de Lambertie ; tous deux furent inhumés dans l'église de Saint-Pardoux, le mari, le 10 octobre 1687, la femme, le 6 septembre 1693. De cette union provenaient : Jacques, qui suit ; Charles, seigneur de Mézières, baptisé à l'âge de deux ans et demi le 12 mars 1651 et décédé en août 1700 ; Marie, femme d'Antoine de Premilhac, seigneur de la Rocheaymon.

Jacques d'Abzac, baron de Saint-Pardoux, seigneur de Villars et Mézières, recevait un congé du curé de Saint-Pardoux le 27 août 1687, pour épouser Catherine des Cars (1), fille d'Annet des Cars, lieutenant-général des armées du roi, gouverneur de Honfleur, et de Paule de Monlezun de Campagnac. Il testa le 21 septembre 1688 et mourut le lendemain chez le prieur de Badeix ; le 23, il fut inhumé dans l'église de Saint-Pardoux.

Quelques années après la mort de son mari, Catherine des Cars, jeune veuve dont la conduite, tout au moins imprudente, était l'objet des commérages du Nontronnais, fut l'héroïne d'une aventure romanesque, sur laquelle un volumineux dossier des Archives départementales (2) fournit les

---

(1) Le 15 novembre 1693, elle reconnaît, comme tutrice de ses deux filles, avoir reçu de M. d'Abzac de Mézières, l'ameublement de la chambre qu'elle occupait à Villars, parmi lequel figurent 8 tentes de tapisserie où sont représentées les femmes illustres.

(2) *Arch. de la Dordogne*, B. 225.

détails les plus circonstanciés ; nous la donnerons ici comme
curieux tableau des mœurs du temps.

Le 19 janvier 1696, vers les trois heures du soir, une amazone, suivie d'une femme de chambre et de deux valets,
chevauchait sur la route qui conduit de la Renaudie à Nontron. Cette amazone était Catherine des Cars qui allait rejoindre dans cette dernière ville une fort gaie compagnie où elle
se trouvait au milieu d'un cercle d'adorateurs.

La petite troupe était arrivée à deux portées de fusil du
château de Lâge, au lieu dit la Montade, quand, tout-à-coup,
des taillis de châtaigniers qui bordaient la route, surgirent
trois cavaliers, pistolets au poing : le premier, borgne, portait un habit rouge couvert de galons et de broderie d'or ; le
deuxième, noiraud, picoté, était vêtu de brun ; le dernier, un
valet, en noir.

Les deux premiers se précipitent à la bride du cheval de
Catherine des Cars, et lui enjoignent, au nom de sa mère,
d'avoir à les suivre. Effrayée, elle se jette à bas de sa mon-
ture, en criant : « Messieurs, que me voulez-vous ! au secours ! à la force ! C'est M. de Londeix et M. de Lavaud qui
me prennent à force ! » Les deux cavaliers ainsi désignés
sautent à terre et la relèvent en la traînant par les bras pour
la remettre sur son cheval (1) ; un des valets voulant prendre
sa défense, M. de Londeix, — l'homme rouge, — lui met son
pistolet sous le nez en le menaçant : « Bougre, je te tuerai ! »
L'autre valet court vers des paysans qui travaillaient non
loin et qui, malgré ses prières, refusent d'intervenir : il veut
alors gagner le château de Lâge, mais il est rejoint par un
des agresseurs, qui le ramène, pistolet au poing.

Mᵐᵉ des Cars, replacée de force sur son cheval, est entraî-
née, en dépit de ses supplications, au village de Nondonnet
où elle est renfermée dans une grange.

Vers les deux ou trois heures de la nuit, arrive une troupe
de sept ou huit personnes, dont le curé de Nontronneau et
un cavalier masqué, la tête couverte d'un grand chapeau et

---

(1) En se débattant elle perdit son mouchoir qui contenait 20 louis d'or ; on
ne le retrouva pas.

portant par dessus un capuchon bleu descendant jusqu'au dos. Il parlait le patois gascon en déguisant sa voix : « Ah, madame la coquette, dit-il à la prisonnière, vous ne vouliez pas venir, mais nous vous tenons ». On sut plus tard que cette personne masquée était Mme des Cars mère.

On parlementa pendant un temps assez long pendant lequel Catherine ne fit que gémir, disant à un des nouveaux venus : « Janot, tu m'as bien trahie ! » A quoi l'autre repartit : « Une fois, Madame, que je sers un maître, je le sers bien. » Puis ils lui lièrent les bras en croix avec une corde et ce faisant, ils lui arrachaient des cris : « Hélas, vous me coupez les mains, je suis perdue ! » et comme elle refusait de monter à cheval, la personne masquée la frappa au visage d'un coup de houssine : « Ah, s'écria-t-elle, vous m'avez arraché un œil ! »

Enfin, on parvint à la placer à califourchon derrière un valet ; pour l'empêcher de s'enfuir, le curé lui fit lier les jambes par dessous le ventre du cheval et on l'attacha avec une nappe au valet placé devant elle. De crainte de ne pouvoir l'emmener ainsi, une charrette à bœufs fut réquisitionnée et par un clair de lune splendide, le cortège se mit en route.

Arrivée au hameau de Chez-Younet, Catherine, vaincue par la douleur, supplia ses bourreaux de la délier, leur promettant de les suivre partout où ils voudraient. M. de Londeix la détacha, la mit assise en croupe derrière un valet et renvoya la charrette (1).

En route, ils discutèrent le chemin à suivre et arrêtèrent provisoirement qu'ils se rendraient chez le curé de Nontronneau (2) où ils passèrent le reste de la nuit et la journée du lendemain. De là, ils furent au château de Beauvais, qui est fort proche, où ils soupèrent. Comme Catherine refu-

---

(1) D'après les dépositions faites les 23 et 24 février par l'un des valets ; et six témoins qui, cachés derrière des arbres au moment de l'enlèvement et poussés par la curiosité, avaient suivi la petite troupe en se dissimulant le long des haies.

(2) Ils furent tout d'abord fort embarrassés de leur capture et ne savaient ou la cacher ; les uns parlaient de l'emmener à Nontron ; d'autres à Nontronneau ; ce fut l'avis de ces derniers qui prévalut.

sait des aliments qu'on lui offrait, le curé lui conseilla de prendre des forces pour le long voyage qu'elle allait entreprendre. Quelques heures après, en effet, Mme des Cars mère, sa femme de chambre, celle de sa fille, le curé, MM. de Londeix et de Lavaud, accompagnés de six valets, montèrent à cheval, et comme précédemment l'un de ces derniers prit Catherine en croupe : la cavalcade ainsi formée prit le chemin du château du Plieux (1), près de Lectoure, où Mme des Cars avait décidé d'enfermer sa fille, dont elle réprouvait la conduite légère qu'elle attribuait à la fréquentation de ses amis du Nontronnais. Avant d'arriver à cette mesure de rigueur, Mme des Cars avait réuni au château de Beauvais un conseil de famille auquel avaient assisté MM. de Lavedan de Fontenille, de Montluc, de Crussol d'Amboise, ses parents, et là on avait examiné les moyens de soustraire Catherine, qui refusait d'obéir à sa mère, au milieu pernicieux dans lequel elle vivait. Ce fut le curé qui émit l'idée de l'enlèvement auquel le conseil tout entier se rallia. De Londeix et de Lavaud, amis de Mme des Cars, furent chargés de mettre ce projet à exécution, et un valet de Catherine, gagné par ceux-ci, eut pour mission de faire connaître le jour où ce rapt pourrait s'effectuer sans difficulté ; on a vu que cette combinaison réussit parfaitement.

Pour voyager à l'abri des indiscrétions, il avait été convenu qu'on ne marcherait que de nuit : ils s'arrêtèrent ainsi à Mensignac, passèrent l'eau à Annesse et restèrent une journée à Bergerac. En route, comme Catherine se plaignait, le curé lui déclara qu'elle n'avait que ce qu'elle méritait et qu'elle devait s'attendre à de plus grands mauvais traitements ; il rassurait au contraire la femme de chambre, lui disant qu'elle n'avait rien à craindre, mais que sa maîtresse ne reverrait jamais le Périgord.

A Bergerac, Catherine profita d'un moment de répit que ses gardiens lui laissaient et écrivit à son cousin, le comte des Cars, pour lui dénoncer son enlèvement. Sa femme de chambre put porter sa lettre chez le maître de poste, mais

____

(1) Commune du Plieux, canton de Miradoux (Gers).

elle avait été suivie par de Londeix et de Lavaud qui entrèrent chez celui-ci et le menacèrent de mettre le feu à sa maison s'il ne leur remettait pas cette lettre ; terrorisé, il dut s'exécuter.

Cette tentative augmenta la surveillance des ravisseurs qui depuis ce jour gardèrent constamment à vue Catherine et sa femme de chambre ; à chaque gîte, Londeix et Lavaud couchaient dans leur chambre dont ils barricadaient les portes et les fenêtres avec des cordes et des barres.

De Bergerac, la petite troupe continua sa route par Villeneuve, Agen (1), puis elle s'arrêta deux jours dans un cabaret entre cette ville et Lectoure, pour donner le temps à un valet, parti en avant, de faire murer les fenêtres d'une tour du Pljeux.

Ce fut là sans doute que Catherine put tromper la vigilance de ses gardiens et écrire à son cousin une nouvelle lettre qui, confiée par sa femme de chambre à un religieux, parvint à son destinataire ; nous la reproduisons d'après l'original, en respectant son orthographe :

De Gaion, ce 25 janvier 1696.

Heureusement ie trouue un momant pour uous escrire, Monsieur, et le Père Morand uous ferat tenir ma lettre ; ie ne doute pas que mon anlevement ne nous face bien de la péne de toutte les manière, encore ie suis bien persuade que uous le poursuiures comme il fos, cès pourquoy ie ne vous an di rain.

Avés uous ianiés uut une cruauté si grande ? cè une raie innouix que ma mère à contre moy ; ie suis tretée d'une manière épouventable. Uous saués comme ie fut maltrettée : l'on me prit mon argant et du reste uous saues ce qui an nès. Ie suis tretée à cou de piet et à cou de bâtons, ont menasce de me fere mourir dans une base foce et d'avoir tous les iours les estrivaires si ie leur fos la moindre peine du monde. Comme ils crenaient que uous poursuiuès bien mon anlèvement, ie panse que quan il le sauront, il ne m'oblige à sinés quelques ates ou quelque déclarationt pour ce uouloir mettre à l'abrit de mon anlèvement, mès confès que si me le fon fère que cela serait bien par force et contre ma volonté. Cès pourquoy ie revoque

---

(1) C'est à partir d'Agen que la femme de chambre fut séparée de Catherine ; elle coucha à Miradoux et fut emmenée à la Mothe où elle n'entendit plus parler de sa maîtresse.

tous les escri et ate qu'il me pourès obligés de fere par force à quausé des
mouès tretement que ie connès qu'il me feront. Ie ne doute pa qu'il ne
mise an nuiaie (1) touttes les menace que ma mère et eut me font ; ie suis
estrè me man (2) martirisée et de toutte les manières ; ie m'atànt à tout
momans d'estre poniardée. Ma mère me roue de cous à la moindre uiolance
que ie uau lie fère. Iugés ce qu'il me feront lor que ie resisteres à ne uouloir
pas sinés ce qu'il vousdrons. La peur d'estre maltrettée et la crainte d'estre
dans une base foce, comme ie suis menascé à tout momans, fait bien fère des
choies malgré que l'on an nès (3). Si par asar cela arrive, comme ie n'an
doute pas, ie prie la justice d'iavoir esgard et de regarder tout ce qu'il me
pourret fère fère qui m'oront fet fère par force par la quantité de mouès tretement qui m'oront fé.

Ayés pitaie de moy, Monsieur mon cher cousin, ie uous prie de uouloir
me servir de père ! hélas ! ie suis dans un pitoyable estat ; tirés moy,
ie vous prie d'antre leur mains ! Ayés un ordre de M. de Sourdis avecque
un garde ou un de M. l'intendant pour me chercher et me sortir de là
où je serés.

La iustice existe pour tout le monde, ni an n'aré-t-il pas (4) pour moy !

Ayés pitaye de moy, mon cher cousin, ie suis bien dine de compasion !
Féte moy l'honneur de me crère auecque toute sorte de soumission,

Vostre très humble et obéissante servante,

Catherine Descars.

Ie vous prie d'estre persuadé que bien loin de uouloir fère grase à cette
quanalait (5) qui m'ont enlevée, si ie suis iamais en liberté, que Dieu m'en
fasse la grasse, ie suis résolue manger plus tos tou le peu de bien que Dieu
m'a donné pour lè fère punir comme il le mérite. Ie vous prie, métés moy
en liberté et en natansdant ce...... pour moy, ayés la bonté de me fère
cette grase. Le curé comme auteur de la choje mérite encore plus s'il ce
peut, d'estre punit plus sévèrement que les autres. Ie vous prie de demandés
en iustice que ie soit remise dans un couuant.

A Monsieur le comte Descars, à la Renaudie.

Catherine conduite au Plieux fut écrouée dans la tour
murée, et là sa mère l'abandonna pour gagner le château de

---

(1) En usage. Orthographe toute phonétique : Catherine des Cars prononçait *choje*, *ujaje*, *siner*, *dine*, *ate*, pour chose, usage, signer, digne, acte ;
déformations dues sans doute à l'accent méridional.

(2) Extrêmement.

(3) Que l'on en ait.

(4) N'y en aurait-il pas.

(5) Canaille.

la Mothe, sa résidence habituelle : tous les deux ou trois jours, elle revenait au Plieux pour surveiller sa prisonnière dont la garde avait été confiée à des serviteurs.

Dès le lendemain de cet enlèvement, un des valets de Catherine qui avait trompé la surveillance de ses gardiens, s'était rendu à Saint-Front-la-Rivière chez Jean Pindray, procureur d'office de la juridiction de St-Angel, pour lui dénoncer le crime commis contre sa maîtresse. Pindray fit aussitôt prévenir le juge, Pierre Demarque, et tous deux, assistés de leur greffier, se rendirent sur le théâtre de l'enlèvement où ils reçurent les dépositions des témoins, paysans, qui ayant vu ce qui se passait, avaient jugé prudent de ne point intervenir et avaient suivi de loin les péripéties du rapt. Sur leurs indications, on courut après les ravisseurs, mais comme on ignorait la route qu'ils avaient prise, on ne put les rejoindre.

A la suite de ces faits, le lieutenant criminel de Périgueux, saisi de l'affaire, rendait, le 3 février, un décret de prise de corps contre le marquis de Londeix, le sieur de Lavaud, Jean Constant, curé de Nontronneau, une personne masquée et deux valets nommés Louis et Janot.

Quelques jours après, le comte des Cars recevait de sa cousine la lettre que nous avons rapportée ; il s'empressa de la communiquer à la justice qui partit sur cette nouvelle piste.

Douze ou quinze jours après ces événements, le curé de Nontronneau qui, était retourné en Périgord, arriva tout effaré à la Mothe ; il venait apprendre à Mme des Cars le bruit que cet enlèvement avait fait dans la province, et qu'une information criminelle était dirigée contre eux, tellement qu'il ne s'était pas cru en sûreté dans sa paroisse où, depuis quelque temps, il n'osait plus dire la messe ; il venait se mettre sous sa protection : la marquise rit de ses craintes, disant qu'elle se moquait de tout ce qu'on pourrait entreprendre contre elle et ses amis.

Vers le même temps, Catherine trouvait le moyen de faire parvenir au lieutenant criminel une supplique où elle indiquait le lieu de son internement et les mauvais traitements qu'on lui faisait subir. Ces renseignements lui parvinrent le

24 février. Le jour même, il mandait à son collègue de
Lectoure d'avoir à se transporter au Plieux pour délivrer
Mme de Mézières : le 1er mars, celui ci ayant reçu cette
commission, s'y rendit et fit enfoncer les portes et les
fenêtres ; après de longues recherches, il trouva Catherine à
l'étage supérieur d'une tour qui n'avait pour seule ouverture qu'une croisée où un chat n'aurait pas pu passer. Elle
gisait malade, extrêmement changée, sur un matelas jeté
dans un coin sur de la paille ; les poux la dévoraient, car
elle n'avait pas changé de linge depuis son enlèvement (1).

Le lieutenant criminel de Lectoure la ramena et voulut la
mettre, suivant le désir qu'elle en avait exprimé, dans un
couvent de cette ville, mais la supérieure qui craignait sans
doute les représailles de la marquise, refusa de la recevoir.
Il dut la confier à un notable bourgeois du lieu, Guillaume
Casteras.

Le 7 mars, Dalesme, informé de la réussite de la mission
confiée à son collègue, donnait l'ordre à Pierre Darpes,
huissier au présidial, de se rendre à Lectoure pour ramener
Catherine à Périgueux sous la protection d'une escorte de
gens d'armes. A son arrivée, celle-ci fut logée à l'*Image
Saint-Louis*.

Les gens de la marquise lui mandèrent aussitôt cette per-
quisition : le messager porteur de la lettre arriva à la Mothe
à la pointe du jour et la donna à la femme de chambre de

---

(1) La cruelle marquise avait même prévu la mort de sa fille, et pour ce
cas avait donné comme instructions à ses gardiens de creuser un trou pendant la nuit et d'y enterrer son corps.

Mme des Cars n'était pas plus tendre pour son autre fille Gabrielle des
Cars, demoiselle de Beauvais, qu'elle avait fait enfermer, en juin 1695, au
couvent des filles N.-D. de Périgueux, « sur un bruit qui s'estoit répandu
que plusieurs personnes songeoient à elle. » Le 8 août, cette jeune fille ap-
prenant que sa mère voulait la retirer de ce couvent et craignant sans doute un
sort identique à celui de sa sœur, présentait une requête au sénéchal de Périgord, pour défendre à la supérieure de la remettre à sa mère : en présence
de la conduite de celle-ci, il ne put que faire droit à sa demande.

Gabrielle épousa le 22 novembre 1727, Jacques Delafond, marquis de
Saint-Projet, sénéchal de la Haute Auvergne, sgr de Montesquieu, la Mothe,
la Bastide et Reilhac. (Contrat Deguizable, notaire à Milhac.)

Catherine; elle monta éveiller Mme des Cars et lui remit la missive : mais à peine celle-ci eut-elle lu les premiers mots que, prise de stupeur, elle la laissa échapper et fit immédiatement venir auprès d'elle Londeix et Lavaud qui ne l'avaient pas quittée.

Le marquis des Cars, frère de Catherine, et le marquis de Campagne, son oncle, mis au courant par la rumeur publique, survinrent peu après et blâmèrent vivement cet abus d'autorité.

Pour arrêter cette affaire, M. des Cars, sa mère et de Londeix partirent sur le champ pour Bordeaux emmenant avec eux la femme de chambre de Catherine, Marguerite Jardry ; ils restèrent plusieurs jours dans cette ville, pendant lesquels cette dernière fut tenue renfermée dans une chambre. De là, ils la conduisirent à Limoges et la remirent au lieutenant criminel, sans doute une de leurs créatures, chez qui elle fut gardée pendant trois mois ; un jour, de Londeix, de Lavaud et le curé allèrent la trouver et tentèrent par tous les moyens de lui faire signer un papier qu'on ne voulait pas lui laisser lire, ce à quoi elle se refusa énergiquement. Enfin le lieutenant criminel, peu soucieux de se trouver dans cette affaire, lui rendit la liberté vers le commencement de septembre : elle n'eut rien de plus pressé que de se rendre à Périgueux où, le 6 de ce mois, elle faisait à la justice un long récit des événements survenus depuis le 19 janvier.

La déposition de ce principal témoin permit de clôturer l'instruction et bientôt le procureur du roi déposa ses conclusions contre les accusés tous en fuite, à l'exception de Mme des Cars qui, mise en état d'arrestation et écrouée le 8 juin, avait obtenu le lendemain sa mise en liberté sous caution.

Le procureur requérait les condamnations suivantes : pour de Londeix et de Lavaud, la tête tranchée sur un échafaud élevé place de la Clautre ; pour le curé Constant, cinq ans de galères et le bannissement contre un laquais ; plus, pour chacun d'eux, 1.000 l. de dommages-intérêts envers Catherine et 200 l. d'amende envers le roi ; enfin pour la marquise des Cars, 10.000 l. de dommages intérêts et 500 l.

d'amende. Pour les contumaces, la sentence à intervenir devait être exécutée en effigie et affichée par l'exécuteur des hautes œuvres à un poteau de la Clautre.

Cette sentence n'a pu être retrouvée et nous doutons qu'elle fut rendue conformément aux conclusions du procureur du roi, car Constant était encore curé de Nontronneau en 1709 (1).

Quant à Catherine, elle revint se fixer au Petit-Villars et se remaria, à Romain, le 28 décembre 1697, à Pierre de Bannes, seigneur de Bosredon.

De son premier mariage, elle avait eu Renée-Françoise d'Abzac et Marguerite-Marie : la première, née en 1688, épousa le 23 mars 1702 Claude d'Allogny, chevalier, seigneur du Puy-Saint-Astier, et de la Rolphie d'où Thomas baptisé le 9 novembre 1708 ; la seconde, née posthume, épousa Pierre de la Causse, seigneur de Brouillen.

Thomas d'Allogny, marquis dud. lieu, baron de Saint-Pardoux, s'allia à Marie-Gabrielle d'Abzac de Pressac ; il est père de Thomas-Marie et de Gabrielle-Jacqueline, mariée par contrat passé au château de Richemont, le 6 janvier 1784, à Jean, comte de Brie de Lageyrac, veuf de Paule-Claire de Montet de la Coquille.

Thomas-Marie d'Allogny fut le dernier baron de Saint-Pardoux ; au moment de la Révolution, se trouvant officier aux dragons de Boufflers, il émigra et ses biens furent confisqués.

Cette seigneurie de Saint-Pardoux, dont nous venons de donner la suite de ses propriétaires, possédait, nous l'avons déjà dit, le droit de justice : au moyen âge le principal droit du possesseur du fief est celui de rendre la justice ; suivant la situation de ce fief dans l'échelle féodale, ce droit est plus ou moins étendu, et par suite la juridiction du seigneur plus ou moins limitée (2).

C'est ainsi qu'il y avait justice haute, moyenne et basse ;

______

(1) Note de M. le commandant Lajus, maire de Lussas-et-Nontronneau.

(2) Cf. le *Code rural ou maximes et règlemens concernant les biens de campague*, par Boucher d'Argis, Paris, 1774, t. I. p. 55.

seule la première pouvait condamner à mort et à cette fin possédait ses fourches patibulaires ou gibet et son pilori (1). La deuxième connaissait des méfaits jusqu'au sang et n'entraînant pas une amende supérieure à 60 s. ; en matière civile, les actes de succession, tutelles, curatelles, scellés, étaient de sa compétence (2). Enfin la basse justice avait dans son ressort les délits de police, les injures légères et les questions relatives aux cens et rentes. Les conflits entre ces différentes justices étaient fréquents et les questions d'attribution formaient une véritable science.

Ces trois degrés de juridiction pouvaient appartenir à différents seigneurs ou être réunis dans la même main : ainsi à Saint-Pardoux la haute justice appartenait aux seigneurs, la basse et la moyenne au couvent.

Les seigneurs ne pouvaient rendre eux-mêmes la justice, ni poursuivre personnellement leurs vassaux : un juge et un procureur fiscal, tous deux à sa nomination, étaient chargés, l'un de prononcer les jugements en son nom, l'autre de requérir comme ministère public.

Ces officiers de justice devaient être examinés par les juges royaux, mais dans la plupart des cas, cette prescription n'était pas observée et les seigneurs nommaient à ces charges des hommes à leur dévotion et sans connaissances spéciales.

Les contemporains reconnaissaient eux-mêmes les nombreux abus qui se commettaient dans l'exercice de cette justice ; fort souvent le fermier de la seigneurie est en même temps juge (3) ou procureur fiscal : c'est lui qui requiert ou prononce la condamnation à l'amende et perçoit celle-ci à

----

(1) Les *cas royaux* étaient exclus de la juridiction des seigneurs : on appelait ainsi les crimes ou délits dont la connaissance était réservée aux magistrats nommés par le roi. Dans le but d'annihiler les justices seigneuriales, l'ordonnance de 1670 en énuméra un grand nombre.

(2) C'était comme dame de la moyenne justice que la prieure possédait le droit de pêche dans la rivière, celui de construire des moulins ou de donner l'autorisation d'en édifier.

(3) En 1700, le fermier de Saint-Pardoux pour M. d'Abzac est Raymond Cheyron, son juge.

son profit. Les juges multiplient les formalités, tiennent leurs assises dans les auberges (1), si bien que toutes ces dépenses de cabaret et de droits non dûs ruinent les habitants (2).

Saint-Pardoux, possédant deux hautes justices et une moyenne et basse justice, comptait trois tribunaux composés chacun d'un juge, d'un lieutenant de juge, d'un procureur d'office, et d'un greffier (3), soit 12 « gens de justice » pour une population d'un millier d'âmes ! Et encore à ce chiffre faut-il ajouter un certain nombre de « praticiens » qui vivaient de la justice en intervenant dans les causes comme procureurs des parties. Enfin à côté, nous trouvons un contrôleur des actes supprimé en 1703 (4), un débitant de formules et parchemins timbrés créé en 1740 (5), deux ou trois notaires, un ou deux sergents ou huissiers (6).

Ces charges n'étaient pas toujours toutes occupées et fréquemment les notaires étaient pourvus des charges de justice, ils pouvaient même en cumuler plusieurs dans des juridictions différentes (7).

Mentionnons aussi plusieurs avocats en parlement qui étaient les conseillers fort écoutés du bourg : pendant toute

---

(1) Presque toutes les enquêtes se faisaient à l'auberge. Un acte de notaire de 1717 est passé à Abjat « devant la maison de Georges Mondon, hostel- » lier, lieu où l'on tient les assises ordinaires de la juridiction d'Abjat. » (Desport.)

(2) *Code rural*, t. I, p. 2920.

(3) Ils s'intitulaient pour se distinguer les uns des autres, juge au party de la prieure, juge au party de Villars, juge au party de Beaumont, etc. Voir les listes d'officiers, *in fine*.

(4) A partir de février 1703, les actes sont contrôlés à Nontron ; jusqu'à cette époque, les fonctions de contrôleur sont presque toujours exercées par un notaire ou un sergent.

(5) Commission de mai 1740, au profit de Planchas de la Valotte.

(6) Au xviii⁰ siècle, il n'y a plus qu'un sergent et deux notaires. Les expéditions des actes étaient scellées avec un sceau rond contenant dans un écusson de même forme les armes de France et en exergue : S. D. ACTES D. NOTT. DE S. PARDOVX ; de chaque côté de l'écusson la date : 1696.

Plus tard, on se dispensa de l'apposition du sceau et on inscrivait au-dessous de la perception du droit de sceau : « La main pour le sceau. »

(7) En 1683-1719, Pierre Pourtent est à la fois lieutenant pour le seigneur de Bourdeille et pour les religieuses.

la seconde moitié du dernier siècle, M. Planchas de la Valetté, avocat au Parlement de Bordeaux, joua un rôle considérable dans la vie de Saint-Pardoux, tant par ses consultations pour les intérêts privés, que par son intervention dans les actes concernant l'administration de la paroisse.

En 1618, la haute justice de Saint-Pardoux fut partagée, comme nous l'avons vu, entre Villars et Beaumont, et en 1718 la prieure réunit la part appartenant à Beaumont à la moyenne justice qu'elle possédait depuis la fondation. Plus tard, en vertu d'ordonnances royales, il fut enjoint aux seigneurs qui possédaient des justices en commun de n'avoir qu'un seul juge : à partir de 1755, nous ne trouvons plus en effet qu'un seul tribunal à la nomination de la prieure (1).

Chaque justice possédait sa prison : celle des seigneurs se trouvait dans l'intérieur du fort où étaient aussi les fourches patibulaires et le pilori ; celle de la prieure d'abord au repaire de Nueil, fut transportée dans la maison de Bretagne (2) ; ces prisons étaient souvent inoccupées : un registre d'écrou du siècle dernier ne mentionne que l'incarcération d'un seul prisonnier et encore le geôlier constate-t-il, un peu plus loin, qu'il l'a laissé s'échapper !

D'une ordonnance du 18 septembre 1768, délivrée par le procureur d'office pour obtenir les aveux des meurtriers d'Etienne Versaveau, sieur de la Jarthe, il résulte que les accusés pouvaient encore être soumis à la question ordinaire et extraordinaire. Nous n'avons cependant rien rencontré sur la façon dont elle pouvait être appliquée.

En dehors de la seigneurie de Saint-Pardoux, la paroisse ne possédait que deux repaires nobles : le Petit-Villars et Beaumont.

Le Petit-Villars ou simplement Villars était, dès le xvi⁰ siècle, entre les mains de la famille d'Abzac : Gui d'Abzac,

---

(1) La dernière mention de la juridiction du seigneur de Villars est de 1751.

(2) Le 19 décembre 1768, la prieure donne pouvoir à un procureur pour demander le renvoi dans ses prisons de deux détenus incarcérés à Périgueux en vertu d'un décret de prise de corps rendu par son juge.

sgr. de Villars, fils de Pierre et de Marguerite de Salignac, épousa le 3 mai 1576 Louise Brun, dame de la Valade. Il mourut en 1590 laissant 8 enfants : Pierre, N. dit la Roberthie, Raymond, Jacob, Léonard, Marguerite, Louise et Anne (1).

Ce fut lui qui fit reconstruire par François, maître maçon, une grande partie du château de Villars dont la charpente n'était pas terminée lors de son décès : le tuteur de ses enfants, François Roux, sgr. de Lusson, la fit couvrir par Grolaud, maître recouvreur, moyennant 25 livres, un setier de seigle valant 5 l., une barrique de vin valant 50 s. et 3 l. de lard valant 12 s.

L'inventaire dressé après sa mort, en juin 1590, révèle un intérieur peu luxueux ; dans les deux seules chambres du château qui étaient alors habitables, nous trouvons : « 5 chalits de menuiserie pleignière, deux tables à estrateaux, un vieux banc clos, deux chères, 22 assiettes d'étain, deux coffres ou admects à faire le pain, un trapier, une taque *sive* traffouyer, 2 buffets *sive* garde-robes ferrés. » Le tuteur ayant entendu dire que les papiers de famille avaient été transportés au château du Haut Bruzac, s'y rendit accompagné, comme le pays n'était pas sûr, de MM. des Coustures, de la Borie, d'autres notables gentilshommes et de soldats. En route, ils apprirent que Bruzac venait d'être pris par ceux de la Ligue et que Mlle de Bruzac avait été contrainte de se réfugier au château de la Marthonnie. Comme ils étaient en nombre, ils continuèrent leur chemin et trouvèrent Bruzac évacué. Après quelques recherches, ils découvrirent les deux coffres qui contenaient les papiers cherchés et deux salières d'argent (2).

Ce fut le fils aîné de Gui, Pierre d'Abzac (3), qui acquit, en

(1) Au conseil de famille réuni après son décès, au logis de la poste, le juge de Nontron, qui y fut convié, « n'osa venir à cause des guerres. »

(2) *Arch. de la Dordogne*. B. 124.

(3) Pierre d'Abzac, sieur de Villars, fit ses premières armes en 1597, au siège d'Amiens dans la compagnie du sieur de Ruffec ; le jour de son départ, il acheta une écharpe blanche de taffetas qui lui coûta 4^{tt} 10 s. ; il y resta trois mois. (*Arch. dép.* B. 241.) Cette acquisition nous fixe sur le parti politique qu'il suivit pendant ces temps troublés : les partisans d'Henri IV portaient tous l'écharpe blanche.

1618, la moitié de la seigneurie de Saint-Pardoux : en retra-
çant la suite des seigneurs du bourg, nous avons donné la
liste des possesseurs du Petit-Villars, ce repaire qui existe
encore, en bien mauvais état, n'étant pas sorti de cette famille jusqu'à la Révolution.

Beaumont, moins important que Villars, fut possédé par la
famille Vigier qui le porta aux Campniac : en 1574-1590,
Claude de Campniac, commissaire ordinaire des guerres et
de l'artillerie, en était seigneur (1). Il dut le vendre quelque temps après à Michel Bordier, secrétaire ordinaire de
la chambre du roi, juge de Saint-Pardoux et de Saint-
Saud.

Celui-ci était fils de Mathurin Bordier (2), avocat, chambellan et secrétaire de la Couronne, qui testait le 2 février
1555, et de Perrine de Chapelle ; nous avons dit qu'il acheta
en 1612 la seigneurie de Saint-Pardoux, que son fils Jean (3),
aliéna en 1629. Son autre fils, Pierre, né en 1597, fut conseiller au présidial de Périgueux et épousa le 18 octobre 1620
Marguerite du Gravier, fille de Jacques, lieutenant particulier au même siège. Après la mort de sa femme, il entra dans
les ordres et prit la tonsure le 22 avril 1643, puis devint vicaire général et official du diocèse ; il mourut à Beaumont le
24 février 1657, laissant Jean qui continua la postérité et
Philippe, sieur de Maubourg (1638-1728).

---

1) M. de Laugardière.

(2) Voir sur cette famille un rare et curieux factum conservé aux *Archives
de la Gironde*, C. 498, où nous avons puisé une grande partie des renseignements que nous donnons ici : *Réponses à griefs pour noble Françoise de
Rossignol, veuve de messire Jean Bordier, vivant écuyer, seigneur de
Beaumont, contre Pierre Bonamour, syndic de la communauté de Saint-
Pardoux, appelant d'un appointement de l'élection de Périgueux du 31 octobre 1748*, Bordeaux, veuve Calamy, rue Saint-James, près l'Hostel de Ville,
34 pp. De cette pièce il résulte que d'autres mémoires furent imprimés.

(3) Ce Jean Bordier est l'auteur de la branche des Bordier d'Aixe ou Aisse
qui subsistait encore à la Révolution : il avait épousé Monyon Duchassaing et
mourut le 30 août 1633, laissant Pierre Bordier sieur d'Aixe, baptisé le 6 mai
1629 ; en 1666 il était poursuivi pour usurpation de noblesse, il prétendait que
ses titres avaient été brûlés dans un incendie.

Jean Bordier, seigneur de Beaumont (1), épousa le 20 février 1643 Jeanne-Thérèse Videau ; son testament est du 7 mai 1661. Sa femme fut inhumée dans l'église de Saint-Pardoux, le 3 mai 1678. Il laissa entre autres enfants : Jean qui suit ; Joseph, sieur de la Bassetie, marié à Verteillac, le 8 juin 1694, à Françoise de Briançon d'où Jeanne, femme de Sicaire Reythier, sieur de la Jarthe ; Jacques, sieur des Rocs (1651-1711) ; autre Jean (1645-1709) sieur de Beaumont, sous-brigadier des gardes du corps du roi, brigade du duc de Duras, pensionné en 1693 pour ses infirmités.

Jean Bordier, seigneur de Beaumont, né le 20 avril 1644 et mort le 23 septembre 1679, épousa en 1677 Louise de la Gouretie, d'où : Daniel, Jeanne, demoiselle de Brin (1676-1700) et Anne, femme de François de Brettes, sieur de Richebourg. Le 23 octobre 1713, sa veuve empruntait une somme de 1,000 l. pour l'employer à la réfection de son château qui tombait en ruines et du moulin de Brin ; elle testait le 7 novembre 1719.

Daniel Bordier, seigneur de Beaumont, né le 20 juin 1673, se maria : 1° à Louise de la Faye, décédée le 26 avril 1701 ; 2° à Françoise Pinot qui, veuve, se remaria à Jean de Londeix, seigneur de Savallon. A la suite du décès de Daniel, arrivé le 2 septembre 1714, un inventaire dressé au château de Beaumont par le notaire de Saint-Pardoux, nous fait connaître que l'intérieur des Bordier n'était pas plus confortable que celui de leurs voisins de Villars : quelques meubles en mauvais état, des pistolets, une épée à poignée d'argent, de la vaisselle d'étain armoriée, mais pas d'argenterie. De son premier mariage, Daniel avait eu Jean qui suit ; autre Jean, sieur de la Coste, Louise, femme de François Passe-

---

(1) Ce Jean Bordier paraît avoir trempé dans le pillage du château de Puyguilhem les 11 et 12 août 1653 : Léonard Bayle, laboureur, dit à l'enquête qui suivit, que deux soldats de la garnison le forcèrent à aller à Puyguilhem avec bœufs et charrette ; on chargea deux charrettes de blé et on les conduisit à Beaumont, maison du sieur de Beaumont, ci-devant conseiller au siège de Périgueux. (Cf. M. de Teyssière, Prise du château de Puyguilhem, Bulletin, (t. XXIV, p. 261.)

rieux, sieur de la Brousse, et autre Jean, sieur de Brin, décédé le 5 juillet 1735.

Jean Bordier, seigneur de Beaumont, mourut le 17 octobre 1737, laissant de Françoise de Rossignol, fille de François, sieur de Combier, et de Claire Reynier, qu'il avait épousée le 8 novembre 1734 : Jean et Pierre, sieur de Brin, officier de dragons au régiment provincial de Soissons.

Jean Bordier de Beaumont (30 mars 1737-16 octobre 1765) épousa par contrat Desport du 20 décembre 1754, sa cousine Françoise Bordier, demoiselle du Repaire ; il fit son testament le 9 octobre 1765, laissant entre autres : Jean Bordier de Beaumont (1758-20 janvier 1784) qui eut de Françoise de Roux, Pierre Bordier de Beaumont (14 décembre 1780-1846). De la femme de celui-ci, Françoise Desbordes, ne vinrent que trois filles : en la dernière décédée en 1883 dans la masure délabrée de Beaumont, s'éteignit, dans un état des plus précaires, cette descendance des barons de Saint-Pardoux : double agonie d'une vieille demeure et d'une vieille famille !

Bien qu'ils aient porté pendant dix-sept ans le titre de barons de Saint-Pardoux, les Bordier se virent plusieurs fois contester leur noblesse par les habitants qui voulaient les astreindre à payer les tailles : celle-ci était certainement discutable, car nous voyons en 1667 Jean Bordier de Beaumont condamné à l'amende pour usurpation de noblesse. Par contre, des lettres patentes de 1700, confirmées en 1718, reconnaissent que les Bordier sont « gentilshommes issus de noble et ancienne extraction », et le 29 novembre 1739, le curé, la dame de Saint-Pardoux, cinq gentilshommes des environs, les officiers de justice et 35 notables du bourg certifient que Jean Bordier de Beaumont a toujours vécu noblement.

En 1748, les habitants ayant voulu comprendre sur le rôle des tailles, Françoise de Rossignol, veuve de Jean Bordier, celle-ci refusa de payer et porta plainte à l'intendant, M. de Tourny, qui, le 18 janvier 1749, se prononçait en faveur de l'exemption. Cet échec ne les rebuta pas, et, en 1766, ils intentèrent une nouvelle instance : déboutés d'abord à Périgueux, ils décidaient le 5 juillet, en assemblée générale, de faire appel à Bordeaux, et, à cette fin, ils empruntèrent une somme de 600 l. pour subvenir aux frais. Le 1er décembre suivant, ils donnaient pouvoir à Jean Planchas, avocat en parlement, pour les représenter dans cette affaire et notamment s'inscrire en faux à la Cour des Finances de Guyenne contre le contrat de mariage de Pierre Bordier et de Marguerite du Gravier, du 20 mars 1620, dans lequel, prétendaient-ils, il y avait « des ratures et ratissures » qui avaient permis de substituer, par un habile grattage, la qualité d'écuyer à celle d'avocat.

Le 21 février 1768, les Bordier, pour soutenir ce procès, faisaient constater par notaire leurs droits honorifiques dont ils jouissaient dans l'église du bourg ; à quoi les habitants ripostaient en qualifiant ce procès-verbal « comme le dernier coup de désespoir où ils se trouvent réduits à la vue des preuves des faussetés des actes sur lesquels ils ont voulu étayer leur prétendue noblesse. » S'attaquant particulièrement à Françoise de Rossignol, dont la qualité de fille noble avait été reconnue, et que néanmoins ils affectaient de qualifier, dans les actes, de *demoiselle*, ils ajoutaient qu'elle n'aurait « pour tout fruit de son aveuglement que la douleur de se voir condamner à l'amende de 300 l. pour avoir, après la mort de son mari, porté ses armes accolées avec celles de sond. mari, sans qu'auparavant elles fussent enregistrées » (1).

---

(1) Ce procès, qui dura 22 ans, coûta à la paroisse la somme modeste de 5.636 l. 12 s. 5 d., avancée en partie par M. Planchas de la Valette, que les habitants avaient chargé de les représenter ; quand il fallut le rembourser, toute la paroisse protesta et M. de la Valette « pénétré de douleur de se voir payer d'ingratitude et représenter comme un homme qui n'a cherché qu'à s'engraisser du suc de ses concitoyens », dut poursuivre ceux-ci ; comme sa réclamation était parfaitement fondée, il obtint le 12 août 1774 un arrêt de la Cour des Aides de Guyenne, lui permettant de procéder contre les quatre plus riches habitants du bourg : Beausoleil, Fourichon, Lapeyronnie et Planchas de la Garelie.

Dans ses états de frais nous relevons les dépenses ci-après : 10 l. 10 s. pour déchiffrer et transcrire de vieux papiers ; au domestique du président, 3 l. ; pour courir la poste, 36 l. ; au domestique du procureur général, 1 l. 4 s. ; pour un lapin au procureur général, 1 l. ; aux domestiques du premier président et du procureur général qui apportèrent une bonne nouvelle, 12 l. ; deux paires de pigeons pour une personne qui avait eu la bonté de s'intéresser pour la communauté devant le sieur Monbadar, 7 l. 5 s. ; pour aller en messagerie de Saint-Pardoux à Bordeaux, 24 l.

Ce procès, qui prit une certaine importance, fit éclore plusieurs mémoires imprimés et se termina en 1770 par la défaite des habitants : découragés par ces échecs successifs, ils renoncèrent dans la suite à attaquer la qualité des Bordier (1).

En dehors des familles dont nous venons de parler, la noblesse ne comptait dans notre paroisse qu'un très petit nombre de représentants.

Les Pourtent, des bourgeois enrichis, se qualifiaient de nobles à la fin du xvie siècle. Nous n'avons pu débrouiller leur généalogie : le 9 mai 1528, Hélie Pourtent, marchand, de Saint-Pardoux, sieur de la Barde, Aixe et Vaugoubert, cédait sa part dans le moulin du Gué de Jamaye à ses neveux, Pierre et Jean Pourtent. Un autre Hélie Pourtent, sieur d'Aixe, épousa Marie Dupuy qui lui donna Bonne, mariée en novembre 1559 à René de Jaubert, seigneur de Cumont.

Pierre Pourtent, sieur de la Barde et de Vaugoubert, qui assista au mariage de Bonne, laissa : 1° Marie, femme de Jean Dalvy, avocat ; 2° Isabeau, mariée par contrat du 5 mars 1552 à Pierre Reynier, écuyer, sieur de Pondalsie (?) ; 3° Jeanne ; 4° Marie, unie dans la maison de M. de la Barde, sis dans le fort de Saint-Pardoux, le 18 avril 1581, à Léonard du Mas, écuyer ; 5° Jean, licencié ès lois ; 6° Etienne, écuyer, sieur de la Barde et de Vaugoubert, époux de Léonarde *alias* Narde Faure, qui vivait encore en 1601. Elle lui donna quatre enfants : Isabeau, mariée par contrat du 4 juin 1611 à François de Bart, écuyer, sieur du Cluzeau ; Antoinette, qui épousa, le 26 juin 1594, Bertrand Audier, sieur de Moncheuil ; Anne, femme de Jean de Ribeyreix, baron de Courbeffy ;

---

(1) Cette lutte passionnait les habitants de Saint-Pardoux au point de les pousser à employer des moyens déloyaux : dans le factum, dont nous avons déjà parlé, la dame de Beaumont se plaint de ce que toutes les minutes concernant sa famille ont été subtilisées des études de notaire du bourg par trois bourgeois qu'elle désigne ; ce reproche était exact, nous avons en effet retrouvé dans les papiers de l'un d'eux toute une liasse de minutes ne contenant que des partages et des contrats de la famille Bordier depuis la fin du xvie siècle.

Antoinette, épouse de Jean Beaupoil, sieur de Quinsac, et peut-être aussi Jeanne, demoiselle de la Barde, en 1601 (1).

Une autre branche de cette famille, qu'on ne peut souder à la précédente, commence à François Pourtent, avocat en parlement, juge de Saint-Pardoux, époux de Jeanne Darpes, dont entre autres François, écuyer, sieur de Magnac, né en 1619 ; il fut garde du corps du roi, compagnie de Comminges, gentilhomme servant près de S. M., puis maréchal des logis des gardes du corps de la reine-mère : il mourut le 1er novembre 1662, laissant Jean, sieur de la Jaunie ; Pierre, sieur des Bellodies, et Jean, sieur du Breuil qui suivent : Jean, sieur de la Jaunie, reçut en novembre 1662 une commission de garde du corps en remplacement de son père ; de Marie de Curmont il eut : 1° Jean, sieur de la Jaunie (1674-1710), époux, le 14 février 1708, de Françoise Fourichon, d'où Jeanne, mariée en 1731 à Jean Pastoureau, sieur de la Grange et de Lannet ; 2° François, sieur de Magnac, écuyer, marié en 1721 à Guillemette Delarret et en secondes noces à Marie Mousnier ; de ce second mariage vint Catherine, épouse en 1738 de Jean Gautier de Londeix, chevalier, seigneur de Savallon.

Pierre Pourtent, écuyer, sieur des Bellodies, garde du corps de la reine-mère, testa, le 30 août 1678, ayant eu de Marie Pourtent, Jean, sieur des Bellodies, qui lui succéda dans sa charge, mort le 29 avril 1692, et Marie, femme de François de Champagnac (2).

---

(1) Notes de M. de Saint Saud.

(2) Une autre branche des Pourtent sans jonction avec la précédente et, du reste, de condition plus modeste, remonte à Sicaire Pourtent, notaire et procureur d'office de Saint-Pardoux, qui épousa le 28 août 1635 Guillaumette Chartroule ; son fils, Pierre, sieur de la Place, fut lieutenant de Saint-Pardoux ; la dernière représentante de cette famille, Léonarde Pourtent, épousa Jean de Foucaud, chevalier, seigneur de Saint-Privat.

Une troisième famille de ce nom habitait Saint-Front-la-Rivière et les environs ; à elle appartenaient Pierre Pourtent, lieutenant de la Renaudie, mort en 1699 ; les Pourtent des Fontenilles, du Chastenet, des Essards.

Cette famille de Champagnac, qui était originaire de Valeuil (1), vint s'établir à Saint-Pardoux en la personne de François, sieur de la Beraudie (1638-1718), qui épousa vers 1665 Marie Fourichon : ses enfants furent Marie, femme de Guillaume Bonamour, sieur des Combes ; autre Marie ; Pierre, dit l'abbé de Rouyant et François ; ce dernier s'allia, le 15 novembre 1693, à Jeanne Pourtent des Bellodies, qui donna naissance entre autres à Jean de Champagnac, chevalier, seigneur de la Jaunie, inhumé à Saint-Pardoux le 28 octobre 1760 à l'âge de 60 ans ; par contrat du 1er août 1716, il s'était marié à Antoinette Mallet de Chastillon.

De cette union vinrent : Jean, lieutenant au régiment de Beaujolais ; Armand, capitaine aide-major au même régiment, chevalier de Saint-Louis ; Marie, religieuse à Saint-Pardoux ; Elisabeth, mariée le 29 août 1747 à Dominique de Chaudru, chevalier, seigneur de Trélissac et Jean-François.

Jean-François de Champagnac, chevalier, seigneur de la Jaunie, capitaine de grenadiers au régiment de Beaujolais, chevalier de Saint Louis, épousa Marie de Tessières. Le 6 juillet 1767, dans une supplique adressée à l'intendant de Bordeaux pour obtenir une augmentation de sa pension qui ne s'élevait qu'à 400 l., il faisait valoir qu'il avait 28 ans de

---

(1) Une transaction conclue le 9 juillet 1717 entre François de Champagnac, sieur de la Beraudie, et Armoise de Champagnac, femme de François-Henri de la Boric, nous donne quelques détails sur l'origine de cette famille. Raymond de Champagnac, bisaïeul de la Beraudie, et trisaïeul d'Armoise, dicta son testament le 15 février 1576 au notaire Giraud, instituant pour légataires ses trois fils, Jean I, Jean II, chanoine de Périgueux, et Jean III ; si l'un d'eux décédait sans hoirs, il y avait substitution au profit des autres. Il avait pour filles Claude, Catherine et Marguerite, et pour frères, Jean, archiprêtre de Valeuil, et autre Jean.

De Jean I vinrent Henri et François ; Henri fut président au présidial de Périgueux et laissa Jean, sieur du Mas, et Jean, sieur du Meyniaux, père d'Armoise. François était l'aïeul du sieur de la Beraudie.

Le même notaire dressait, le 3 décembre 1702, un inventaire au repaire noble des Andrivauds, après le décès de Geoffroy de Champagnac, sieur de Puyhardy : 6 cuillers d'argent, 80 l. de vaisselle d'étain, un sac contenant les titres de noblesse de MM. du Mas de Champagnac, Puyhardy et de la Beraudie.

services et deux blessures ; que de ses trois frères qui avaient servi dans son régiment, un avait perdu un bras et l'autre était mort en activité de service (1). Par lettres du 10 janvier 1767, le roi l'avait nommé gouverneur de Nontron et Saint Pardoux ; il mourut le 22 décembre 1785, à l'âge de 68 ans. Son fils, Pierre-François, officier dans son régiment, ne laissa de Sophie du Lau qu'une fille, Françoise-Jeanne-Hélène, femme de Jean-Noël Dejean de Jovelle.

GENS DE JUSTICE.

I. *Juges.* — Michel Bordier, licencié-ès-lois, juge de Saint-Pardoux, Saint-Martial-de-Valette, Saint-Saud et Puyguilhem, 1593-1616. — Pierre Foucaud, juge de la baronnie, 1623-1648. — François Pourtent, juge pour le couvent, 1628-1648. — Jean Pourtent, sieur du Breuil, 1661-1698. — Raymond Cheyron, juge pour le seigneur de Villars, 1689-1709. Guillaume Pourtent, sieur de la Place, 1712-1747. — Pierre Darpes, sieur de la Garelie, juge pour le seigneur de Bourdeille, 1717. — Guillaume Pourtent, sieur du Chastenet, 1720. — Jean Beausoleil, juge ordinaire, 1718 + 1750. — Jean Quilhac, sieur des Roches, juge pour Villars, 1735. — Jean Desport, sieur de la Grange, 1753-1757. — Jean Beausoleil, 1756. — Antoine Beausoleil, 1763-1789. — Jean Beausoleil, 1793.

II. *Lieutenants de juge.* — Andrieu Beausoleil, lieutenant du couvent, 1621 + 1660. — Vincent Quilhac, licencié-ès-lois, lieutenant du seigneur, 1637-1644. — Jean Bonamour, 1673. — Jean Planchas, lieutenant du couvent, 1677-1691. — Pierre Beausoleil, lieutenant pour le seigneur de Bourdeille, 1679 + 1711. — Pierre Pourtent, sieur de la Place, lieutenant pour Villars et le couvent, 1683-1719. — Léonard Larue, lieutenant pour le couvent, 1694-1712. — Jean Beausoleil, 1717. — Jean Larue, lieutenant pour Bourdeille et les religieuses, 1710 + 1719. — Antoine Delarret, sieur du Maine, 1730-1747. — Antoine Beausoleil, lieutenant de la prieure, 1755-1785. — Pierre Delarret, sieur de Grandpré, 1779.

III. *Procureurs d'office.* — Léonard David, 1603. — Hélie Darpes, 1613. — Antoine Champagnac, procureur des religieuses, 1626-1628. — Pierre Beausoleil, procureur des mêmes, 1633-1663. — Hélie Crouzon, sieur de la Dorie, procureur pour le seigneur de Bourdeille, 1653 + 1660. — Jacques Pucelle, procureur pour le même, 1665 + 1678. — Léonard

---

(1) *Archives de la Gironde*, C. 496.

Pucelle, procureur pour le même, 1684. — Guillaume Pucelle, procureur pour le même, 1688-1706. — Pierre Desport, procureur pour Villars et les religieuses, 1689-1718. — Jean Desport, sieur de la Grange, 1734+1757. — Jean Chartroule, sieur des Mouliéres, 1750-1756. — Jean Ribaudeau, sieur du Mas, 1779-1790.

IV. *Greffiers*. — Jean Combeau, 1603. — Jean Versaveau, + 1615. — Pierre Foucaud, 1617-1621. — Jean Foucaud, greffier de la baronnie, 1623-1647. — Jean Beausoleil, greffier du couvent, 1638+1662. — Jean Chollet, 1645. — Jean Eymery, 1664-1691. — Jean Desport, greffier de la baronnie, 1652+1688. — Pierre Campot, 1665-1702. — Jacques Planchas, sieur de Lecure, greffier en chef, 1718-1736. — René Desport, greffier de la prieure, 1744. — Jean de la Peyronnie, greffier pour M. d'Alloigny, 1751. — Pierre Bonamour, greffier pour l'abbesse, 1755-1767. — Jean Chartroule, sieur des Mouliéres, 1769-1791.

Maîtres de Poste. — Jean Baron, 1590. — Vincent Fourichon, chevaucheur pour le roi, 1606-1622. — Hélie Fourichon, 1632. — Jean Fourichon, 1637-1666. — Martial Fourichon, 1684 + 1710. — Jean Fourichon, sieur de l'Estang, 1716-1736. — Jean Fourichon, sieur de la Poste, 1737-1755. — Antoine Fourichon, sieur de la Poste, 1744-1749.

Chirurgiens. — Pierre Mathieu, 1596+1616. — Hélie Mathieu, 1601+1615. — Jean Chapeau, 1620. — Léonard Mathieu, 1631-1651. — Pierre Pigerias, 1643. — Très vertueux Pierre Desport, sieur de la Chapoulie, 1645 + 1668. — Jean Beausoleil, 1653-1656. — Gui Beausoleil, 1656-1662. — Jean Desport, 1664-1667. — Pierre Mathieu, sieur des Nauves, 1665-1691. — Jean Desport, sieur de la Chapoulie, 1684-1717. — Jean Bonamour, 1686-1698. — Jean Mathieu, sieur de Puydarnat, 1691-1705. — Pacquet Darpes, 1697. — Michel Mathieu, sieur du Verdoyer, 1703-1710. — Pierre Eyméric, sieur de la Brousse, 1715. — Pierre Montet, sieur de Laurière, 1716+1767. — Antoine Bourlin, sieur de la Vergne, 1717+1752. François Bonamour, 1720-1750. — Pierre Bersac, + 1721. — Léonard Desport, sieur de la Chapoulie, 1730. — Guillaume Mathieu, sieur du Verdoyer, 1735 + 1737. — Jean Desport, sieur des Nauves, 1750-1767. — Pierre Desport, chirurgien-juré, 1704 + 1782. — Jean Montet, sieur de Laurière, 1760-1780. — Jean Bonamour, 1760-an VII. — Léonard Desport, sieur de la Pradelle, 1769. — Pierre Bonamour, 1770.

Apothicaires. — Pierre Favreau, 1622. — Vincent de la Peyronnie, 1665. — Guillaume Bourcin, sieur de la Vergne, 1677+1701. — Jean Bersac, sieur du Queroi, 1714-1720. — Antoine Bourcin, sieur de la Vergne, 1728+1752.

Maires. — Pierre Bonamour, conseiller du roi et maire, 1693 + 1706. — Pierre Bonamour, sieur des Combes, 1706-1712 ; qualifié d'ancien maire en 1723.

Divers. — Pierre Andrieu, capitaine, 1610. — Pierre Fourichon, capitaine, 1594-1618. — Jean Montet de Laurière, chirurgien, capitaine de milice bourgeoise, 1761. — Jean-François de Champagnac, gouverneur de Saint-Pardoux, 1767 + 1785. — Jean Fourichon, sieur de la Combe, commandant de la garde nationale, 1789. — Pierre Desport, m° maréchal du roi, 1645.

V. *Notaires.* — Jean de la Peyronnie, 1599. — Jean de Quilhac, 1599 + 1615. — Vincent Fourichon, 1600. — Léonard Desport, 1609-1625. — Pierre Pourtent, 1610-1620. — Jean Delarret, 1614-1647. — Vincent Quilhac, 1617-1635. — Andrieu Beausoleil, 1621-1628. — Jean Chollet, 1627-1680. — Pierre Desport, 1636 + 1678. — Sicaire Pourtent, 1638-1644. — Jean Bonamour, 1655 + 1674. — Léonard Pourtent, 1656. — Jean Pourtent, + 1676. — Jean Bonamour, 1679 + 1697. — Vincent Lapeyronnie, 1687-1717. — Pierre Desport, 1701-1736. — Vincent de Lapeyronnie, 1717 + 1756. — Jean Desport, sieur de la Grange, 1736-1757. — François Delarret, sieur du Maine, 1760 + 1784. — Sicaire Desport, sieur de Mombadure, 1766-1786. — Jean Lapeyronnie, 1778-an XII.

VI. *Sergents.* — Perrot de la Peyronnie, 1548. — Jean Desport, 1600 + 1614. — Jean Pourtent, 1610-1647. — Hélie Pigot, 1616. — Jean Frouart, 1617 + 1690. — Pierre Pourtent, 1629. — Pierre Campot, 1633-1642. — Jean Bonamour, 1639-1644. — Guilhem Crabanat, 1639-1646. — Pierre Pigot, 1640-1661. — Jean Dubourg, 1655. — François Desport, 1655. — Vincent Tamizier, 1681. — Antoine Douzet, 1718. — Michel Massias, 1747. — Jean Desmoulins, 1758. — Vincent Petit, 1763-1779. — Sicaire Darfeuille, 1790.

VII. *Contrôleurs.* — Lapeyronnie, notaire, 1673-1676. — Pierre Campot, sergent, 1685-1700. — Pierre Desport, notaire, 1701-1703. A partir de février 1703, les actes sont contrôlés à Nontron. En 1740, M. Planchas de la Valette est commissionné pour la vente des papiers et formules timbrées.

VIII. *Receveurs du couvent.* — Etienne Rouzée, 1629. — Andrieu Beausoleil, 1635-1660. — Jacques Planchas, 1671-1693. — Laurent Allemand, 1699. — Jean Roche, sieur du Bost, 1715. — Jean Larue, + 1719. — Jean de Lacoste, 1720. — Guillaume Vedrenne, sieur de la Grèze, 1727-1737. — Pierre Beau, 1738-1739. — Pierre Beausoleil, 1767-1777. — Jean Basbayon, sieur du Puy, 1789.

III. — L'ÉGLISE, LE CURÉ, LES ÉCOLES.

La paroisse de Saint-Pardoux dépendait de l'archiprêtré
de Champagnac, diocèse de Périgueux (1). La présentation
et la collation de la cure ou vicairie perpétuelle appartenaient primitivement à l'évêque, mais nous avons déjà dit
que le pape Clément V avait uni cette cure au couvent par
bulle du 1° juillet 1347, à charge de payer au curé une portion congrue de 50 l. Voici cette pièce d'après une copie
insérée dans la collection Lespine (2) :

Ad perpetuam rei memoriam.

Prudentes virgines, que mundanis abdicatis illecebris, virginitatem suam
Filio Virginis devoventes, separant, accensis lampadibus obvio irresponso,
tanto propensioni consuevit sedes apostolica studio prosequi cantat.
Quanto ipse in earum necessitatibus majori propter fragilitatem sexus
indigere suffragio dinoscitur. Ex tenore si quidem petitionis pro parte
dilectarum in Christo filiarum, priorisse et conventus monialium monasterii Sancti Pardulphi de Riparia, per priorissam soliti gubernari, ordinis
Sancti Augustini, Petragor. dioces., secundum instituta et sub cura Fra-
trum ordinis Predicatorum viventium quibus etiam licet habere proprium
in locum ex indulto sedis apostolice speciali, nobis nuper oblate percepi-
mus quod ipse facultates non obtinent que ipsis pro earum sustentatione
sufficiant et ad incumbentia eis onera supportando, et maxime quia
propter guerras que noviter tam circa castrum de Nontronio, Lemovic.
dioces. quod predicto monasterio est vicinum, quam etiam in aliis locis
circumvicinis illarum partium, peccatis exigentibus, viguerunt, ipse,
notoie de paupertate existunt, nec possunt opportunum sibi implorare
subsidium tum propter perpetuo sunt incluse, quare dicte priorisse et
conventus nobis humiliter supplicarunt ut p. hujus modi earum relevandis
et facilius p. ferendis oneribus, parrochialem ecclesiam ejusdem loci
Sancti Pardulphi de Riparia, ad collationem episcopi Petragoricensis, qui
est pro tempore, pertinente, cujus fructus, redditus et proventus quinquaginta libr. Turon. parvorum serv. taxatione decime valorem annuum
non excedunt, cum omnibus juribus et pertinenciis suis, prefato monasterio ex nunc unire, anectere, incorporare et applicare perpetuo de beni-

---

gnitate apostolica dignaremur. Nos igitur, eisdem priorisse, conventui
et monasterio, paterno in hac parte compatientes affectu ac hujus modi
eorum necessitatibus de subventionis alicujus auxilio opportune provi-
dere votentes earumdem priorisse et conventus supplicationibus incli-
nati, predictam parrochialem ecclesiam, etiam si forsitan sit eadem ecclesiam quomodolibet reservata, cum omnibus juribus et pertinenciis suis,
prefatis priorisse et conventui et monasterio ex nunc auctoritate apostolica unimus, incorporamus et anectimus in perpetuum, ac etiam applica-
mus ac in suos proprios usus ipsorum priorisse et conventus et monasterii concedimus et etiam deputamus eisdem priorisse et conventui que
nunc sunt et pro tempore fuerint, auctoritate predicta, nichilominus con-
cedentes quod cedente, vel decedente dilecto filio..... *(sic)*, rectore dicte
ecclesie, qui nunc est, vel ecclesiam ipsam quolibet dimittente liceat eisdem
priorisse et conventui per se vel procuratorem suum ejusdem ecclesie,
juriumque et pertinentiarum ipsius corporalem possessionem auctoritate
propria libere ingredi apprehendere recupere ac etiam retinere prefati
episcopi et cujuscumque alterius assenssu, licentia vel auctoritate minime
requisitis, reservata tamen primitus et assignata realiter de fructibus,
redditibus et proventibus antedictis, ipsius ecclesie, pro perpetuo vicario
canonice instituendo prout dicte priorissa et conventus id a nobis cum
instantia postularunt quinquaginta libr. parvorum turonen. ad dicti episcopi arbitrium annua et perpetua portione, ex quibus dictus vicarius
procurationem episcopalem solvere, hospitalem servare et alia sibi et
dicte ecclesie incumbentia teneatur onera supportare nonobstantibus si
aliqui super provisionibus sibi faciendis de hujus modi ecclesiis vel aliis
beneficiis, etc., etc. *(sic.)*

Datum Avinion. Kal. Junii, anno sexto.

Par suite de cette réunion, la présentation du vicaire perpétuel (1) se trouva dévolue à la prieure : celle-ci présentait
ses candidats à l'évêque et c'était parmi eux, qu'il devait
choisir le nouveau curé.

Après cette nomination, un notaire apostolique était
chargé de mettre celui-ci en possession de sa cure : il faisait
revêtir au curé le surplis et l'étole ; puis le conduisant par
la main, l'introduisait dans l'église, lui faisait prendre
l'eau bénite et le menait ainsi au grand autel : là, le curé
chantait l'hymne du Saint Sacrement et récitait l'antienne

____

(1) Ce n'est qu'à partir d'avril 1650 que le vicaire perpétuel prit la qualifi-
cation de curé.

en l'honneur du patron de la paroisse, baisait ensuite l'autel, ouvrait le tabernacle, touchait le livre des Evangiles, s'asseyait à la place affectée au curé, le tout au son des cloches, en présence de l'assemblée des fidèles.

Il était de principe dans l'ancien droit que toute dîme avait été originairement créée au profit du clergé ; par suite, dans toutes les paroisses où celles-ci appartenaient aux laïcs ou aux communautés, elles étaient supposées avoir été usurpées par ceux-ci qui étaient alors tenus de payer au curé une pension nommée portion congrue. D'abord débattue entre les intéressés, sa fixation se fit d'une façon générale au xviie siècle. A Saint-Pardoux, le couvent possédant toutes les dîmes de la paroisse, étant ce qu'on appelait alors le gros décimateur de la paroisse, il devait fournir au curé une pension congrue qui fut d'abord fixée à 50 livres.

En l'an 1503, le pape Jules II régla à nouveau la situation du curé vis-à vis de la prieure en réduisant la pension du curé à 30 l., mais en lui faisant abandonner par le couvent la maison presbytérale, un pré, les droits de baptême, confessions, communions, les offrandes des femmes relevées de couches, la moitié des terrages, des oblations pour les défunts et les droits des sépultures faites dans l'église ; le vicaire perpétuel était alors Gautier de Badefort.

Le partage de ces droits souleva sans doute des difficultés car le 1er janvier 1512, la prieure et Louis Baronneau, vicaire de Saint-Pardoux, transigeaient à ce sujet : celui-ci reconnut que le droit de prendre et lever les oblations appartenait à la prieure, qui, pour prévenir d'autres contestations, lui afferma la moitié à laquelle elle avait droit, pour trois ans, moyennant 20 livres. Ce même vicaire ayant voulu dans la suite s'emparer d'une dîme de blé appartenant au couvent reconnaissait, le 25 janvier 1521, pour éviter un procès, qu'il ne pouvait réclamer que sa portion congrue de 30 l., le droit de baise-main ou verrouil (1) et qu'il ne pouvait élever aucune prétention sur les dîmes. Ces droits de baise-main

---

(1) Le baise-main ou verrouil était l'offrande qu'on faisait au curé en allant baiser la paix.

ou verrouil furent encore confirmés au profit de la prieure par arrêt du Parlement de Bordeaux de 1543.

A la suite d'un procès entre le couvent et le curé, Vincent Mathieu, la portion congrue fut portée le 23 février 1611 à 50 l. en argent, ou 17 setiers de blé, et 3 barriques de vin, au choix de la prieure. En 1636, celle-ci donnait au curé, pour sa portion congrue, 15 setiers de blé, mesure de Châlus, et 4 barriques de vin ; il jouissait toujours « du pré de la Cure et du chenebal de Chaminade. »

Dans la suite cette pension fut fixée d'une façon générale par des édits royaux à 300 l., puis à 500 l. en 1768 et 700 l. en 1786.

En dehors de ce traitement fixe, le curé touchait des habitants certaine somme pour les actes de son ministère : une pièce de 1740 nous fait connaître qu'il recevait 5 sols pour un baptême, 10 s. pour un enterrement d'enfant, 20 s. pour un grand enterrement (1) ou une messe. Ce n'était pas à vrai dire un tarif d'une application constante, on donnait selon ses moyens et les indigents ne payaient pas.

Les paroissiens devaient en outre une rétribution au sacristain et à la fabrique ; en 1744, le curé, M. de Campniac, ayant nommé un marguillier ou sonneur de cloches illettré, désigna un clerc ou sacristain pour répondre aux offices.

« Pour maintenir la paix entre eux, » en fixant leurs attributions, il rédigea un règlement qu'il inséra dans les regis-

---

(1) En 1590, on paye 11 l. 10 s. l'enterrement de R. d'Abzac, quarantaine, luminaire et aumônes.

Pour le décès de Guillaumette Chartroule, femme de Sicaire Pourtent, procureur d'office du bourg, arrivé le 28 juin 1676, les frais funéraires s'élevèrent à 97 l. 10 s. Le jour de l'enterrement, elle fut accompagnée par 8 prêtres ; le curé reçut 47 l. 40 s. et les prêtres étrangers 30 s. ; le marguillier eut pareille somme ; on donna en outre 36 l. aux pauvres et le repas offert aux parents revint à 15 l. ; le luminaire fut payé 4 l. et le cercueil, 2 l. Dix prêtres assistèrent au service de quarantaine et furent payés comme au jour de l'enterrement, le marguillier n'eut que 20 s. On donna de plus 10 l. aux Cordeliers de Nontron pour des messes.

En 1773, l'enterrement d'un cultivateur revient à 16 l. 18 s. : luminaire, 2 l. 8 s. ; aux marguilliers, 1 l. ; pour la bière, 3 l. ; pour l'habilleuse, 1 l. ; aux porteurs, 9 l. 10 s.

tres d'état-civil ; le partage des rétributions est ainsi fixé :
sur les 12 s. que l'on donne pour l'enterrement des grandes
personnes dans le cimetière et 20 s. dans l'église, le marguillier prendra 9 s. dans le premier cas et 15 dans le second,
le surplus revenant au sacristain. Pour les petits enterrements, le marguillier prendra les deux tiers.

Les deux liards que donnent les femmes qui se lèvent à
messe seront pour le sacristain ; il en sera de même pour les
rétributions des baptêmes, mais il fournira une serviette
blanche pour essuyer les mains du curé, celles du parrain et
de la marraine. Quant aux dons en nature : blé, châtaignes,
vin et autres denrées, elles seront pour le marguillier ; toutefois, le curé se réserve le chanvre qui ne doit servir qu'à
l'entretien des cordes du clocher.

Pour les mariages célébrés dans l'église ou faits par
congé, ils partageront par moitié ; pour les services on don-
nera 2 s. au marguillier et 1 s. au sacristain (1). Enfin, le curé
ajoute qu'il exhortera les riches à donner au delà de la taxe
pour compenser les pauvres.

Le sacristain servira les messes qui se diront dans l'église
ou dans la chapelle Saint-Roch, répondra aux baptêmes et à
toutes les cérémonies, assistera à tous les enterrements, accompagnera le curé ou le vicaire dans le bourg quand ils
iront administrer les sacrements ; il balayera le sanctuaire
et la sacristie, ira chercher le vin et fera les hosties.

Le marguillier tiendra l'office de fossoyeur, sonnera les cloches, accompagnera le curé en dehors du bourg, balayera le
chœur, la nef et la tribune deux fois par semaine, enlèvera les

---

(1) Pour les fiançailles qui se célébraient encore dans l'église à la fin du
siècle dernier, il n'était dû aucun droit. Cette cérémonie n'engageait pas les
fiancés, qui pouvaient toujours disposer de leur main ; mais quand une rup-
ture se produisait dans ces conditions, on la faisait souvent constater par-
devant notaire : le 22 mai 1725, deux paroissiens comparaissent devant M°
Lapeyronnie et lui exposent que depuis qu'ils ont été fiancés par le curé, ils
ont reconnu « qu'ils ne peuvent avoir aucune amitié entre eux et que s'ils se
marioient ils feroient leur damnation sur le salut de leur âme. » Ils déclarent
par suite excanceller leurs fiançailles. Ces actes assez fréquents étaient désignés sous le nom d'*excancellatiou de fiançailles*.

toiles d'araignée, portera tous les dimanches un seau d'eau pour faire l'eau bénite, remplira les fonts baptismaux le vendredi saint et le vendredi avant la Pentecôte, fera la quête les dimanches et fêtes pour les âmes du Purgatoire.

En outre de ces auxiliaires, le curé eut presque toujours un vicaire de secours, sans compter les prêtres libres, et on sait qu'autrefois ceux-ci étaient fort nombreux. Le 30 juillet 1690, les habitants, en assemblée générale, sommaient la prieure d'avoir à donner au curé un vicaire aux gages de 150 l. par an. Dans la suite, la portion congrue des vicaires fut fixée à moitié de celle des curés.

Jusqu'à la Révolution, les curés ont rempli certaines fonctions qui, aujourd'hui, appartiennent à l'autorité laïque (1) : ils tenaient notamment les registres d'état-civil, recevaient les testaments, étaient chargés de publier les lois et les monitoires, d'annoncer les adjudications et les changements de domicile, etc.

Ce fut l'ordonnance de Villers-Cotterets (août 1539) qui prescrivit au clergé la tenue des registres de naissance, mesure que l'ordonnance de Blois étendit aux mariages et mortuages ; à partir de 1667, ces registres durent être paraphés par les officiers du roi et un double déposé au greffe du bailliage.

Ces registres étaient tenus d'une façon très inégale par les différents curés : certains, peu prolixes, les réduisent à une sèche nomenclature, souvent par trop sommaire ; d'autres, au contraire, s'étendent à plaisir dans leurs actes, donnant des indications sur le caractère, la piété, la maladie de

______

(1) Ils surveillaient aussi la moralité de leurs paroissiens : le 15 juin 1692, le curé Michel Mathieu dénonce par acte notarié au procureur d'office que deux de ses paroissiens vivent en concubinage et, au grand scandale de la paroisse, ont eu une fille à qui il a refusé les sacrements. Il s'en serait déjà plaint aux officiers de justice qui n'ont pu obtenir de résultat ; bien au contraire, cette malheureuse est encore en état de grossesse avancée, aussi croit-il de son devoir, « pour éviter un sujet de scandale de dessous la giroitte de l'église où est située la maison de cette créature débauchée », de sommer le procureur d'office de procéder contre elle par toutes sortes de voies de rigueur, menaçant s'il n'obtempère pas à sa réquisition d'en saisir l'autorité supérieure.

leurs paroissiens ; intercalant au besoin entre deux baptis-
taires, des notes sur les événements locaux, ils composaient
ainsi pour nous de véritables mémoriaux, mine d'une grande
richesse pour l'histoire des anciennes paroisses.

Tels sont à Saint-Pardoux, le vicaire Jean Fourichon, né à
Bonnefond, paroisse de Saint-Saud, en 1586, qui vint dans
notre bourg en 1611, et qui laissa dans les registres du temps
des notes, malheureusement perdues en grande partie, sur
les événements qui se passèrent dans notre bourg depuis les guerres de religion jusqu'en 1630 ; le curé Beausoleil, qui a relaté les restaurations faites dans l'église après
les dévastations des Huguenots ; Borderon de Boissard, vicaire, qui, en recopiant plusieurs notes de Fourichon, nous
les a transmises et qui, lui-même, a consigné quelques lignes
sur les réparations de l'église et les maladies du temps.

Le premier registre existant commence le 29 août 1599, il
ne comprend que des baptêmes ; les décès et les mariages
n'apparaissent, et encore d'une manière irrégulière, qu'en
1609. Tenus avec soin par les curés jusqu'en 1675, ils sont
fort négligés par ceux qui suivent, en particulier par Bourcin, Merlin et de Fermigier, qui ne font même pas signer les
intéressés. La période d'exercice de M. de Campniac, surtout
celle pendant laquelle Borderon fut vicaire, est au contraire
fort bien rédigée ; enfin, à partir du milieu du xviii⁰ siècle,
en exécution des instructions envoyées aux curés qui, de
temps à autre, recevaient la visite d'un contrôleur ambu-
lant, les actes d'état-civil sont établis d'une manière uni-
forme et précise.

C'est ici, il nous semble, la place tout indiquée pour glis-
ser quelques remarques sur l'état-civil d'après les registres que nous avons dépouillés.

Il est à signaler, tout d'abord, que dans la plupart des baptêmes l'enfant prend le prénom de son parrain ou de sa marraine, suivant son sexe. Ceux qui le nomment étant souvent
des parents proches, presque toujours pour les premiers nés,
des ascendants, il en résulte la fixité de certains prénoms
dans les familles. Ces enfants tenant à leur tour leurs frères
cadets sur les fonts et leur imposant leur nom, il se produit

cette singularité que tous les enfants d'un même père portent le même prénom : confusion qu'on ne pouvait faire cesser qu'en affublant chacun d'eux d'un surnom (1).

Plus rarement les enfants sont tenus par des étrangers de distinction, par les prieures du couvent qui introduisent ainsi dans une famille un prénom inconnu jusque-là et qui se transmettra aux générations.

Certains de ces prénoms étaient d'un usage fort commun : pour déterminer la fréquence de leur emploi, nous avons dépouillé deux périodes de nos registres : de 1599 à 1644 et de 1700 à 1720 (2).

Dans la première période, sur 937 garçons baptisés, 295 ont reçu le prénom de Jean, soit un sur trois. Viennent ensuite Pierre avec les formes patoises Pey, Peyr, Peyrot, donné 215 fois ; Hélie, 47 ; Léonard, influence limousine, 37 ; François, 30 ; Etienne, 27 ; Jacques, 26 ; Vincent, 25 ; de 10 à 20 nous trouvons : Bertrand, Michel, Thienne pour Etienne, Tony pour Antoine ; de 5 à 10 : Andrieu, Antoine, Arnaud, Laurent, Louis, Martial, Mery, Raymond, Sicaire, influence de Brantôme ; au-dessous de 5 : Bernard, Claude, Gaston, Giraut, Gui, Guillaume, Guillon, Henri, Léonnet, Marty, Mathieu, Mondot, Nallias, Nicolas, Philippe, Ponce, Pouget et Thibault. Enfin ne figurent qu'une seule fois les noms : Alain, Alexandre, Bonnissout, Gaspard, Girout, Gourdy, Gratien, Jérôme, Leybout, Guinot, Huguet, René, Robert et Vidal.

On constatera que pendant cet espace de 45 ans le nom du patron de la paroisse n'a pas été donné une seule fois (3) et, de même, combien a été faible l'influence des deux saints

____

(1) Cette coutume existe encore et produit de fréquentes confusions : nous pourrions citer quelques familles de paysans dont les filles portant toutes le même prénom sont mariées avec des frères qui eux aussi sont prénommés identiquement.

(2) M. de Saint-Saud a communiqué en avril 1895, au Congrès des Sociétés savantes, un travail analogue.

(3) Le culte de ce saint n'était cependant pas abandonné : jusqu'à la fin du XVIIᵉ siècle, pas un paroissien ne commence son testament sans invoquer « Monsieur Saint-Pardoux, son patron. »

célèbres dans la région : Sicaire et Martial. Les noms des rois, Louis et François, actuellement si communs, ne sont pas non plus très employés.

Pour les filles, il n'y a pas un aussi grand écart entre le nom le plus usité et ceux qui le suivent. Voici comment se distribuent les prénoms des 874 enfants baptisées pendant cette même période : Jeanne vient en tête avec 132, une sur six environ, suivie de près par Marie, avec ses diminutifs, Marion, Maricette, Mariette et Mariotte, 124 ; Marguerite, 94 ; Françoise, 81 ; Catherine, Cathaly, Cathy, 78 ; Anne et Annette, 55 ; Penelle, 46 ; Léonarde et Narde, 38 ; Peyronne, 35 ; de 15 à 20 : Guillaumette, Marsalle, Thévène, Thonie ; de 10 à 15 : Bounique, Philippe, Izabeau ; de 5 à 10 : Barbe, Hélix, Sicarie ; au-dessous de 5 : Agnès, Gabrielle, Guillonne, Hélie, Huguette, Jacquette, Lucie, Magdeleine, Mette, Monyon, Nicolle, Valérie, Yvette. Une seule fois : Agnette, Blanche, Claude, Clémence, Gasparde, Louise, Martiale, Marty, Matine, Monique, Nadale, Pétronille, Raymonde, Suzanne et Thoinette.

Ni pour les garçons, ni pour les filles, nous n'avons relevé de doubles noms pour cette période ; le premier que nous ayons rencontré dans nos registres a été donné en 1659 à Pardoux-Hélie Darpes. Jusqu'à la fin du XVIIᵉ siècle, ils sont encore très rares et dans cette catégorie nous n'avons trouvé que les baptêmes de Marie-Henriette-Rose de la Marthonnie (1672) ; Gasparde-Françoise-Gabrielle Planchas (1678), et de son frère, Jacques-François (1684) ; Joseph-René-Pierre de Champagnac (1684) ; Marguerite-Marie d'Abzac (1688) ; Geoffroy-François de Champagnac, et Marie-Anne Bordier de Beaumont (1699) ; Marc-Louis Bordier de Beaumont (1698).

On voit ainsi combien à Saint-Pardoux l'usage de donner plusieurs noms à un enfant était peu fréquent et qu'il n'avait cours que dans la noblesse et chez quelques bourgeois, encore pour ceux-ci doit-on faire remarquer que les parrains et marraines étaient des gens de qualité.

La deuxième période que nous avons dépouillée, de 1700 à 1719, soit 20 ans, nous a donné les résultats suivants : sur 507 garçons, Jean vient toujours en tête avec 205, soit 2 sur 5 ;

Pierre est donné 108 fois ; Léonard, 28 ; François, 19 ;
Guillaume, 14 ; Hélie, 13 ; Antoine, 13 ; Martial, 12 ; Jacques, 10 ; Etienne, Laurent, Sicaire et Vincent, 9 fois chacun ; Michel, 8 ; Arnault et Louis, 4 ; Gérald et Mathieu, 2 ; une seule fois André, Aubin, Barthélemy, Claude, Clément, Gabriel, Gaspard, Germain, Gui, Guinot, Henri, Hugues, Jérôme, Joseph, Marc, Martin, Pardoux, Philippe, Pascal, Raymond, René, Simon et Thomas.

Notons dans cette liste la disparition de certains prénoms usités précédemment et d'origine fort ancienne comme Andrieu, Annet, Giraut, Mery, Mondot, Nallias, Ponce, Raynaud, et l'apparition d'André, Aubin, Gabriel, Joseph, Marc.

Les 376 baptêmes de filles (1) relevés se distribuent ainsi : Marie, 110 ; Marguerite, 66 ; Jeanne, 59 ; Françoise, 54 ; Anne, 35 ; Catherine, 26 ; Pétronille, 26 ; Antoinette, 18 ; Léonarde, 14 ; Clémence, 7 ; Elisabeth, 6 ; Louise, 5 ; Michelle et Thérèse, 4 ; Gasparde, Guillaumette, Isabelle, Martiale, 3 ; Guillemette, Peyronne, Penelle et Raymonde, 2 ; Angèle, Andrée, Barbe, Bertrande, Blaise, - Charlotte, Dauphine, Guillone, Madeleine, Marcelle, Mette, Monique, Paule, Roberte, Sicarie, Suzanne, Thévène, Thoinette, Thonie, Ysabeau ; le prénom de Marie, si répandu aujourd'hui, était déjà d'un emploi plus fréquent que dans la première période : 1 sur 3 au lieu de 1 sur 8.

Parmi les autres prénoms figurant dans nos registres, citons encore Albert, Charles, Daisse, Christophe, Girard, Coline, Florence, Jacqueline, tous, à vrai dire, fort rares.

Les surnoms où se reflète le caractère moqueur du paysan, étaient fort nombreux et nous avons renoncé à en établir une liste à peu près complète ; indiquons cependant pour les hommes : Bonné de Lebré, Bordargent, Boubon, Buraaou, Courty, Chouzinier, Couzy, Coulon, Dardellet, Fantou, Gadurau, Delhot, Douilhe, Fantou, Gaduraut, Jehandillou, Lugy, Joumy, Memy, Mourichou, Mamot, Nanot, Nonalhie, Pontouron, Parpaillot, Parpalliou, Pouchony, Pontou, Pe-

---

(1) On remarquera que dans les deux périodes observées la natalité est plus faible pour les filles que pour les garçons.

nandou, la Patata (1616) ; le Redon, le Vezy ; pour les femmes : Bigoussette, Gougo, Merilhe, Filhiou, la Rabière, la Pouchonnelle, la Ristu, etc. Ce sont pour la plupart des noms tirés du patois.

Les noms de famille les plus communs, et qui, portés à la fois par toutes les classes de la société, semblent bien autochtones, sont : Andrieu, Beausoleil, Bonamour, Campot, Combaud, Darpes, Debidour, Delarret qui est devenu Larret et Larré, Desport, Fourichon, Mathieu, Montet, Noubaud, Pourtent, Lapeyronnie, Pigearias, Pucelle, Puypelat, Quilhac, Versaveau. Nous ferons remarquer que des familles de paysans qui avaient pris leurs noms aux villages environnants, les faisaient toujours précéder de la particule ; ils n'abandonnèrent cet usage qu'au milieu du xviii° siècle ; c'est ainsi qu'on trouvait les de Lasrect, de la Peyronnie, de las Pigearias, de Puypelat, etc. (1).

En dehors du respect que leur apportait leur caractère sacré et leurs fonctions si intimement liées à la vie administrative de leurs paroisses, les curés tiraient de leur situation dans l'échelle sociale, un surcroît de considération. Presque tous appartiennent, en effet, à la petite bourgeoisie : les Mathieu, qui possédèrent la cure pendant un siècle (1606-1707), sortent d'une famille de chirurgiens bien apparentée ; Bourcin est le fils d'un apothicaire ; d'autres comme de Fermigier, de Campniac, sont issus des rangs de la meilleure noblesse. Presque tous se parent du titre de docteur en théologie ; ils sont du reste fort lettrés, nous en voulons pour preuve les inventaires de leurs bibliothèques que nous avons rencontrés où, à côté de livres religieux, figurent des ouvrages qui témoignent d'un esprit cultivé.

Ils n'étaient pas bien fortunés en général et l'avouaient volontiers, témoin le curé Mathieu, qui, en 1622, écrit sur un de ses registres : « Le plus souvan dedans ma borce n'a point d'argan. »

Leur intérieur est à l'avenant : en 1707, Michel Mathieu

---

(1) On rencontre également parmi les paysans les de Rechinac, de Puysillout, de Bouscauzareix, de Grandcoing, de Faragondic.

possédait pour tout mobilier dans sa chambre, un lit garni
d'une couverture blanche à rayures noires, une table couverte d'un tapis de Bergame, un grand coffre, un cabinet à
4 portes et 2 tiroirs, un demi-cabinet à 2 portes, 9 chaises et
3 fauteuils, 8 cartes géographiques et 8 tableaux encadrés.
Dans son cabinet de travail placé dans une tour : un cabinet
à tambour contenant sa bibliothèque et les registres d'état-
civil ; un petit cabinet coupé, une petite table avec ses estrateaux, une paire de tablettes de menuiserie percée à jour.

Si l'autorité du curé était sans bornes en matière religieuse, il n'en était plus de même en ce qui concernait les
intérêts matériels de son église : les habitants avaient placé
auprès de lui des fabricateurs ou syndics fabriciens pour
les représenter et administrer la fabrique ; à l'origine, ses
fonctions se confondaient avec celles de syndics généraux
dont nous parlons plus loin. A Saint-Pardoux, au xvi⁰ siècle,
il y avait deux fabricateurs, tandis qu'au siècle suivant nous
n'en trouvons plus qu'un seul ; ils étaient élus pour 3 ou 5
ans par l'assemblée générale des habitants.

Le fabricateur pouvait faire seul les actes d'administration
courante, comme la taxe des chaises et des bancs, l'acquisition des objets nécessaires au culte, luminaire, encens, huile,
vin, linge, la cession des droits de tombeau dans l'église.

Pour les actes plus importants, comme l'aliénation des
immeubles de la fabrique, l'acceptation d'une donation,
l'assemblée générale des habitants était seule compétente ;
c'était à elle que le fabricateur, véritable comptable, devait
rendre ses comptes de gestion. Le curé assistait à tous ces
actes, mais seulement avec voix consultative.

C'étaient des fonctions toutes honorifiques et non rétri-
buées ; elles étaient souvent onéreuses, le fabricien étant
moralement tenu de se signaler dans les largesses faites à
l'église ; il avait en revanche quelques compensations qui
flattaient sa vanité comme de voir son nom inscrit sur une
cloche ou gravé dans une inscription rappelant une répara-
tion; il tenait rang aux processions, à l'offrande ; enfin il
pouvait être enterré dans l'église.

En général, la bonne harmonie régnait entre le curé et le

syndic fabricien ou les habitants : on trouve cependant quelques exceptions, presque toujours dues au refus que ces derniers opposaient aux désirs de leur pasteur. En 1739, Jacques Merlin, curé de Saint-Front-la-Rivière, attaquait ses paroissiens qui refusaient de lui faire construire une sacristie ; un procès-verbal de 1738, à la requête du curé de Quinsac, constate que malgré les nombreuses réclamations par lui faites au prône et le désir maintes fois exprimé du seigneur du lieu, il n'a pu obtenir des habitants le rétablissement du pont. A Saint-Laurent-de-Gogabaud, l'année précédente, les habitants s'étaient ligués contre le curé pour affermer à un prix dérisoire la dîme du vin qui lui appartenait ; celui-ci protesta, remit plusieurs fois l'adjudication, et finalement dut s'avouer vaincu (1).

Le 23 décembre 1706, François de Champagnac, brouillé avec le curé Michel Mathieu, « ce qui lui ôte la faculté de se confesser à lui, » lui fait sommation par notaire, d'avoir à faire venir un religieux pour les fêtes de Noël, « attendu qu'i seroit très aise de remplir ce devoir dans ce temps », d'autant qu'il n'ignore pas que la prieure donne tous les ans une somme de quarante livres pour faire venir un prédicateur les jours de fête ; il accuse le curé de vouloir s'approprier cette somme et le menace, s'il n'obtempère pas à sa réquisition, de se plaindre à l'évêque (2).

Les querelles du curé avec le couvent étaient plus fréquentes : il faut surtout les attribuer à ce fait que le couvent possédant toutes les dîmes de la paroisse, était tenu de fournir au curé une pension fixée à une somme très modique, eu égard aux revenus des religieuses, et surtout à la rivalité qui a existé de tout temps entre les clergés régulier et séculier, celui-là étant représenté par les syndics et religieux prédicateurs qui habitaient le monastère. Vers 1464, un grave différend s'éleva entre le curé et le couvent, « sur ce que le prieur disoit que c'estoit à lui à porter le précieux corps de nostre Seigneur en la procession de la feste du Saint-Sa-

<hr>

(1) Minutes de notaires.
(2) Procès-verbal de Lapeyronnie.

crement » ; droit qui lui était contesté par le curé. Les parties choisirent l'évêque de Périgueux pour arbitre, et le 15 décembre 1464, jour où l'affaire fut appelée, le prieur comparut seul et le curé fut condamné par défaut.

L'église de Saint-Pardoux, à une seule nef non voûtée, ne présente, au point de vue archéologique, qu'un intérêt fort médiocre : elle est d'origine romane, sans doute du XII° siècle, mais de cette époque, il ne subsiste plus que le chœur voûté en plein ceintre, étranglé pour soutenir un clocher plus récent, et le sanctuaire voûté en cul de four (1).

Pillée en 1569 (2) par les Huguenots qui brisèrent les cloches et tuèrent trois prêtres (3), elle resta abandonnée pendant une trentaine d'années. Ce ne fut qu'en 1599 qu'on commença à la réparer : « le 15 octobre de cette année 1599, lit-on dans les registres paroissiaux, a esté mis et posé le lieu exprès pour mettre le Saint-Sacrement de l'autel, scavoir la custoade et attache au grand autel, le tout fait par Jean de la Peyronnie dit le Grand et payé par les fabricateurs, Jehan Vilhaumaine et Michel de Grandchamp, épronnier. » Au commencement de novembre, un fondeur du nom de Nicolas fondit une cloche (4) qui fut baptisée le 14 ; elle eut pour parrain Michel Bordier, juge de Saint-Pardoux, et pour marraine, Marie du Dousset, femme de Pierre Pourtent dit Courty (5). Enfin le 21 décembre on fit poser les vitraux, blanchir le chœur et replacer le banc du purgatoire ; les vitraux furent donnés par Bordier et la fabrique acquitta les autres dépenses.

---

(1) Les fresques de M. Bluker qui la décoraient, n'existent plus.

(2) Sans doute au moment de la prise de Nontron qui eut lieu le 7 juin 1569 (La Popelinière).

(3) Certificat donné en 1572 par Etienne Gadaud, curé et vicaire perpétuel de Saint-Pardoux.

Etienne Gadaud fait son testament le 25 avril 1572 devant Lasserre : il veut être enterré dans son église, aux tombeaux de ses prédécesseurs ; il désire à son enterrement 30 prêtres chantant et disant messe ; il lègue 5 s. tournois à l'évêque de Périgueux, « son prélat. » (Note de M. Dujarric-Descombes.)

(4) Refondue en 1822 par Augustin Martin et Nicolas Fargeot. (Note de M. le chanoine Brugière.)

(5) Cf. nos *Vieux Sints Périgourdins*, p. 11.

La nef ne fut commencée à réédifier qu'en 1604 : le 10 décembre 1603, Pierre Pourtent dit Courty et Pierre Darpes dit Pontouron s'engageaient à la reconstruire moyennant 1500 livres dont 1.050 l. données par la prieure. Les travaux ne furent achevés que le premier samedi de septembre 1606. Durant le temps de cette reconstruction, le service religieux se célébrait au monastère et dans les deux chapelles du cimetière.

Cette église fut d'abord dédiée à Saint-Pardoux, puis à Saint-Bruno ; en 1606, lors de la nouvelle consécration, on adopta ces deux patrons à la fois.

Elle contenait au xvii° siècle quatre autels : le grand et trois petits sous les vocables de Saint-Pardoux, Saint-Michel et Notre-Dame (1) ; deux de ces autels se trouvaient sous une tribune régnant, comme aujourd'hui, au-dessus de la porte d'entrée. Dans un coin se trouvait « le tombeau eslevé » d'un seigneur de Villars (2).

Le procès-verbal de visite que fit faire M. de Campniac le 7 avril 1740, en prenant possession de l'église, nous donne une description de l'église et de son mobilier à cette époque :

Le curé, accompagné du notaire Lapeyronnie, se transporte devant la grande porte d'icelle, dessus et devant laquelle il y a un « haryant », le

---

(1) Il n'exista jamais à Saint-Pardoux de chapelles particulières amorcées sur l'église, comme il y en a à Saint-Front et à Milhac. La première a été construite en 1719 par Charles Saunier, sgr de la Vigerie, en vertu d'une autorisation de l'évêque du 30 avril 1717, malgré l'opposition de M. des Cars, sgr de la Renaudie, faite en haine de lui ; l'église a trois portes, dit-on dans un acte, et celle sur laquelle doit s'appliquer l'arcade de la chapelle reste toujours fermée, même le jour de la fête du patron.

Celle de Milhac avait été fondée le 25 juillet 1680, par Jean Vidal, sieur de Fousseyraud : le mur de l'église fut ouvert du côté de la place des Ormeaux, entre les deux vitraux de la petite porte, où fut fait un arceau de pierres de taille de la longueur de 15 pieds et le sol de la chapelle fut pris dans le cimetière : elle ne fut construite qu'en 1690 et avait 15 pieds au carré. (Pindray).

(2) Note communiquée par M. le chanoine Brugière d'après une visite épiscopale de 1688.

quel est assez endommagé ; la muraille de devant qui supporte les chevrons est écroulée sur la largeur de 7 pieds ; elle aurait besoin d'être démolie entièrement pour être refaite à neuf, la moitié des tuiles étant cassée, ainsi que quatre chevrons, l'aiguille et l'arbre qui porte l'aiguille.

De là il entre dans l'église par la grande porte qui se ferme à deux couteaux avec chacun deux bandes et gonds de fer et un renard derrière, aussi de fer. Lad. porte est sans serrure, les couteaux de peu de valeur : il est nécessaire de la refaire. La petite porte qui donne sur le degré de la tribune est à demi-usée ; la tribune au-dessus de la grande porte est planchée de méchantes tables, y en ayant à dire la cinquième partie. Les fonts baptismaux qui sont au dessous ont besoin d'être fermés à clef, n'y ayant qu'un petit rond de bois dessus cloué de quelques taches, sans aucune balustrade ; à côté il y a un mauvais confessionnal tout brisé. La petite porte qui est à main droite est faite en deux couteaux, un verrouil par derrière avec un petit renard de fer sans serrure.

En montant dans l'église, sur main droite, se trouve un autre confessionnal mi-usé ; sur la même main est la porte qui monte au clocher, cassée ; du même côté existe un autel à Saint-Claud qui est interdit : il y a dessus deux chandeliers de bois, deux croix d'airain, d'un pied et demi de haut, une bannière où est le portrait du glorieux Saint-Pardoux et Saint-Roch. Cet autel est garni d'un devant de calamandre blanc, rouge, vert et bleu.

La chaire en châtaignier est en mauvais état, elle est ornée en taffetas jonquille, blanc, vert et bleu. L'autel de N.-D. est en bon état. En montant à main droite dans le sanctuaire et contre le grand autel, il y a une petite armoire faite en demi rond.

Sur le grand autel, il s'est trouvé quatre chandeliers de bois jadis doré, un crucifix et quatre vases de terre vernie. Le tabernacle a perdu la moitié de sa dorure ; il renferme un ciboire d'argent doré, un soleil d'argent sans croissant, un petit porte-Dieu d'argent doré, un calice et sa patène d'argent doré, des vases en étain pour le saint-chrème, l'huile des cathechumènes et des infirmes.

Le balustre de l'église est en bon état ; quant au pavage et aux marches du grand autel, tout est à refaire. La sacristie est entièrement découverte. Dans un cabinet où se mettent les ornements, on trouve quatre chasubles, trois aubes, une boîte à hosties en fer blanc, un encensoir de cuivre.

Sous l'administration de ce curé, l'église fut l'objet de plusieurs améliorations : le 25 octobre 1746, les habitants décidaient de faire construire « un vestibule, vulgairement appelé arvant, devant la grande porte pour le profit d'une plus grande partie des habitants qui sont dans l'obligation de rester dehors durant les offices. » La fabrique ne possédant pas de revenus, on se procura de l'argent en mettant aux enchères des droits de tombeaux dans l'église ; mais les sommes ainsi obtenues ne furent pas suffisantes et la construction traîna en longueur : le 20 avril 1749, les habitants aliénaient une petite vigne « pour permettre de terminer le vestibule et d'édifier une chapelle pour placer l'autel de N.-D. » qui se trouvait au milieu dans l'enceinte de l'église où il tenait une grande place. Par décision du 4 mars 1748, l'intendant avait autorisé dans le même but l'aliénation d'une partie de l'ancien cimetière. Ce ne fut qu'en mars 1750 que ce vestibule fut couvert ; en même temps, M. de Campniac fit réparer le vitrail placé au-dessus de la petite porte, ouvrir et vitrer celui qui lui fait face.

En 1748, les fonts baptismaux furent transportés « du coin de l'église du côté des Forts, sous le degré de la tribune, lequel degré aussi bien que la porte par où l'on entre dans la tribune furent finis quant à la massonne le 20 novembre 1748. »

Un autre procès-verbal d'une visite à laquelle un nouveau curé fit procéder en août 1764 montre qu'alors l'église était en meilleur état qu'en 1740. Le nombre des objets sacrés n'avait pas été augmenté, mais la sacristie réparée renfermait de nombreux ornements presque tous neufs. La chaire, qui était encore en mauvais état, fut refaite en avril 1773 par Basbayon, maître menuisier ; il construisit aussi le degré et le confessionnal placé du côté du clocher, et toucha comme salaire total 123 livres.

En 1778, les habitants ayant besoin d'argent pour réparer l'église, arrêtèrent que ceux qui voudraient y placer des sièges pour suivre les offices payeraient une redevance annuelle de 20 sols, « imposition qui sera d'autant plus du goût de la paroisse, que depuis plus d'un an, cette somme a été payée par 37 paroissiens. »

Le clocher de Saint-Pardoux, meublé d'une seule cloche en 1599, en reçut une seconde en août 1695 ; son parrain fut Charles d'Abzac, sgr de Villars, Saint-Pardoux et Mézières ;

la marraine, Françoise de Boisseuil, prieure de Saint-Pardoux (1) ; elle se brisa et fut remplacée en juillet 1720.

Ces cloches étaient payées, partie par les habitants, partie par le seigneur de la paroisse ; souvent aussi le curé contribuait de ses deniers à son acquisition. D'autres fois, elles étaient offertes par un particulier : le 4 mai 1719, Géraud Bouthier donne à l'église de Villars une somme de 400 l. pour acheter « une seconde cloche aux fins d'éviter et empêcher les orages et grêles qui arrivent fréquemment. »

Les paroissiens tenaient beaucoup à leurs cloches : pendant la Révolution, le district écrivit au maire de Saint-Pardoux pour l'inviter à envoyer à la Monnaie de Bordeaux, dans le but d'augmenter le numéraire, les cloches inutiles à leur église ; le 29 mai 1792, le conseil municipal répondait, après avoir mûrement réfléchi, que son premier mouvement avait été de se rendre au désir de MM. du district, mais s'étant aperçu « que les citoyens commençaient à murmurer », il jugeait à propos de n'en céder aucune (2).

Nous avons vu que les d'Abzac et les Bordier possédaient le droit de se faire enterrer dans l'église comme seigneurs de la paroisse (3) ; ils n'étaient pas seuls à jouir de ce privilège, jadis très envié : de nombreux bourgeois l'avaient acquis à prix d'argent. Le 17 février 1684, Jean Bonamour, notaire, achetait deux tombeaux dans l'église « du côté de l'autel Saint-Michel contre le pilier qui est au-dessus de la tribune » moyennant 20 l. qui étaient encaissées par la fabrique. Ce droit, qui était généralement mis aux enchères, com-

---

(1) Elle n'était pas encore payée en 1698 : pour un droit de tombeau cédé à Pierre Beausoleil, cette année-là, celui-ci s'engage à payer 13 l. au fondeur.

(2) Le 15 brumaire an II, le district nommait deux commissaires pour effectuer la descente des cloches et déclarait suspecte toute personne qui tenterait de s'opposer à cette opération. (Arch. dép. L. 639.)

(3) Les tombeaux des d'Alloguy et leur banc étaient à gauche en montant dans l'église ; ceux des Bordier à droite, contre la balustrade, de la longueur de six pieds et de 4 pieds de large.

prenait aussi l'autorisation d'établir un banc sur l'emplacement des tombeaux acquis (1).

A l'intérieur et à l'extérieur de l'église (2), à une certaine hauteur, deux bandes blanchies faisaient le tour des murs ; de distance en distance des armoiries y étaient peintes. C'était ce qu'on appelait des litres ou ceintures funèbres : seuls les seigneurs de la paroisse, patrons de l'église avaient le droit de litre : la bande supérieure portait les armes des d'Abzac et d'Allogny ; sur l'autre bande qui appartenait aux Bordier de Beaumont, y était « peint un écu d'argent à un phénix de sable couronné de même et posé sur un bûcher enflammé de gueules ; cet écu est timbré d'un casque de profil et soutenu de chaque côté d'un griffon volant, avec plusieurs autres armes d'alliance, comme épées et autres choses, y ayant un nombre d'écussons dans lad. litre, grands et petits. »

Les droits de bancs, de tombeau et de litre formaient les droits honorifiques du seigneur dans sa paroisse ; lors de son décès, les cloches devaient sonner à deuil pendant quarante jours, et durant le même temps un drap mortuaire restait

(1) Les de Champagnac dont nous parlons plus haut, avaient acquis un droit de bancs et tombeaux par acte du 13 janvier 1670 ; mais comme ils avaient omis de faire homologuer cette acquisition par l'évêque, en décembre 1735, « certain esprit malin et mal intentionné fut de nuit leur enlever ce banc ». Jean de Champagnac fit procéder à une enquête au sujet de cet enlèvement qu'il considérait comme une injure des plus graves et en même temps présenta l'acte de 1670 à l'agrément de l'évêque (Desport).

Ces droits de tombeau se donnaient parfois en reconnaissance de dons faits à l'église : le 28 mai 1701, le curé et les fabriciens de St-Front-la-Rivière accordent à Jean Dufraisse, juge du lieu, dont le grand-père, Hugues, aussi juge, avait fait don le 29 octobre 1654 d'un calice d'argent valant 60 l. sur lequel était gravé son nom, un emplacement de 8 p. sur 6 au-dessous de la chaire pour la sépulture de sa famille ; déjà en 1654 pareil emplacement avait été donné à son grand-père sous l'autel de St-Affre (Pindray).

La même année, le curé de La Chapelle-Montmoreau, considérant que Guilhem Chapéron, seigneur de la Roche, a fait « un bien considérable à l'église » en donnant d'abord 15 l. pour la couverture, puis pareille somme pour « l'acquisition d'un tableau représentant N.-S. crucifié, qui doit « estre mis au grand autel », lui concède le droit de mettre un banc dans l'église. (Pindray).

(2) La litre extérieure n'existait plus en 1767.

étendu sur son tombeau ; les Bordier usaient encore de ce privilège en 1778 (1).

De même, le seigneur dans l'église avait un rang spécial : il prenait le pain bénit le premier et tenait la tête à l'offrande et aux processions ; nous avons dit plus haut comment les deux seigneurs de notre paroisse avaient réglé entre eux la question de prééminence dans l'église.

Au xv° et au xvi° siècle, le presbytère se trouvait à l'intérieur du fort ; mais après la destruction de celui-ci, le curé dut se loger dans une maison à sa convenance pour le loyer de laquelle les habitants lui payaient une indemnité annuelle de 50 l.

Dans une assemblée du 28 mars 1756 le syndic représente aux habitants que, si, jusqu'à ce jour, les curés ont usé de ménagements envers la paroisse, en n'exigeant pas de presbytère, il est à croire que parmi leurs successeurs il s'en trouvera qui ne resteront pas dans les mêmes sentiments et qui demanderont un presbytère qu'il faudra construire au grand détriment des finances de la paroisse ; il serait donc sage de profiter d'une occasion qui se présente et d'acquérir une maison tout édifiée. Il fait remarquer que Mme de Londeix se disposant à vendre la maison qu'elle possède au bourg, celle-ci conviendrait parfaitement pour l'établissement du presbytère, d'autant que le prix qui en est demandé n'est pas exagéré : l'affaire mise en délibération fut acceptée et la maison acquise moyennant 1,500 livres (2).

---

(1) Le 26 avril 1767 six habitants déclarent, sous serment, « avoir entendu sonner à deuil, dans toutes les formes, toutes les fois qu'il est décédé quelqu'un de la maison de MM. de Beaumont et avoir souventes fois entendu dire qu'on leur donnait le pain et eau bénites. » (Dubreuil).

(2) L'intendant, à qui cette délibération fut transmise, l'approuva en principe, mais ordonna aux habitants de se prononcer à nouveau sur l'opportunité de cette acquisition : l'assemblée générale réunie le 3 octobre persista dans son projet « d'autant plus avantageux à la paroisse que la majeure partie de l'imposition devra être supportée par les nobles ou privilégiés qui constamment possèdent la majeure partie des fonds de la paroisse et qui, par un abus intolérable, se sont, pendant tous les temps, mis à couvert de toute contribution au payement de la location de la maison pour le curé que les

Cette maison était en mauvais état, mais le curé, M. Boucheton, « par esprit de considération pour ses paroissiens et sur les représentations à lui faites de leur part des subsides dont ils étaient chargés, joints à la misère du temps occasionnée par différentes mauvaises années » ne demanda que les réparations les plus urgentes, les autres ne furent faites qu'en 1785 (1).

Le cimetière qui était placé à côté du pont et s'étendait assez loin le long de la grand'rue touchait à l'enclos du couvent (2) ; deux chapelles, dont l'une dédiée à la Trinité, y existaient dès le xviie siècle. On enterrait aussi autour de l'église, car en nivelant la place cette année-même (1898), on a mis à découvert des cercueils de pierre qui devaient remonter au moins au xve siècle.

Au-dessus du bourg, en face de l'entrée du cimetière actuel se trouvait une chapelle dédiée à St-Roch (3) qui fut vendue le 2 thermidor an iv (4) et démolie peu de temps après (5).

Une confrérie existait dans la paroisse dès 1623 ; en 1748-1752, elle se composait de 50 hommes, y compris le syndic et le porte-enseigne ; on y voyait figurer le juge, peu de bourgeois, quelques artisans, beaucoup de laboureurs et de domestiques.

---

taillables ont toujours supportée en entier. » Cette tirade, un tantinet révolutionnaire, ne fut sans doute pas goûtée du subdélégué, car, le 6 suivant, jour de la frairie, les habitants prenaient une nouvelle délibération absolument conçue dans les mêmes termes, mais ne renfermant pas la phrase incriminée.

(1) Les presbytères n'étaient pas tous luxueux : un acte de 1690 constate que celui de Saint-Angel ne comprend « qu'une petite chambre non logeable et un appentis. » Aussi en 1672 François de la Garde, seigneur de St-Angel, lègue-t-il une somme de 60 livres pour faire construire une autre chambre. (Pindray).

(2) Le cimetière actuel a été acquis en 1830.

(3) En 1753, Jean Eymery, sieur de Lacombe légua 50 l. pour acheter une petite cloche à la chapelle de St-Roch (Desport).

(4) Arch. dép. L. 648.

(5) Il y avait aussi une chapelle à Chaumeille dédiée à St-Barnabé ; c'était un prieuré dépendant de l'abbaye de Salignac en Sarladais ; elle a été démolie en 1744 (M. le chanoine Brugière).

La cotisation annuelle était de 5 sols. Les dépenses comprenaient l'achat de six cierges tous les trois ans, soit 7 l. 7 s. ; 4 s. d'encens ; de plus on payait au curé pour le service solennel des confrères décédés dans l'année 1 l. 10 s. et 5 s. au marguillier. En outre, un service était célébré au décès de chaque confrère et coûtait pareille somme.

Dans la visite de l'église de 1764 figure « un étendart qu'on a déclaré appartenir à la confrérie de Saint Pardoux. »

Au moment de la Révolution, l'église servit de lieu de réunion pour les opérations électorales qui, à l'origine, se tinrent souvent sous la présidence du curé.

Le dimanche 9 janvier 1791, le curé Gorse et son vicaire Tamagnon, au milieu de la messe paroissiale, se tournèrent vers le peuple et prêtèrent serment à la constitution civile du clergé. Le 10 avril suivant, le district, considérant que le revenu de la cure n'était que de 572 l. 7 s. 6 d. et que le traitement du curé était fixé à 1.200 l., s'engageait à lui parfaire la différence.

Quatre jours après, le maire accompagné des cinq officiers municipaux et du curé, procéda à l'inventaire des objets sacrés et au procès-verbal de l'église :

La nef est lambrissée en forme de voûte ; elle contient une chapelle dédiée à N.-D. devant laquelle pend une lampe en argent du poids de 13 onces 1|2 ; le grand autel est orné de trois grands tableaux dans des cadres de bois peints en marbre et dorés aux quatre coins avec des fleurons au milieu. Du tabernacle, le curé revêtu du surplis et de l'étole, sort un ciboire neuf en argent. Dans une crédence du côté de l'épître, il y a trois reliquaires grossiers, un en métal grossier peint en jaune, les deux autres en bois. La sacristie renferme un grand vestiaire à trois portes où l'on trouve 12 ornements complets, un grand voile de soie blanche pour les bénédictions ; un autre voile de soie blanche avec broderie d'argent, doublé de taffetas rouge, attaché à une croix, pour mettre sur l'autel pendant la prédication ; un dais de soie blanche avec des fleurs de toutes couleurs, garni de crépine d'argent.

Dans un cabinet en forme de prie-Dieu se trouvent des burettes avec leur bassin ; un soleil haut de 16 pouces ; un encensoir avec sa navette, un calice avec sa patène, une boîte pour porter le viatique, le tout d'argent ; une statue de la Vierge et une statue de Saint-Pardoux avec un reliquaire, en bois doré à neuf ; deux grandes croix de procession. Un grand fauteuil à cinq places portatif pour servir au célébrant et à ses officiants; une bannière neuve, un étendart en soie ; deux petites bannières, l'une pour la procession du Saint-Sacrement, l'autre pour la procession de la fête N.-D. (1).

Le curé cessa ses fonctions le 18 pluviôse an II et sur l'église consacrée au nouveau culte on plaça cette inscription :

TEMPLE DE LA RAISON

Le Peuple Français reconnaît l'Etre suprême et l'immortalité de l'âme (2).

Le 15 germinal suivant, les vases sacrés furent enlevés et conduits au district pour être envoyés à la Monnaie de Limoges ; le 10 floréal, les balustres et les deux confessionnaux furent vendus aux enchères par la Société Populaire « qui ne pouvait souffrir plus longtemps ces objets de superstition. »

L'instruction était autrefois intimement liée à l'administration ecclésiastique : c'étaient souvent les vicaires qui, par suite de fondations particulières, étaient tenus d'apprendre à lire et à écrire aux enfants de la paroisse ; de plus les maîtres d'école étaient placés sous la surveillance immédiate des évêques.

C'est surtout à partir du xvıe siècle que nous voyons les pouvoirs publics se préoccuper de la diffusion de l'enseignement dans les campagnes : en 1560, les États généraux émirent plusieurs vœux touchant cette question et une ordonnance fut édictée en conséquence pour les satisfaire, en prescrivant d'appliquer la moitié du revenu des confréries « à l'érection d'escoles ès villes et villages ».

Dans tous les cahiers des États généraux de 1576, 1583, 1614, cette même préoccupation se retrouve. Ceux de 1583 vont

---

(1) De tous ces objets, l'église ne possède plus qu'un assez remarquable tableau de l'Assomption, une statue de la Vierge en pierre polychromée, provenant du couvent, un reliquaire-chef de Saint-Pardoux en bois peint.

M. le chanoine Brugière cite encore dans ses notes qu'il a bien voulu nous communiquer un devant d'autel en cuir canncelé, fond or et argent, un crucifix en ivoire, une belle croix de maître-autel.

(2) Archives de la Dordogne, L. 638.

même jusqu'à demander « que dans tous les bourgs et villages, les évêques instituassent un maistre precepteur d'école
qui seroit stipendié aux dépens des paroissiens — tenus de
faire instruire leurs enfants. »

Comme conséquence de ce mouvement d'opinion, nombre
de bourgs possédaient des maîtres d'école ou régents (1) :
ceux-ci étaient généralement choisis par les habitants, réunis en assemblée générale ; préalablement le curé et les
notables faisaient passer un examen au candidat ; s'ils le
déclaraient « propre et idoine », la paroisse passait un contrat
avec lui pour lui assurer une partie de son traitement, le surplus devant être fourni par une rétribution scolaire payée
par les élèves fortunés.

Quand l'école devait son origine à une fondation particulière, la nomination du régent appartenait généralement aux
héritiers du fondateur ou à ceux qu'il avait désignés. Nous
n'avons rien trouvé sur l'instruction à Saint-Pardoux avant
la fin du XVIe siècle, que la mention dans deux titres, l'un
de 1457, l'autre de 1550, d'une maison dite de l'Escole, sise
dans la rue de la Barre, qui pouvait être la demeure du
régent du bourg.

Un document de 1590 nous fait connaître que Saint-Pardoux possédait alors deux maîtres d'école et par surcroît
nous apprend que les villages des environs n'en étaient pas
tous dépourvus. Ces curieux détails nous sont donnés par le
compte de tutelle des enfants du seigneur de Villars, Gui
d'Abzac (2) : après la mort du père, en 1590, les deux aînés
furent envoyés à Périgueux, « pour verser aux lettres », chez
Tardif qui prenait 25 écus de pension par quartier ; comme
le pays était encore troublé, le tuteur les fit accompagner
par une escorte de soldats. Le 30 juillet 1590, les deux autres
fils, Raymond et Jacob, furent mis à Bruzac, chez Meyjounias, régent, moyennant 20 écus par an pour chacun, deux
pintes d'huile et 2 charretées de bois ; l'année suivante, ils

____

(1) V. à ce sujet M. Dujarric-Descombes, *Aperçu de l'instruction publique
en Périgord avant 1789.* Périgueux, 1882.

(2) Arch. dép. B. 124.

entrèrent chez un maître d'école de Saint-Pardoux du nom de Rousseau, aux mêmes conditions. Six mois après, nous les retrouvons chez l'autre régent du bourg, Gui Beausoleil. En 1593, ils changent encore de maîtres et on les met à Champagnac, à raison de 10 écus par quartier pour tous deux, chez Enguilhebert, qui leur fait payer 15 s. pour « deux escriptoires, plumes et trencheplumes » et 4 s. pour 2 paires de sabots ; en juillet 1595, le blé ayant enchéri, celui-ci réclama 15 écus par quartier, ce qui lui fut accordé par le tuteur. Mais l'année suivante, Enguilhebert ayant voulu maintenir ce même prix, « led. s^r tuteur les auroit changé de m^e régent » et les remit chez Meyjounias. A la suite d'une épidémie qui régnait à Bruzac, il les retira et les confia à Jean de Montsalard, m^e régent de Nontron, moyennant 25 écus pour chacun. Ils y étaient encore quand le compte de tutelle fût rendu.

Les régents de Saint-Pardoux ne se contentaient pas d'apprendre à lire et à écrire, ils enseignaient encore les humanités dès le commencement du xviie siècle : en juin 1620, nous avons relevé sur les registres d'état-civil, à la suite d'un baptême, deux signatures en caractères grecs donnant deux noms de la bourgeoisie de Saint-Pardoux : à qui les attribuer, si ce n'est à deux écoliers du bourg, fiers de montrer leur savoir? Quelques années après, le doute n'est plus possible et l'un des régents, sinon les deux, se pare du titre de « maistre ès-arts, precepteur du latin, regent latiniste. »

L'un d'eux même, Me Moreau de Maril, était docteur en théologie : le 6 mars 1688, Planchas, receveur du couvent, lui confie son jeune fils ; il s'engage à lui payer 5 sous par mois, jusqu'à ce qu'il sache lire (1).

Ces régents prenaient des pensionnaires et, comme un écrit vaut la meilleure parole, ils avaient souvent soin de faire constater leurs conventions par devant notaire : le 12 juillet 1695, Léonard Andrieux, maître ès arts et régent de Milhac, consent à prendre en pension le fils de Vincent

---

(1) Livre de raison dudit Planchas, (1671-1693) communiqué par Madame Larret-Lagrange, née Planchas-Lagarlie.

Beausoleil, « pour lui montrer à apprendre à lire et à écrire et à faire la remetique », pendant trois ans moyennant 50 l. par an ; il recevra en outre 4 aunes de toile de brin, une charretée de bois et 6 aunes de serge drapée couleur café. Il est en outre convenu que si le blé devient plus cher, la pension sera augmentée au prorata et que si l'enfant tombe malade, Andrieux lui remplacera les jours perdus.

Le 3 mai 1737, François Lavergne, régent de Saint Jean-de-Côle, prend un enfant pour un an, moyennant 120 l., à charge de le nourrir, de l'entretenir et de l'enseigner de tout son possible, afin de lui apprendre à lire et à écrire.

Un rapport sur les maîtres d'école du Nontronnais adressé par le subdélégué à l'intendant de Guyenne, porte sur les régents de Saint-Pardoux les appréciations suivantes : Jean Marbotin, « professe la religion catholique, tient une conduite assez réglée, mais son zèle est si fort ralenti qu'il néglige entièrement ses ecoliers, quoiqu'il soit capable de les instruire et leur enseigner les premiers principes de la grammaire » ; son concurrent, Jean Barbarin, « apprend à lire et à écrire, de saine religion, bonnes mœurs et attentif à l'éducation de la jeunesse. »

Comme on le voit, le bourg fut presque de tout temps pourvu de deux maîtres d'école : l'installation de l'un d'eux fut, en 1779, l'occasion d'une véritable émeute qui révolutionna la paroisse.

En mars 1778, ce régent, du nom d'Arbonneau (1), était venu s'installer à Saint-Pardoux, sur la demande des bourgeois, pour enseigner les humanités à la jeunesse du bourg et des paroisses voisines. La rétribution qu'il recevait de ses élèves n'étant pas suffisante, il sollicita de la paroisse représentée par l'assemblée des habitants une pension annuelle de 150 l. « pour forme d'honoraire. »

Par deux fois, l'assemblée, composée en majorité de laboureurs, qui se souciaient fort peu des humanités, et ne

---

(1) C'est peut-être le même que Jean Arbonneau, qui, à Nontron, en 1758, « enseigne la grammaire avec assiduité et professe la religion catholique avec autant d'édification qu'il est sage et réglé. »

voyaient dans cette demande qu'un surcroît d'impôts, repoussa sa requête ; une troisième fois, le 20 décembre 1778, les bourgeois usèrent de ruse : ils firent annoncer qu'après les vêpres une assemblée se tiendrait pour céder aux enchères un droit de banc dans l'église, affaire qui n'intéressait pas les cultivateurs ; mais aussitôt l'adjudication terminée, comme les partisans d'Arbonneau se trouvaient en majorité, ils proposèrent de voter la pension du précepteur : les quelques paysans présents crièrent à l'illégalité, disant : « Nous sommes écrasés d'impôts, que ceux qui veulent envoyer leurs enfants chez le précepteur le payent », invectivèrent les bourgeois et finalement tombèrent sur eux à coups de bâtons. Les habitants des hameaux voisins, qu'on s'était empressé de prévenir de la trahison des bourgeois, s'assemblèrent en quelques instants, et, sous l'instigation de Barbarin (1), désireux de se débarrasser d'un concurrent gênant, « il se souleva un tumulte » : une troupe composée de 200 personnes, hommes, femmes et enfants, ayant à leur tête le sieur Beausoleil de Mazeroux, un des collecteurs qui tenant le rôle des tailles à la main, « crioit au peuple qu'il pouvoit le suivre hardiment, qu'ayant le livre du roy ils ne risquaient rien », se porta chez Arbonneau, « en criant qu'ils vouloient le tuer ou le noyer ». Ils tirèrent des coups de fusil sur sa maison, enfoncèrent les portes et jetèrent les meubles par les fenêtres. Certains de ces forcenés le cherchaient en vociférant : « Où est ce f. gueux de précepteur que nous voulons exterminer ! » Arbonneau et sa femme n'avaient eu que le temps de se sauver par les jardins, abandonnant dans son berceau leur jeune enfant que plusieurs voulaient jeter par la fenêtre.

M. de Champagnac, gouverneur du bourg, et le juge Beausoleil arrivèrent sur ces entrefaites et par leur attitude énergique en imposèrent aux manifestants ; ils arrêtèrent trois des plus exaltés, et, sur le refus de l'huissier Petit, de leur prêter main forte, ils les conduisirent eux-mêmes en prison.

---

(1) Barbarin leur criait : « Si vous souffrez que ces MM. délibèrent, vous vous en ferez pour chacun 30 l. »

L'effervescence ne se calma pas immédiatement et le lendemain encore un individu armé d'une *gibe* (1) se promenait
dans les rues de Saint-Pardoux en criant qu'il voulait tuer
tous les bourgeois.

Le dimanche suivant 27, les paysans voulurent prendre
une délibération et, à cette fin, firent venir un notaire de
Miallet, Profit ; mais ils ne purent s'entendre et ne s'accor-
dèrent que pour crier : « Ces f. bourgeois ont bien fait de ne
pas se présenter, il en seroit demeuré sur la place. » Puis la
foule, au milieu de laquelle on remarquait plusieurs hommes armés de fusil, se porta, hautbois en tête, sous la conduite du régent Barbarin et de l'huissier Petit, devant la maison d'Arbonneau, où elle recommença une démonstration
hostile, aussitôt calmée par l'arrivée du gouverneur et du
juge.

Cette affaire, d'abord instruite par le procureur d'office du
bourg, fut, en raison de sa gravité, réclamée par le lieutenant
criminel de Périgueux qui, dès le 4 janvier 1779, se rendait
à Saint-Pardoux pour procéder à une longue enquête où
défilèrent une centaine de témoins, et à la suite de laquelle les juges distribuèrent plusieurs condamnations (2).

Si l'instruction des garçons n'était pas négligée, il n'en
était pas de même pour celle des filles : il semble bien que
jusqu'à une époque récente, celles-ci ne possédèrent pas de
maîtresses d'école ; les jeunes filles d'une certaine condition
recevaient seules quelque instruction au couvent ; beaucoup
appartenant même à la petite bourgeoisie étaient absolument
illettrées. Les familles s'inquiétaient généralement fort peu
de l'instruction des jeunes filles; nous en donnerons une idée
en disant que la fille du maître d'école Barbarin ne savait
pas signer.

Maintenant que nous avons indiqué de quelle façon l'instruction était donnée aux enfants, nous allons nous efforcer
de montrer comment ceux-ci en profitaient, en recherchant
quel était le degré d'instruction dans la paroisse.

---

(1) Sorte de faux.
(2) Arch. dép. B.

Pour donner une idée approximative de l'état de l'instruction dans un pays, à une époque donnée, on a recours à la statistique dite des conjoints, qui consiste à relever sur les registres des mariages le nombre de conjoints sachant ou non signer. Cette statistique a été faite en France d'une façon générale et par suite superficielle, par M. Maggiolo, qui a donné, en 1879, les résultats de son enquête.

Ce même travail que nous avons entrepris pour la paroisse de Saint-Pardoux n'a pu s'étendre à une époque un peu reculée, les curés, au xviie siècle et au commencement du suivant, ne faisant jamais signer le registre, qu'il s'agisse de nobles ou de paysans. Nos recherches par suite n'ont pu porter que sur la période allant de 1739 à 1789. Le résultat général auquel nous sommes arrivé en dépouillant ce laps de temps, est que la moyenne sachant signer était de 13. 66 p. 0/0, s'appliquant aux hommes pour 19. 33 0/0 et aux femmes pour 7. 99 0/0 (1).

Pour la période de 1747 à 1766, nous avons déterminé, toujours pour les conjoints, la proportion d'illettrés par chaque classe de population : elle est pour les hommes : bourgeois, 3. 44 0/0 ; ouvriers, 58. 82 0/0 ; laboureurs : 97. 65. Pour les femmes de la bourgeoisie, 53. 75 0/0 ; pendant ces 20 années, nous n'avons pas trouvé de signatures de femmes d'ouvriers ou de laboureurs. Quant à la noblesse, tous les actes rencontrés, à la vérité peu nombreux, étaient signés.

La statistique de M. Maggiolo a été faite sur des périodes plus courtes et notamment de 1786 à 1790. Afin de pouvoir comparer ses chiffres avec les nôtres, nous avons relevé séparément les signatures apposées pendant cette même période. Nos registres ont accusé une moyenne de 29. 06 sachant signer : hommes, 37. 20; femmes, 20. 93. Dans la composition de cette moyenne, la noblesse entre pour 1/16, les bourgeois pour moitié, les ouvriers pour 1/4 et les laboureurs pour 3/16.

---

(1) Ces moyennes sont plutôt au-dessous de la vérité, les curés ayant quelquefois indiqué à tort que les contractants étaient illettrés : en 1746 une demande en annulation de mariage est fondée sur ce fait.

Pour donner à ces chiffres toute leur valeur, nous placerons à côté les résultats obtenus par M. Maggiolo dans les départements environnants pour les années 1786-1790 ; Haute-Vienne : hommes, 10. 63 0/0, femmes, 6. 02 ; Corrèze : hommes, 27. 97 ; femmes, 13. 87 ; Lot-et-Garonne : hommes, 22. 40 ; femmes, 7. 70 ; Charente : hommes, 26.04 ; femmes, 9. 02 ; Charente-Inférieure : hommes, 53. 54 ; femmes, 34.19.

Il ressort nettement de cette comparaison que le développement de l'instruction à Saint-Pardoux était fort au-dessus de la moyenne.

Les établissements hospitaliers n'ont pas laissé de traces importantes dans l'histoire de notre bourg, tout au plus peut-on noter en 1407, 1498 et 1550 l'existence d'une maladrerie.

Les pauvres étaient secourus par le couvent qui, au xviiie siècle, distribuait ses aumônes le dimanche matin ; les religieuses recueillaient aussi les enfants abandonnés et les faisaient élever à leurs frais (1).

Il ne paraît pas que l'édit de 1662 qui ordonnait la création dans tous les bourgs du royaume « d'un hospital pour y loger les pauvres et mendiants comme aussi les enfants orphelins », ait reçu une application à Saint-Pardoux, pas plus que l'arrêt du Parlement de Bordeaux du 6 septembre 1709 qui y fut cependant publié, comme en fait foi une copie que nous avons retrouvée dans les papiers d'un syndic. Il défendait aux pauvres de vagabonder par les campagnes et leur enjoignait de se retirer dans leurs paroisses natales, à peine de 8 jours de prison, et, en plus, pour les hommes valides, du carcan ; pour les estropiés, du fouet et du carcan ; pour les femmes et les enfants, du fouet seulement ; en cas de récidive, ils devaient être punis de trois ans de galères.

Par contre, il portait qu'aussitôt réception de cet arrêt, dans chaque bourg, le juge réunirait le curé, le procureur d'office et les notables pour dresser un état des pauvres de la paroisse ou de ceux qui ont besoin d'assistance, soit à

---

(1) A la fin du siècle dernier, elles payaient 7 l. par mois pour chaque enfant placé en nourrice. (Arch. dép. L. 645.)

cause de leur âge, soit à cause de leurs infirmités ou du
grand nombre de leurs enfants, il provoquerait une contribution volontaire pour assurer leur subsistance, et si les sommes ainsi recueillies ne sont pas suffisantes, il pourra frap-
per les habitants d'une imposition spéciale ; s'ils le préfè-
rent, ils pourront encore répartir entre eux les pauvres de la
paroisse pour les nourrir et ils auront alors le droit de les
faire travailler selon leurs forces.

Par son testament, du 2 des ides de décembre 1368, Gérard
de Peytor donne sa maison de la Roche, nouvellement bâtie,
pour y loger les pauvres boiteux, les malades et les passants,
ceux-ci pour une nuit seulement ; cette maison devait être
garnie de six lits de plume. Comme dans la suite, on ne
trouve plus mention de cet hôpital, il est à croire que les intentions du fondateur ne furent pas exécutées.

Vicaires perpétuels ou curés. — Hélie Joubert, 1200. — Elie Eymeric,
1272. — Gelath Pierre de Golet, 1292-1297. — Arnaux Roux, chanoine
de Saint-Front de Périgueux, 1308. — Hélie de la Roche, 1322. — Hélie
de Sens, 1321. — Hélie de la Roche, 1322. — Pierre Martin, 1322. —
Hélie Joubert, 1353. — Jean de l'Hospital, 1367-1372. — Hélie Desert,
1372. — Jean de Sens, 1392. — Martial Faure, 1456. — Jean de la Marthonnie, 1464. — Simon Fourichon, 1482. — Vinalesme, 1483. — Pierre
de Lapeyronnie dit Portem, 1484. — Jean de Chassaingnes, 1498. — Jean
Sarlat, 1501. — Jacques de Pompadour, 1501. — Gautier de Bardefo
alias de Badefort, 1503. — Léonard du Cimetière, 1510. — Louis Baro-
nier *alias* Baron, 1512-1521. — Pierre Coudoin, 1521. — Pierre Jarreton,
1521. — Guillaume Jarreton, 1525. — Jean de la Chassagnolle, 1527. —
Louis Baron, 1531. — Martial Breton, 1535. — Jean de Lux, protono-
taire, 1540. — Jean Sibot, *alias* Cibot, 1540-1560. — Jean Fourichon,
1543. — Jean Bechady, 1548. — Deglaud, 1567. — Pierre Gadaud, 1572.
— Etienne Bçaussoleil, 1598-1602. — Antoine Robi, 1603. — Vincent
Mathieu, 1606-1626. — Nicolas André, 1627 + 1636. — Michel Mathieu,
docteur en théologie, 1636-1663 (1). — Michel Mathieu, docteur en théologie, 1663-1707. — Pierre Bourcin dit Lavergne, 1707 + 1714. — Jacques Merlin, docteur en théologie, 1714-1721. — Louis de Fermigier (2)

---

(1) A partir d'avril 1650, il abandonne le titre de vicaire perpétuel pour
prendre celui de curé, conservé dans la suite par ses successeurs.

(2) Assassiné le 26 mars 1740.

1721 + 1740. — Jacques-Philippe de Campniac do Romain (1), 1740-1750.
— Pierre Boucheton, docteur en théologie, 1750-1764. — Jacques Gorsse,
docteur en théologie, 1764-1792. — Pierre Marcillaud la Valette, curé
constitutionnel, 1792-1794.

Vicaires et officiants. — Guilhem Combeau, 1606 + 1616. — Jean Bre-
nier, 1609-1611. — Jean Tamizier, 1608-1617. — Jean Fourichon, 1611-
1630. — Pierre Bonamour, 1618. — B. Mazet, 1617-1619. — Vincent
Fourichon, 1639 + 1661. — P. Eyriaud, frère mineur, 1662-1664. —
Julhe, 1662-1664. — Bardot, 1664. — V. Merlin, 1714. — Ladinet, 1737-
1739. — Landrivie, 1741. — Lascoups, 1741-1743. — Rey, 1744. —
Ligoure, 1744. — Lavignac, 1734. — Contrastin, 1734-1735. — Molinier,
1740. — François Borderon de Boissard, docteur en théologie, 1745-1752.
— Desvignes, 1755-1764. — Jean Bost, 1764-1765. — Antoine Gorse,
1768-1775. — Noel Labarde, 1765-1767. — Pierre-Augustin Gorse, 1782-
1786. — Elie Luguet, 1786. — Tommas, 1790-1792.

Régents. — Rousseau, 1591. — Gui Beausoleil, 1592-1593. — Pierre
du Bourgvieux, 1606-1610. — Jacques Pucelle, 1652-1656. — Etienne
Moreau de Maril, m° ès arts, docteur en théologie, de Bourganeuf, 1687-
1689. — Jacques, Jean et François Borderon, 1699-1744. — Léonard
Mallet, du diocèse de Limoges, m° régent latiniste, 1717-1735. — Jean
Marboutin, de Rempnat, régent latiniste, 1751-1783. — Pierre Lacoste,
m° ès arts, 1762. — Jean Barbarin, m° ès arts, 1767-an IV. — Pierre
Arbonneau, précepteur du latin, 1778-1779.

IV. — Les bourgeois, les ouvriers, les cultivateurs, la communauté, les impôts.

Si à Saint-Pardoux l'élément noble fait presque défaut, en
revanche on y rencontre un grand nombre de membres de
cette petite bourgeoisie que les habitants des villes traitaient
dédaigneusement de « bourgeois de campagne » : petits propriétaires, officiers de justice, officiers ministériels, chirurgiens, marchands, etc.

Presque tous pour se distinguer, — les familles étaient
alors nombreuses et souvent aussi pour imiter la noblesse, —

---

(1) Il prit possession de la cure le 2 avril 1740, n'étant pas encore dans les
ordres sacrés, et la fit desservir par un vicaire pendant l'année qu'il resta au
séminaire. « Il ne faut pas s'étonner, écrit-il dans ses registres, si l'on trouve
mon nom écrit de différentes façons, il s'écrit Campniac et se prononce Cagnac. »

prennent le nom d'une de leurs propriétés, d'une maison, voire d'une simple pièce de terre, qu'ils font précéder des mots *sieur de*, et, dans le langage courant, autant par politesse que par habitude, ils ne sont désignés que sous ce nom d'emprunt qu'ils affectent de seul signer. Un Fourichon, propriétaire de la maison où était installée la poste, s'intitulait sieur de la Poste et signait seulement : *la Poste*.

Ce travers très marqué à Saint-Pardoux était général, et il n'a point échappé au grand railleur du temps, Molière, qui critique « cet abus de quitter le vrai nom de ses pères :

> Je sais un paysan qu'on appeloit Gros-Pierre,
> Qui n'ayant pour tout bien qu'un seul quartier de terre,
> Y fit tout à l'entour faire un fossé bourbeux
> Et de Monsieur de l'Isle en prit le nom pompeux. »

D'autres ne se contentent pas de s'affubler d'un nom de terre, ils prennent encore les titres de *noble homme* et d'*écuyer* dans les actes publics ; bientôt s'appuyant sur ces qualités dont ils se sont ainsi emparés, ils parviennent à se faire attribuer les privilèges de la noblesse : exemption de taille, d'impôts, prééminences dans l'église, etc. Mais l'autorité veille, et de temps à autre, ordonne à ces pseudo-nobles de produire leurs parchemins : il faut s'avouer roturier, aveu doublement pénible, pour l'amour-propre et pour la bourse, l'usurpation de noblesse étant punie d'une forte amende. En 1640, plusieurs habitants de Saint-Pardoux sont condamnés comme usurpateurs de noblesse : François Pourten, juge, à 800 l. d'amende ; Pierre Darpes, avocat, et son frère, Jean, sieur du Chatenet, à 320 l. ; Jean Fourichon, maître de poste, et sa nièce, à 220 l., Jean de La Peyronnie, notaire, à 200 l. (1).

Disons tout de suite, à la décharge de cette accusation de vanité, que nos bourgeois ne se laissèrent pas entraîner par le délire armorial qui passa sur la France, vers 1696 : les caisses de l'État étant à sec, tous les impôts créés et poussés à leur extrême limite, il ne restait plus qu'à imposer la vanité ; c'est ce que fit Louis XIV par son édit de novembre

---

(1) Note de M. Dujarric-Descombes.

1696, qui institua l'*Armorial Général de France* : tous ceux qui désiraient des armoiries n'avaient qu'à les faire enregistrer au bureau établi au siège de chaque bailliage, en payant un certain droit ; pour rendre cette mesure plus efficace, défense fut-faite sous peine d'amende de se servir d'armoiries non enregistrées. Malgré la misère du temps, le nombre de ceux qui se précipitèrent vers les bureaux fut immense et ce nouvel impôt produisit une somme considérable. La table générale de cet armorial ne renferme pas de noms appartenant à la bourgeoisie de Saint-Pardoux.

Par contre, les commis de d'Hozier imposèrent d'office au bourg de St-Pardoux ces armes parlantes : *d'azur au pont d'or sur une rivière ondée d'argent, surmonté d'un lion léopardé d'or* (2).

La plupart de ces bourgeois étaient de petits propriétaires possédant quelques métairies cultivées, comme aujourd'hui, par des colons partiaires ; ils augmentaient leurs faibles revenus en exerçant des offices ou des charges : nous avons dit qu'il y avait eu jusqu'à douze officiers de justice à St-Pardoux, plusieurs notaires et sergents, un contrôleur, des praticiens chargés d'alimenter la chicane, sans compter les agents du couvent.

Si l'on en juge par leurs prix de cession, ces charges devaient être d'un bien petit produit : une étude de notaire à St-Pardoux se vend 374 l. en 1761 ; celle de Saint-Front 30 l. en 1737 ; en 1785, la même est cédée pour 300 l. Le greffe de la baronnie de la Renaudie s'acquiert 540 l. en 1733. Nous n'avons rencontré qu'un petit nombre d'actes de cette nature, car autrefois ces charges ne sortaient guère des familles qui les possédaient : ainsi les Lapeyronnie ont été notaires de 1686 à l'an XII.

Ceux dont l'instruction n'était pas suffisante pour occuper ces postes, affermaient les dîmes et les seigneuries des grands et des couvents qui trouvaient plus commode de toucher une redevance fixe que d'administrer eux-mêmes. Ceux-là généralement désignés sous le nom de marchand-fermier, étaient

---

(2) Cf. M. de Froidefond, *Armorial du Périgord*, t. II, p. 405. Sur nos indications, la municipalité de St-Pardoux a fait graver ces armes sur le cachet de la mairie ; elles ont été aussi sculptées au fronton de la nouvelle maison d'école.

de véritables traitants exploitant à la fois le bailleur et le paysan ; ce dernier surtout qui était en butte à leurs exactions et les voyait s'enrichir à ses dépens, les détestait vivement : c'étaient, — *si parva licet...* —, de petits fermiers généraux.

A cette époque, la fortune mobilière n'existait pas ; les lois, du reste, prohibaient le prêt à intérêt comme entaché d'usure. On éludait bien cette défense en constituant des rentes au profit du prêteur, l'emprunteur devenant ainsi un vendeur de rente, mais la part de celles-ci était très faible dans la fortune publique de notre bourg (1). Plus grandes étaient celles formées par les rentes foncières créées en aliénant un immeuble.

Si les revenus étaient faibles, les besoins n'étaient pas grands : les objets de consommation, ne pouvant s'exporter par la difficulté des chemins, se vendaient à vil prix ; le luxe, même le simple confortable, était inconnu ; les anciens inventaires sont là pour nous en donner une preuve palpable. Parmi les nombreuses pièces de cette nature que nous avons rencontrées, nous retiendrons comme type celui qui fut dressé en 1750 au décès du juge Jean Beausoleil ; il montrera ce qu'était l'intérieur d'un bourgeois aisé.

Dans la cuisine, la principale pièce où se tient la famille, il y a un chalit de noyer sur lequel le juge est mort. Ce lit est recouvert d'étoffe jaune avec une couverture de Catalogne blanche ; un autre lit semblable ; deux coffres à l'antique ; une table ronde ; une armoire de cerisier à deux portes ; cinq flambeaux de cuivre jaune ; un fauteuil à deux bras couvert d'étoffe jaune ; six grandes et six petites chaises en noyer ; deux maies à apprêter le pain. Dans la grande chambre, il y a deux cabinets où se trouvent 4 flambeaux, 7 plats, 6 douzaines d'assiettes d'étain et une assiette plate percée pour servir les gobelets et verres à table, le tout d'étain ; 58 cuillers et fourchettes de fer ; 4 cuillers et 2 fourchettes de cuivre jaune ;

---

(1) Cette prohibition a fait sous l'ancien régime l'objet de plusieurs dispositions législatives dont les principales sont : Déclaration de Philippe le Bel, (8 déc. 1312) ; ordonnance de Louis XII en 1510 ; de François Iᵉʳ, 1535 ; Charles IX, 1560 ; ordonnance d'Orléans ; Henri II, avril 1576 et ordonnance de Blois, 1579 ; Henri IV, 1606 ; Louis XIII, 1629 ; Louis XIV, enfin par son ordonnance de 1673, titre 6, art. 1ᵉʳ.

La Constituante autorisa le prêt à intérêt par décret du 12 octobre 1789.

6 bassins de même métal ; une pinte, une tercière, une chopine et un quart d'étain ; deux balances ; une paire de fers à gauffres ; deux lizavoirs à passer le linge. Dans cette chambre existent encore trois lits garnis d'étoffe jaune bordée d'un ruban bleu ; un cabinet de noyer, deux tables, 9 chaises, 4 escabeaux ; un fauteuil à quatre anneaux de fer pour le porter ; un miroir avec cadre en noyer.

Une petite chambre est plus luxueusement meublée : au milieu une table ronde couverte d'un tapis vert bordé de jaune ; 7 chaises de jonc tressé ; un fauteuil, deux lits garnis d'étoffe verte ; deux cabinets, l'un contenant les papiers de famille, l'autre la mince bibliothèque du juge : l'ordonnance de 1667 ; Stile de M. Goret sur l'ordonnance civile ; deux dictionnaires latins et les offices en latin. Les murs sont ornés d'un crucifix et d'images pieuses dans des cadres de bois. Une dernière chambre contient 3 lits à l'ancienne mode. Dans le cellier une pièce de vin vieux « que nous avons fait percer, dit le notaire, et l'avons trouvé bon » et quatre pièces de vin pour les domestiques, « icelui gouté, l'avons trouvé bien aigre. »

Les cabinets regorgent de linge : linceuils de toile de brin, de toile barradis, nappes de brin ouvrées, de toile étouppe, serviettes de toile de brin plénières, etc. La garde robe du défunt est plutôt modeste : un habit complet d'étamine de maison de couleur marron ; un autre habit d'été de même couleur et un manteau de barracan de maison doublé de cadis. N'oublions pas les armes, une carabine de trois pieds de long ; une paire de pistolets montés en érable de la façon de la Brande, maitre armurier du Maine, avec la calotte et les garnitures de fer ; une épée à poignée de cuivre jaune.

L'intérieur de Pierre Planchas, sieur de la Valette, décrit vers la même époque, nous révèle quelques objets plus précieux : deux montres, l'une jaune, gravée en dedans *H. Fillocul, à Benille*, sous cristal, et l'autre garnie de chagrin avec des clous jaunes ; deux tableaux représentant des figures de dame ; un autre représentant la Vierge, l'Enfant, un religieux et une religieuse. Pour terminer, donnons la garde-robe de la maîtresse de la maison, certainement une élégante du temps : une robe rayée en soie ; une robe et jupe de damas, couleur citron ; une jupe de damas bleu ; deux robes de gros de Tours, l'une unie, l'autre rayée.

Après avoir fait connaître ce qu'étaient ces bourgeois et leur genre de vie, citons les noms des plus marquants d'entre eux.

En tête viennent les Pourtent, dont nous avons déjà parlé

et qui voyaient leur noblesse contestée : leur origine bourgeoise était certainement fort ancienne, aussi antique que
celle des Darpes : Jean Darpes dit de Pontouron avait
épousé vers 1590 Jacquette Vidal ; il était fort proche parent
de Jean Darpes, avocat en parlement ; celui-ci était le grand
père de Pierre Darpes, curé de Coutures et docteur en théologie, et d'autre Pierre Darpes (1672-1753) sieur du Chastenet, chevalier de Saint-Louis, lieutenant de cavalerie, qui, à
la suite de blessures reçues au service, fut, par brevet du
17 août 1714, signé Louis, affecté à une compagnie d'invalides au château de Niort ; son cachet, empreint sur son testament portait *d'azur à un chevron d'or accompagné de deux
étoiles ou molettes d'éperon en chef et en pointe de trois fers de
lance.*

Andrieu Beausoleil (1585-1660), notaire, juge de Vaugoubert et lieutenant de Saint-Pardoux, eut des descendants
qui conservèrent cette dernière charge : Jean Beausoleil
(1682-1750), tint la charge de juge qu'il laissa à son petit-fils,
Antoine Beausoleil ; celui-ci fut le premier maire de Saint-
Pardoux à la Révolution ; il devait être lettré, car il était à
Saint-Pardoux le correspondant de la *Gazette de France* (1).

C'est à coup sûr lui qui fit peindre sur sa demeure, — un
antique et massif logis flanqué d'une tourelle dans laquelle
s'inscrivait un escalier de pierre aboutissant à de vastes salles
hautement lambrissées (2), — cette devise hospitalière :

A beau Soleil Bon Logis
SINE SOLE NIHIL
Bourdeaux.

La première ligne était tracée sur une banderole ; la troisième indiquait sans doute la direction de Bordeaux.

Les Bonamour sont cités dès le xvie siècle : l'un d'eux, qui
était notaire, eut pour fils Pierre Bonamour, sieur des Com-
bès, conseiller du roi, qui fut pourvu de la charge de maire
créée en 1691. Il épousa le 7 octobre 1693 Marie de Champagnac. Les Quilhac étaient représentés en 1599 par Jean qui

---

(1) *Arch. dép. de la Gironde*, C. 498.
(2) Détruit en 1897 pour la construction de la maison d'école.

était notaire. Vincent Quilhac, sieur de Pomeyraud, fut lieutenant du bourg ; il laissa de Marguerite Saulnier, Jean, né
en 1649, docteur en théologie et curé de Saint-Front-la-Rivière. Jean Quilhac, sieur des Roches, marié en 1658 à
Jeanne Pourtent du Breuil, eut François (1660-1738), sieur de
la Plassade, d'où descend la famille Quilhac-Laplassade,
encore existante.

Une famille nombreuse et ancienne était celle des Delarret
ou Larret, primitivement de Las Rectz : Jean (1582-1647),
notaire, époux de Jeanne Fourichon, est père d'Antoine,
sieur du Maine, d'où sortirent les Delarret ou Larret du
Maine, de Bosredon, des Fougères, de Chabannas, de Beausoleil, de Lafond, de Bonombre ; cet Antoine eut encore Jean
Delarret, sieur de la Dorie (1659-1729), dont la postérité est
actuellement représentée par les branches Delarret ou
Larret-Ladorie, Larret-Grandpré, Larret-Lagrange et Larret-
Lagrèze. A cette famille se rattachaient encore les Larret-
Lamalinie et Larret-Lamazaurie. C'était assurément la
famille de Saint-Pardoux qui possédait le plus de ramifica-
tions et chaque branche, pour se distinguer, avait pris le nom
d'une propriété.

La charge de maître de poste a été de tout temps possédée
par la famille des Fourichon : Jean, « chevaulcheur pour le
roy et maistre de poste », vivait au début du xviie siècle ;
cette charge faisait de celui qui la tenait un personnage
important, si l'on en juge sur ce fait, que son fils Jean était
en 1640 poursuivi pour usurpation de noblesse ; celui-ci
avait du reste marié sa fille Marie à François de Champagnac, sieur de la Béraudie ; Martial Fourichon, son fils,
aussi maître de poste, eut de nombreux petits-fils : Jean
Fourichon, sieur de la Combe, gendarme du roi, puis commandant de la garde nationale du bourg ; Jean, sieur de la
Coste, lieutenant de grenadiers royaux ; Jean, sieur de Larret,
curé de Quinsac ; Jean, sieur de la Poste, d'abord maître de
poste à Saint-Pardoux, puis à Thiviers, grand-père de Fou-
richon-Maumont, explorateur, et arrière grand-père de l'amiral
Fourichon, ministre de la marine ; c'est aussi de lui que
descendent les branches de cette famille encore existantes.

Dès 1620, une autre branche de Fourichon, parents des précédents, avait quitté Saint-Pardoux pour se fixer dans la paroisse de Saint-Martin-de-Fressengeas, où elle a donné naissance aux Fourichon des Merles et de la Bardonnie.

Le nombre des Desport était aussi fort grand : citons Pierre Desport, sieur de la Chapoulie, chirurgien, décédé en 1688 ; Léonard Desport, sieur de Rieugeobert, actuellement Rigeobert (1659-1731); Jean. sieur de la Grange, notaire et juge ; les Desport de Puydarnat, des Nauves, etc.

Toutes ces familles étaient, autant qu'on peut croire, autochtones ; d'autres, au contraire, étaient venues s'implanter au cours des deux derniers siècles. Tels étaient les Planchas originaires de Bessines : Jean, sieur de la Valette, se fixa à Saint-Pardoux vers 1676 comme receveur et lieutenant du couvent ; il épousa le 24 février 1677 Henriette Mijon, demoiselle servante de la prieure ; Jacques Planchas, sieur de la Valette (1681-1748) était son fils ; il eut de Anne Darpes : Anne-Marie-Renée, femme d'Aubin de Forges, sieur du Chazaud, et Jean (1704-1755), sieur de la Valette, garde du corps du roi, époux d'Antoinette Pecon, d'où Jean, sieur de la Valette, avocat en parlement, et Pierre, sieur de la Garelie, marié le 8 septembre 1753 à Catherine Delarret de la Dorie, dont la descendance s'est continuée jusqu'à nos jours.

Comme pour les Planchas, c'est une charge à remplir au couvent qui amena dans notre bourg la famille Chartroule qui paraît être originaire d'Agonac et protestante, mais qui, depuis la fin du XVIIe siècle, possédait la charge de juge de Vaugoubert ; Jean Chartroule, sieur des Moulières, était en 1769 greffier et receveur du couvent. Les descendants de son frère Jean, qui s'intitulait sieur de la Serve, existent encore.

De même les Dubut, actuellement représentés par le romancier, M. Louis Dubut de Laforest, né à Saint-Pardoux, étaient d'établissement récent.

Les Pastoureau, qui remontent à une époque fort reculée, ont eu quelques branches représentées dans le bourg : Pastoureau-Lannet, la Brousse, la Grange, Magnac.

Les chirurgiens formaient la transition entre les bourgeois

et les ouvriers (1) ; ce n'est que depuis le commencement de ce siècle que nous trouvons des médecins à Saint-Pardoux ; jusque là les malades recevaient les soins des chirurgiens qui étaient assez nombreux ; nous en avons compté cinq exerçant en même temps.

Les chirurgiens se divisaient autrefois en chirurgiens de robe longue et chirurgiens barbiers : les premiers avaient étudié la médecine dans une université, tandis que les autres, simples praticiens, n'avaient fait qu'un apprentissage sous la direction d'un chirurgien. Ceux de Saint-Pardoux, au moins pour le plus grand nombre, semblent devoir se ranger dans cette dernière catégorie, car nous avons rencontré, dans les anciennes minutes de notaires, plusieurs contrats d'apprentissage par lesquels les chirurgiens s'engageaient à montrer leur art à des jeunes gens. Le maître qui devait nourrir son élève recevait de lui une somme de 100 l. pour le prix de cet apprentissage qui durait de deux à trois ans : durée largement suffisante pour connaître un métier qui tenait tout entier dans la formule si connue : *purgare, saignare et clysterium donare.*

Cette profession était héréditaire et le père formait le fils ; ainsi les Mathieu sont chirurgiens de 1596 à 1737 ; les Desport de 1645 à 1790 ; les Montlet de Laurière de 1650 à 1761 ; les Bonamour de 1686 à 1790.

Les apothicaires ont souvent fait défaut dans notre bourg et les chirurgiens donnaient eux-mêmes les drogues qu'ils prescrivaient à leurs malades.

Les quelques registres de chirurgiens que nous avons retrouvés fournissent d'intéressants détails sur la médication du temps et le prix des remèdes.

En 1667, un lavement coûte 15 sols, une médecine purgative, 45 s. ; une prise de pilules céphaliques et purgatives, 30 s. ; cinq prises de cristal de tartre pour mettre dans du

---

(1) Les chirurgiens barbiers, dit Monteil, se croient les plus savants, les clercs, les Grecs des artisans. En 1716, Jean Desport, sieur de la Chapoulie, maître chirurgien, refuse de déférer à une sommation de se rendre à Miallet, « attendu qu'il est homme public et qu'il ne peut s'absenter de sa maison. »

bouillon 32 s. En 1730, une purge revient à 3 l.; pour ouvrir un abcès à une jambe, un chirurgien prend 10 s., plus pareille somme à chaque pansement, de telle sorte que le traitement total revient à 11 l.

Vers 1770, pour une saignée faite à domicile, on paie 10 s., et moitié chez le chirurgien; il prend 15 s. pour avoir donné un lavement purgatif, 10 s. pour un lavement émollient; 15 s. pour administrer une émétique; pour traiter un aposthème sur le bras, il y pose « une masse de cataplasme émolient et matural » et réclame 2 l. 10 s.; l'aposthème entrant en suppuration, il le panse pendant 4 jours, deux fois par jour, et prend 8 l. pour son salaire.

Comme médicaments, il se cantonne dans les sirops de guimauve, de coquelicot, de capillaire; le quinquina, le cristal minéral, l'ipeca, le tartre stibié; quelquefois leur composition est plus compliquée : il fait payer deux livres une tisane de limure de fer, de tartre et d'une poignée d'aunée; en 1671, pour empêcher quelqu'un de défaillir, on lui baille une noix confite dans la bouche.

Quant aux visites, il fait payer 10 s. pour aller voir un malade dans le bourg, ou à une distance d'une demi-lieue; 15 s. pour une course d'une lieue et 1 l. pour une lieue et demie; hâtons-nous d'ajouter, à l'éloge de leur désintéressement, que ce tarif n'était pas absolu et variait quelque peu suivant la condition des personnes (1).

Dans la seconde moitié du xviiie siècle, nous voyons apparaître des sages-femmes; elles étaient la plupart du temps élues par les femmes de la paroisse qui se réunissaient chez le curé pour faire cette nomination : celui-ci doit s'informer « si elle ne fait rien de superstitieux, si elle sait baptiser, si elle est de bonnes mœurs, adroite, secrète et fidèle. » Le curé lui faisait prêter serment et fixait les honoraires qu'elle devait toucher.

L'industrie n'a jamais été bien développée dans la paroisse; on n'y trouvait, comme dans les paroisses voi-

---

(1) Registres de chirurgiens (Papiers Chartroule).

sines, ni papeteries, ni forges (1). En revanche, on y
rencontrait 7 moulins : le moulin de la Dorie, qui appartient depuis 1689 à la famille Delarret ou Larret ; le moulin de Brin qui dépendait du repaire de Beaumont et se
trouvait sur le ruisseau du Manet ; le moulin de la Segui-
nie ou de Chez-Lâge possédé en 1287 par Seguin de Saint-
Pardoux : le 1er décembre 1501, la prieure le donnait à bail à
Eymeric Bonamour qui s'engageait à apprêter gratuitement
les étoffes des religieuses ; il devait y établir en outre un
moulin à huile, pour lequel il paierait 10 s. par an. Il était
convenu que si la construction nuisait au moulin à draps
déjà installé, on le remplacerait par un moulin à moudre le
blé ou à piler le millet. Il était encore en 1710 entre les
mains de la famille Bonamour.

Le moulin de Chaminade ou des Coutelïers, possédait en
1690 « une mailherie et un moulin à chanvre » ; en 1732, il
est appelé moulin de Chez-Vignette ; il était alors en ruine.
Le moulin du couvent était situé dans l'enceinte du monastère. Plus·bas se trouvait le moulin de Natassat.
Le moulin de Jamaye, établi un peu avant 1559, paraît être
le même que le moulin de la Rivière ou de la Rebière qui,
en 1703, était affermé 85 l. par an ; il comprenait alors deux
meules tournantes, l'une blanche, l'autre noire, et un moulin à piler le mil.

En raison de son isolement, Saint-Pardoux possédait des
représentants de presque tous les corps de métiers. Les registres paroissiaux et les minutes de notaires nous révèlent
l'existence de maîtres maçons, charpentiers, menuisiers qui

---

(1) La plus importante forge des environs était celle du Caneau, où on fa-
briqua même des canons. Un inventaire, dressé le 29 mars 1746, mentionne
qu'elle comprenait : « le soufflet de la chaufferie et affinerie de bois de noyer
manquant seulement de deux basconnades ; 5 plafonds, 3 vormes ou vori-
nes, 5 paires de tenailles pour forger et un grand paire pour le gros marteau, un ringard, le tout de fer ; le gros marteau pèse 300 l. poids de forge,
une ourse et deux boîtes de fer pour le soutien dud. marteau ; 5 merratres
pour servir aux cheminées de la chaufferie et finerie et 3 autres merratres
soutenant le grand fourneau. L'arbre de l'affinerie est garni de 4 sarles et 2
tourillons de fer, celui de la chaufferie garni de 3 cercles et 2 tourillons de
fer ; le manche du marteau est muni d'une braye qui l'embrasse.

faisaient ces superbes meubles que l'on peut encore admirer dans plusieurs maisons de Saint-Pardoux, faures, maréchaux, éperonniers, faiseurs d'estrille (1), arquebusiers, couroyeurs, faiseurs de roues, selliers, fourniers de pain ; dans l'industrie du vêtement, des maîtres texiers, tailleurs, tailleurs pour femmes cordonniers, sargettiers, chapeliers, etc.

Dans les hameaux voisins, nous rencontrons des suchiers, texiers, pions, charbonniers (2). Le village du Maine possède une véritable colonie d'arquebusiers très renommés dans le pays, qui fournit de pistolets et de fusils tous les bourgeois du bourg.

Parmi les métiers exercés temporairement par des artisans de passage, nous avons noté des maîtres châtreurs, des maîtres valadiers qui construisaient les chaussées des étangs alors très nombreux ; un lanternier, une habilleuse de morts, un opérateur, etc.

Nous ne trouvons à mentionner dans le domaine de l'art que le nom d'un peintre nommé Noël, originaire de Rennes qui mourut au monastère en août 1675 ; c'est peut-être lui qui orna les murs du couvent des peintures qu'on voit encore dans les salles hautes.

N'oublions pas cependant un « Hardouin, musitien, » qui signe en 1729 un contrat de religion, et Pierre Boutal, joueur de violon en 1730.

Pour le plus grand nombre des métiers que nous venons d'énumérer nous avons rencontré des contrats d'apprentissage : le maître s'engageait à montrer son métier à l'apprenti, à lui fournir boire, manger, feu, gîte et luminaire, et « à le traiter doucement et humainement » ; de son côté, l'apprenti promettait de « lui obéir en toutes choses licites et honnestes. » La durée et le prix de l'apprentissage étaient à peu près fixes pour chaque métier. Voici quelques chiffres

---

(1) Saboliers, tisserands, carriers.

(2) Voici l'outillage d'un maistre estrilleur en 1700 : une forge composée d'une enclume, une paire de soufflets, avec deux mail-marteaux, 3 marteaux à mains, et un à river, une paire de tenailles, un grand estre et un petit, un carreau de fer, un petit marteau pour ferrer les sabots, deux petits bicornes emmanchés, un siont, un tour et un ciseau pour faire des manches d'estrille.

pour la fin du XVIIe siècle et le commencement du suivant : apprentissage d'arquebusier, durée : deux ans, prix, 100 l. ; de chapelier « pour apprendre à faire des chapeaux » deux ans, 50 l. ; d'estrilleur, trois ans, 60 l. ; de charpentier, deux ans, 30 l. ; de tailleur d'habits, deux ans, 25 l. ; menuisier, deux ans, 15 l.

Vers la même époque, les maçons, charpentiers et couvreurs gagnaient 7 sols par jour nourris et 8 s. sans être nourris.

Le rôle de la taille de 1742 nous donne le nombre des ouvriers, qui, dans chaque corps d'état, tenaient feu vif dans le bourg : un arquebusier, un barbier, 2 bouchers, 3 chapeliers, 3 charpentiers, 2 cordonniers, un couvreur, 6 éperonniers, 3 étrilleurs, un faure, 2 maréchaux, 7 menuisiers, 8 sergiers, un serrurier, 5 tailleurs, un peigneur de chanvre, un texier et 2 tonneliers, soit un total de 50 ouvriers, chiffre relativement considérable par rapport au petit nombre de feux que contenait alors Saint-Pardoux ; et cependant tous devaient gagner quelque argent, car le même rôle nous apprend qu'il y avait dix cabaretiers établis dans le bourg ! (1)

Le surplus de la population se composait d'ouvriers agricoles et paysans, laboureurs à bras ou à bœufs, comme on disait, qui cultivaient les terres des bourgeois ; beaucoup étaient eux-mêmes propriétaires (2).

Les principales cultures étaient celles de la vigne et des céréales : blé, seigle, avoine, sarrasin et millet ; chaque moulin possédait meule blanche pour le blé, meule noire pour le sarrasin et meule à piler le millet : on y ajoutait souvent une meule à huile, car de tout temps les noyers

---

(1) De tout temps, à Saint-Pardoux, on n'a pas dédaigné le vin clairet : en 1889, on y comptait 9 hôtes ou hôtesses.

(2) Mobilier d'un laboureur en 1709 : 9 pots d'étain de différentes marges à usage de village ; un lit ; un coffre, dans lequel se trouve le cierge de cire de la frairie de Saint-Pardoux ; un rateau à pain où il y a une truite ; un couteau à parer les sabots ; deux faux ; deux faucilles ; un volant ; une serpe, un crible clair ; un chien à foncer les barriques ; une pile à piler le mil et les châtaignes ; une pierre à huile ; une braie à broyer le chanvre et un macheur ; une ruche de bois à abeilles. (Lapeyronnie.)

ont été nombreux dans la vallée. Parmi les autres cultures, citons les pois, fèves, jarrassons, chanvre, etc.

Dans le but d'éviter les famines très fréquentes jusqu'au xviie siècle, l'autorité royale favorisait de tout son pouvoir la production des grains ; une déclaration du 11 juin 1709 permet au premier venu d'ensemencer les terres laissées en friche et de s'approprier la totalité de la récolte sans indemniser le propriétaire (1). De même pour planter une vigne, il faut faire constater par le notaire, le curé et les principaux habitants que le terrain qu'on lui destine n'est pas propre à la culture des céréales ; ce n'est qu'au vu de ce procès-verbal que l'intendant accorde l'autorisation de planter : les formalités étaient les mêmes pour la replantation : une amende de 3.000 l. était édictée contre celui qui ne se conformait pas à ces prescriptions (2).

Les bois étaient assez étendus autour du bourg ; ils appartenaient pour la plus grande partie au couvent. Défense était faite de par le roi de les défricher à peine de 1,000 l. d'amende et de confiscation des terres.

Les baux d'animaux à cheptel étaient très usités : un arrêt du Conseil d'Etat rendu le 25 novembre 1671 pour le Périgord et le Limousin « fait défense aux chetalliers de vendre aucuns de leurs bestiaux, sans la permission par escrit de ceux qui les auront fournis, et aux seigneurs et gentilshommes de se servir desd. bestiaux pour les charrois et corvées. » Du reste, pour assurer la publicité de ces baux, les parties devaient en remettre un extrait au curé qui en donnait lecture au prône de la messe paroissiale (3).

Il était aussi interdit à ceux qui ne détenaient pas de terres, soit comme propriétaires, soit comme fermiers, d'élever des bestiaux ; et encore, quant aux autres, ne pouvaient-ils avoir qu'un nombre de têtes de bétail proportionné au ren-

---

(1) *Code rural*, t. III, p. 120.

(2) Malgré ces prohibitions la plus grande partie de la paroisse était complantée en vigne : c'est ce qui résulte d'un procès-verbal dressé le 15 juillet 1736 par le notaire Delarret pour constater les dégâts produits par la grêle.

(3) *Code rural*, t. III, p. 18.

dement moyen de leurs terres (1). Dans les papiers du greffe, nous avons relevé plusieurs procès-verbaux dressés contre des contrevenants à ces prescriptions, leurs bestiaux ou l'ex-cédent étaient saisis par le juge et vendus aux enchères ; le prix, déduction faite des frais, leur était remis.

Un arrêt du Parlement de Bordeaux défendit à une certaine époque l'élevage des chèvres.

La paroisse de Saint-Pardoux est assise sur deux terrains d'une nature essentiellement différente, par suite la valeur des terrains a toujours été fort inégale : dans la partie granitique, des prairies à la végétation luxuriante permettent l'élevage du bétail, tandis que les terres ne nourrissent que de maigres récoltes, des bois ou des ajoncs ; dans la partie calcaire, grasse plaine d'alluvions, bordée par des coteaux pierreux et secs sur lesquels s'étalaient de riches vignobles, la culture des céréales y était au contraire fort rémunératrice. Il paraît donc impossible de donner la valeur moyenne de la terre pour quelques-uns des siècles écoulés : pour tourner cette difficulté, nous avons pris cette valeur pour chaque terroir ou lieu-dit, celles-ci se trouvant comparables entre elles, — bien que ces valeurs soient parfois difficiles à établir, par suite du peu de précision des mesures agraires, tout au moins avant le xviii⁰ siècle : en effet, jusqu'au xvi⁰ siècle la contenance d'une terre est indiquée par le nombre de mesures de grains qu'on peut y semer: on dit un chenebal contenant un picotin de graine de chanvre ou bien encore par l'étendue de terrain qu'un homme ou un bœuf peuvent travailler en une journée : un journal d'homme de pré, un journal de terre de bœuf.

De divers actes de 1513 à 1526 il ressort que le journal de pré valait 26 l. à Natassat, 20 l. à las Vergnas ; une septerée de terre aux Fougères, 12 l., un journal de terre à la Roche, 10 l. ; à la Peyronnie : un journal d'homme de vigne, 6 l. ;

---

(1) Arrêt du Parlement de Bordeaux du 1ᵉʳ juillet 1740 qui donne un délai de trois mois pour vendre les bestiaux possédés en contravention à cet arrêt.

Le Parlement de Paris avait édicté la même prohibition le 13 août 1661. — *Code rural*, t. II, p. 353.

une boisselée de chanebal, 20 sols ; un pré à semer boisseau de graine de chanvre, 31 s.

Pendant cette même période, la valeur des maisons du bourg s'échelonne entre 20 et 45 livres.

Un siècle après de 1625 à 1629, nous relevons les moyennes suivantes : au Puy du Fayot, la boisselée de vigne vaut 27 l., une boisselée de bois, à la Briderie, 15 l. ; une b. de terre à Puymauvit, 16 l. ; à la Nouchonnière : une b. de chanebal, 38 l. ; une b. de terre, 36 l., un journal de vigne à Chez-Boissard, 50 l. ; une boisselée de terre au même lieu, 96 l. Une boisselée de pré à la Peyronnie, 83 l. ; une boisselée de vigne à Puypelat, 72 l.

Dans la partie granitique, pour la même époque : à Brandes, le journal de vigne vaut 24 l. ; une b. de champfroid ou jallageau à las Batissas, 11 l. ; une b. de terre à Leycure, 29 l. ; une b. de terre aux Fougères, 18 l.

Les prix de vente des maisons varient pendant le même temps de 50 à 450 l., mais le prix moyen paraît se rapprocher de 200 l.

Au XVIIIe siècle, les mesures agraires usuelles sont le journal, la boisselée qui est le quart du journal, et la coupée qui vaut le quart de la boisselée (1).

De 1710 à 1720, la boisselée de terre vaut 30 l. au Puy du Fayot, 36 l. aux Fougères, 15 l. à la Peyronnie, 37 l. au Pont du Fust ; 14 l. à Bordesoule ; la boisselée de vigne, 40 l. aux Fougères, 20 l. à la Peyronnie, 14 l. à Bonombre ; la boisselée de pré, 46 l. aux Combes, 42 l. à Brandes, 64 l. au Pré-Barrat.

A côté de la valeur des terrains, nous mettrons le prix des principaux objets de consommation, du bétail, des instruments ; mieux que les plus longues dissertations, ces simples chiffres diront ce qu'était la vie jadis.

Vers 1630, une paire de bœufs garnis de *jouc et juilhes* vaut couramment 100 l. ; une truie suitée, 20 l. ; une brebis, 20 sous ; une vache et sa velle, 30 l. ; en 1680, un cochon gras se vend de 6 à 8 livres. Vers 1730, les brebis se vendent 3 l. pièce.

---

(1) La boisselée vaut neuf ares.

En 1742, le rôle de la taille nous apprend que la paroisse était travaillée par 46 paires de bœufs, vaches ou veaux ; ce chiffre est porté à 53 dans l'état des corvées de 1760.

A la fin du XVIIe siècle, le blé et le seigle se vendaient quatre livres le setier (1).

Pour la période allant de 1730 à 1770 nous avons retrouvé les mercuriales en usage à Saint-Pardoux pour le blé, le seigle et l'avoine.

Le prix du setier de blé varie de 5 livres 8 sols (1744) à 14 l. 2 s. 4 d. (1747) ; le prix moyen est de 8 l. 7 s. 4 d., celui du seigle qui a varié de 3 l. 10 s. (1734) à 9 l. 8 s. (1747) est de 5 l. 11 s. 9 d.

Le boisseau d'avoine oscillant entre 10 s. 2 d. (1734) et 22 s. (1765) vaut année moyenne 15 s. Ces mesures sont celles de Nontron qui avaient cours concurremment avec celles du couvent : les mesures alors en usage étaient le setier qui se divisait en 4 boisseaux, la coupe qui était le quart du boisseau, et le picotin qui était la moitié de la coupe. Les mesures intermédiaires usitées étaient les deux coupes, le demi-picotin et le quart de picotin. Plus anciennement, on rencontre le mosdurier qui valait la moitié du boisseau ; l'émine et la charge.

Pendant presque tout le dernier siècle, les denrées sont taxées par le juge sur la réquisition du procureur d'office « attendu que leur prix, dit très sagement le juge Beausoleil en 1770, doit dépendre de l'abondance ou rareté d'icelles et non pas de la cupidité de ceux qui les vendent ». Cette taxe était faite chaque année en présence des habitants intéressés. Les papiers du greffe renferment un certain nombre de ces taxes : pour montrer les variations subies par le prix des denrées, nous groupons le résultat de nos recherches dans le tableau suivant (2) :

---

(1) En 1595, le blé valait de 15 à 16 écus la charge.

(2) Ces taxes étaient publiées par le greffier sur la place publique.

Années	PAIN bourgeois la livre	PAIN 2e qualité la liv.	Vin (1), la pinte	bœuf	veau	mout.	vache	porc gr.	petit salé
1745	1 s 2 d	1 s	4 s	2 s 6 d	3 s	3 s	1 s 6 d	2 s	
1749			5 s						
1755			7 s						
1761 (2)	1 s 6 d	1 s 2 d	3 s	2 s 6 d	3 s	2 s 6 d	1 s	4 s	3 s
1768	2 s	1 s 8 d	7 s	3 s 6 d	4 s		2 s	4 s	3 s 6 d
1769 (3)	2 s 10 d	2 s 6 d	7 s	3 s 6 d	4 s	4 s	2 s		2 s 6 d
1770	2 s 6 d	2 s 2 d	12 s			4 s	4 s		
1770 (4)	2 s 10 d	2 s 6 d	12 s	4 s	4 s	2 s 6 d	2 s	4 s	3 s 6 d
1771	2 s 8 d	2 s 3 d	11 s	3 s 6 d	4 s		2 s.	5 s	4 s
1772	2 s 10 d	2 s 6 d	4 s	3 s 3 d	3 s 3 d	3 s	1 s 6 d	6 s	4 s
1773	2 s 9 d	2 s 3 d	6 s	3 s 6 d		3 s 6 d	2 s	6 s	3 s 6 d
1774	3 s 3 d	2 s 9 d	9 s	3 s 6 d	2 s	3 s 6 d	2 s	4 s	3 s
1776	2 s 4 d	1 s 10 d	5 s	3 s	3 s 6 d	3 s 6 d	1 s 6 d	4 s 6 d	3 s 6 d
1793 (5)		5 s 3 d							

Une amende de 10 l. était infligée au marchand qui vendait au-dessus de la taxe. Ce n'était pas une disposition toute platonique, un certain nombre de jugements prouve que le juge n'hésitait pas à appliquer l'amende aux contrevenants. Ces taxes pouvaient avoir de curieuses conséquences: en 1749, 6 cabaretiers de St-Pardoux se plaignent

---

(1) De 1686 à 1690, le vin vaut de 8 à 10 l. la barrique; le vin vieux est taxé 14 s. la pinte en 1770, et 8 s. en 1772.

(2) En 1761, le poisson au-dessus d'une livre et demie est taxé 7 s. la livre et 6 s. au-dessous.

(3) L'année 1769 fut particulièrement désastreuse pour l'agriculture : le 8 mai 1770, le Parlement de Bordeaux rendait à ce sujet un « arrêt pour pourvoir à la subsistance des pauvres du Limosin et du Périgord dans l'état de disette (on pourroit presque dire de famine) où ces deux provinces sont réduites par la perte entière de toutes les récoltes de la dernière année ; » il est arrêté que les rentes en grains ne seront plus payées en nature, mais d'après le cours des grains pendant le mois d'août 1769.

Arrest de la Cour de Parlement, au sujet du paiement des rentes du Limousin et du Périgord. Bordeaux, Jean Chapuis, 8 pp.

Les registres d'état-civil de la paroisse de Saint-Saud conservés aux Archives départementales, contiennent une note sur la famine dans le pays.

(4) On trouve deux taxes pour cette année.

(5) Cette année la commission municipale, au nom de l'égalité, enjoignit aux boulangers de ne faire qu'une seule espèce de pain.

au juge de ce que, le vin ayant enchéri, quatre de leurs confrères « ont jeté le bouchon qui leur servoit d'enseigne et ont cessé de vendre », ce qui cause un grand préjudice aux plaignants en augmentant leur débit, qui, par suite de la hausse du vin, se fait à perte ; ils réclament d'abord une nouvelle taxe plus élevée, puis que défense soit faite à leurs confrères de vendre du vin à l'avenir : le juge examina leur requête et, sur les conclusions du procureur d'office, l'exauça.

Cette taxe était du reste pour les cabaretiers un fréquent objet de récriminations, et ils assaillaient le juge de leurs plaintes, toujours bien entendu pour relever la taxe.

Les registres de dépenses du couvent (1732-1737) donnent les prix de quelques objets échappant à la taxe : la livre de beurre vaut 8 s. ; celle de morue, 5 s. 6 d. ; de chandelle, 5 s. ; d'huile d'olive 10 s. (1).

Le quintal de foin, 20 s. ; une brasse de bois de châtaignier, 3 l. ; de chêne, 4 l. ; un fléau à battre le blé, 3 s. 6 d. ; une pelle de bois, 10 s. ; une fourche de fer, 23 s. 6 d. ; une paire de sabots, 5 s. ; une paire de souliers, 45 s. ; un chapeau, 40 s. ; une assiette d'étain, 36 s. (2).

D'autres registres domestiques nous apprennent aussi les gages des serviteurs qui varient de 25 à 35 l. par an : au couvent on leur retient 3 sous chaque fois qu'ils se grisent ! Les servantes sont presque entièrement payées en nature : la toile est particulièrement l'objet de leur convoitise, on y ajoute une paire de sabots, un habit, une paire de brassié-

---

(1) Journal de Planchas, receveur au couvent (1671-1693) : 2 l. d'écorce de citron, 40 s. ; 2 l. d'amandes, 20 s. ; la pinte d'huile, 12 s. 6 deniers ; une main de papier, 2 s. 6 d. ; une paire de souliers de femme, 30 s. ; une paire de gants pour le P. Chazelle, 10 s. ; un citron, 3 s. ; un dard, 15 s. (Papiers Planchas-Lagarlie.)

(2) En 1590, on achète pour le deuil de Marguerite d'Abzac, fille du seigneur de Villars : 5 aunes et demie de serge d'escot noire à 55 s. l'aune ; une demi-aune de crêpe pour 32 s. 6 d. ; une paire de souliers, 23 s., et un masque de satin, 25 s. (Compte de tutelle, *Archives départementales*, B. 124).

res et quelques sols : une cuisinière se louait moyennant 7 aunes de toile et le quart de la plume, pour une année (1).

Les foires établies par les lettres patentes de 1490 et 1581 n'eurent jamais grande importance et tombèrent rapidement en désuétude. Il n'en fut pas de même pour la frairie : on n'était pas d'humeur morose à Saint-Pardoux et la fête patronnale a toujours été une des plus courues de la région : un document de 1623, nous montre Mme de Roche-chouart venant y assister avec une nombreuse suite de gentilshommes et soupant joyeusement chez le maître de poste.

En 1770, M. Durand, chanoine de Saint-André de Bordeaux, originaire de la Chapelle-Montmoreau, remerciant M. Planchas de la Valette, qui l'avait invité à se rendre à la frairie, lui écrivait : « Je vous souhaite une suite de bonnes fêtes; je ne vous plains pas, mais bien les bonnes truites que vous avez fait périr pour solemniser votre fête locale. »

La réunion de tous les éléments de la paroisse que nous venons d'examiner, formait ce qu'on appelait la *communauté*; il ne faut pas confondre la *communauté* avec la *commune jurée* : celle-ci résultait d'une charte, d'un contrat ; celle-là au contraire s'était développée par la force des choses, mais, différence essentielle, la commune jurée avait un chef, véritable magistrat, qui pouvait rendre des jugements au nom du peuple, tandis que la communauté n'avait qu'un agent qui exécutait les délibérations des habitants (2).

L'origine des communautés est inconnue, mais dès le xie siècle, on voit tout d'abord les paysans d'une même contrée s'armer sous la conduite de leurs prêtres pour s'opposer à d'injustes oppressions, et au siècle suivant apparaît sous le nom

---

(1) En 1590, la nourrice qui allaitait Léonard d'Abzac recevait 30 s. par mois et 20 s. de pain blanc « pource que led. Léonard commençoit à manger et ne se povoit nourrir à la mamelle ».

.Pierre d'Abzac partant pour la guerre en 1597 fait marché avec un serviteur pour l'accompagner ; il lui donne 20 s. par mois. Le même jour il achète une selle et une bride 10 l. 10 s. (*Id.*)

(2) M. Albert Babeau, *le Village sous l'ancien régime*, p. 11

de *communitas* la réunion des habitants d'une même locaiité. Ce groupement, qui s'était formé souvent pour lutter
contre les exactions du seigneur, fut tout d'abord reconnu par
l'Eglise qui mit à sa charge certaines réparations des édifices
religieux, puis par le roi : Charles V permit aux habitants des
paroisses de se réunir pour élire les agents chargés d'asseoir
les impôts et de les lever. De telle sorte qu'au xvi° siècle, la
communauté d'habitants, possédant la personnalité civile et
en même temps une réelle indépendance, était devenue un
des rouages importants de l'Etat : nous la verrons aliéner,
acheter, emprunter, lutter contre le clergé et la noblesse ; en
revanche, elle ne pouvait lever sur elle-même aucune imposition extraordinaire sans autorisation spéciale.

Sous Louis XIV, ces libertés furent restreintes et la communauté mise en tutelle dut, dans la plupart des cas, soumettre ses délibérations au visa de l'intendant ou de son
subdélégué ; il est vrai qu'en même temps l'autorité royale,
en la prenant sous sa protection immédiate, l'affranchit entièrement de la puissance seigneuriale.

Les habitants exerçaient leurs droits directement : ils se
réunissaient devant la principale porte de l'église, qui, à St-
Pardoux, était à cette fin précédée d'un *auvent* (1), et délibéraient sur les affaires concernant la paroisse ; préalablement,
à une table apportée au milieu de l'assemblée, s'installait un
notaire chargé de dresser acte de la délibération et de la
conserver dans ses minutes (2). La délibération terminée,
les signatures de tous les habitants lettrés apposées, le syndic prenait un chapeau et faisait une collecte pour ramasser
les honoraires du tabellion (3).

Les principales affaires soumises à ces assemblées et dont
on retrouve les procès-verbaux dans les anciens minutiers
étaient d'abord la nomination du syndic général, chargé de

----

(1) Qu'on appelait aussi la halle.

(2) Tous les faits cités ci-après proviennent de procès-verbaux retrouvés
dans les minutiers ; nous indiquons à la suite de chacun d'eux entre parenthèses le nom du notaire qui a dressé l'acte d'assemblée.

(3) Enquête faite après les événements de 1770,

faire exécuter les délibérations; de nombreuses questions d'impôts : nominations de syndics collecteurs, réclamations contre ceux-ci — elles étaient légion, — réparations de l'église, du presbytère, du cimetière ; protestations contre les seigneurs et le clergé au sujet de droits féodaux ; aliénation et acquisition d'immeubles de la communauté, taxe des denrées ; examen des requêtes présentées par les paroisses voisines pour des travaux d'intérêt commun.

Ces assemblées composées « de la plus saine partie des habitants » se tenaient en général le dimanche, après la sortie de la messe paroissiale ou des vêpres; en cas d'urgence, elles pouvaient se réunir sur semaine, et dans ce cas les habitants étaient prévenus par une sonnerie particulière des cloches; à la fin du siècle dernier, c'était un tambour qui à Saint-Pardoux faisait cette convocation par les rues ; d'autres fois, le syndic allait de porte en porte prévenir les habitants ou du moins les chefs de feux, car ceux-là seuls pouvaient faire partie de ces assemblées. Pour que les délibérations ainsi prises fussent valables, la présence de dix habitants au moins était nécessaire, en vertu de l'adage que dix habitants font un peuple.

L'agent chargé de faire exécuter ces délibérations se nommait syndic général ou procureur syndic; primitivement cette fonction se confondait avec celle de procureur de fabrique. Cette charge n'était pas toujours pourvue : à Saint-Pardoux on ne désignait quelqu'un pour la remplir qu'en cas d'urgence, comme pour soutenir un procès, vendre des immeubles; les syndics collecteurs se chargeaient pendant cette vacance du soin de convoquer la communauté. Nous verrons plus loin qu'en 1691 une partie des fonctions du syndic général fut dévolue à un maire perpétuel.

Le principal impôt, sous l'ancien régime, était la taille, sorte d'impôt sur le revenu : le contingent était fixé par intendance, subdivisé par élection et dans celle-ci des officiers déterminaient la part incombant à chaque paroisse : cette part était indiquée à des agents spéciaux qui, dans chaque paroisse, étaient chargés de la répartir et de la percevoir.

Ces agents qui cumulaient ainsi les fonctions de répartiteurs et de percepteurs, étaient désignés sous le nom de *syndics collecteurs*.

A Saint-Pardoux, ils étaient au nombre de trois (1) nommés « suivant les anciennes coutumes pratiquées de tout temps dans led. bourg, sur la fin de l'année ».

En principe, ils devaient être élus directement par les habitants, mais dans la plupart des cas, chaque collecteur sortant de charge désignait son successeur dont la nomination était acceptée par l'assemblée générale de la paroisse (2) ; plus tard on régularisa cette façon de procéder : tous les habitants susceptibles d'être collecteurs, c'est-à-dire âgés de plus de 25 ans, de moins de 70, et payant plus de 6 l. d'impôts, furent portés sur un tableau à trois colonnes où ils étaient répartis en nombre égal, formant ainsi trois classes d'après l'importance des impôts payés : dans la première venaient les plus hauts taxés, dans la seconde les taux moins importants, et enfin dans la troisième, les moins taxés : tous les ans on prenait un collecteur dans chaque colonne en suivant l'ordre établi lors de la confection du tableau ; cette désignation se faisait en assemblée générale des habitants de façon à pouvoir écarter ceux qui seraient devenus insolvables depuis la création du tableau.

Celui-ci contenait, à part le nom de ceux qui étaient exempts de collecte : le maître de poste, les hommes de plus de 70 ans, les invalides, les insolvables.

A Saint-Pardoux le tour de collecte revenait tous les 18 ans.

Après la réception de l'avis des officiers de l'élection fixant

---

(1) On en trouve quelques fois quatre.

(2) Cette désignation par les syndics précédents donnait lieu à des abus, c'était une excellente occasion pour eux de se venger de leurs ennemis. Le 20 octobre 1704, François Descombes déclare, devant notaire, que Jean de Puybereau, syndic sortant, ne l'a choisi pour remplir cette fonction en 1705 « que par une pure envie et malice qu'il a contre lui depuis longtemps », attendu qu'il n'a pas encore 25 ans.

Dans une assemblée du 16 octobre 1712, les habitants refusent de procéder à cette nomination et déclarent qu'ils laissent ce soin aux syndics sortants.

le contingent de la paroisse, les collecteurs étaient tenus, à peine d'une amende de 20 l., de procéder dans la quinzaine à l'établissement du rôle : à cette fin, ils devaient se réunir chez le plus ancien d'entre eux, puis la répartition s'effectuait en tenant compte des ressources de chacun, d'après les produits de la propriété, de l'industrie, du travail. En tête du rôle on indiquait les privilégiés : MM. de Villars, de Beaumont, de Champagnac, la prieure, le maître de poste, le curé; les mendiants étaient portés pour mémoire; les collecteurs étaient du reste persónnellement responsables des sommes imposées sur des habitants notoirement insolvables ; la plus petite cote était de 9 sols (1).

Il leur était interdit de diminuer leurs taux, ceux de leurs parents et alliés ; pour assurer l'exécution de cette défense, ils devaient indiquer par une mention marginale leur parenté avec les taillables.

Ce rôle devait contenir les noms, prénoms, surnoms, profession et domicile des contribuables, la quantité de terres exploitées par eux, avec le nombre de paires de bêtes de travail employées.

Pour prévenir les abus de pouvoir et les intimidations, il était défendu aux seigneurs, à leurs officiers, aux curés et autres privilégiés, d'assister à la confection du rôle; par contre les collecteurs ne pouvaient recevoir « aucune somme de deniers, présents, ni buvettes, à peine de concussion. »

Malgré toutes ces défenses, ce mode de répartition de l'impôt à la fois inquisitoire et arbitraire, donnait lieu à de nombreux abus dont les procès-verbaux d'assemblée d'habitants nous ont conservé le souvenir : il était en effet de principe que les collecteurs en entrant en charge dégrevassent leurs parents et amis ; si l'injustice était par trop flagrante, les habitants lésés portaient plainte à l'élection qui condamnait les collecteurs à une amende fixée au double du surtaux; dans la plupart des cas, ceux-ci n'attendaient pas d'être cités devant les élus : sur une simple sommation, ils offraient

---

(1) En 1742, la plus forte cote était de 138 l. 4 s.

aux plaignants de les indemniser et reconnaissaient leurs abus par devant notaire (1).

D'autre part, pour soustraire les collecteurs sortants à la vengeance de leurs successeurs, il avait été décidé que leurs taux ne pourraient jamais être augmentés l'année qui suivait leur sortie.

Si le rôle n'était pas terminé dans le mois, l'élection désignait 6 habitants qui pouvaient être contraints au paiement des sommes imposées sur la paroisse.

Ce rôle fait en deux originaux était adressé aux officiers de l'élection pour être rendu exécutoire : l'un restait au greffe, l'autre était retourné au collecteur et c'était sur lui que la recette devait être faite.

Le premier dimanche après sa réception, ils devaient en donner lecture à l'issue de la messe paroissiale ; aussitôt après, ils le mettaient en recouvrement. Là commençaient les tribulations des malheureux collecteurs ; ils divisaient la paroisse en trois sections et chacun d'eux, dans sa section, allait de porte en porte quérir la taille : on pense s'ils devaient essuyer des récriminations !

Les collecteurs étaient responsables du paiement des impositions (2) et étaient tenus de verser au receveur des

---

(1) Le nombre de ces procès-verbaux conservés dans les minutiers est immense.

(2) En 1709, ils étaient alors 4 syndics ; l'un d'eux, aussitôt nommé, s'était avisé de lever seul le premier terme en entier et prétendait être dispensé de prêter son concours pour le recouvrement des trois autres ; contre quoi ses collègues protestèrent, disant que « cette prétention est contraire à la coutume depuis longtemps observée dans le présent bourg où les syndics ont accoutumé faire la levée par taux et par canton, fondé sur cette raison que la levée du premier pacte est plus facile que les autres, etqu'ainsi il ne serait pas juste que des syndics dont la condition est égale, les uns fussent traités plus favorablement que les autres. »

Ce même syndic, sous prétexte d'obliger ses collègues, s'offrit à plusieurs fois pour porter l'argent des recouvrements au receveur des tailles, et à chaque voyage il s'en appropria une partie de complicité avec un deuxième collecteur du nom de Foucaud ! Ces détournements ayant été découverts, tous deux prirent la fuite, et leurs deux confiants collègues, Debidour et Puypelat, durent, pour éviter d'être emprisonnés, rembourser les sommes volées. Ils

tailles le premier quart d'avance le 1er décembre, les trois
autres fin février, avril et octobre : les collecteurs qui, au
jour indiqué, n'avaient pas recouvré le montant de leur rôle,
étaient emprisonnés jusqu'à l'entier paiement : dans les
années stériles, les prisons regorgeaient de ces malheureux
qui, par suite de la misère du temps, se trouvaient acculés à
ces deux alternatives : ou se laisser emprisonner, ou payer
de leurs propres deniers les taux irrécouvrables. La loi
cependant les avait armés contre les contribuables ; sur leur
seule réquisition, les huissiers aux tailles pouvaient saisir
les bestiaux, denrées et meubles et les vendre aux enchères dans la huitaine (1).

Pour indemniser les collecteurs de leur perte de temps et
de leurs ennuis, ils touchaient une remise de 6 deniers pour
livre sur la taille et 4 deniers pour les autres impositions (2).

Menacés à la fois dans leur liberté et dans leur fortune,
placés entre le ressentiment de leurs compatriotes et la peur
du receveur des tailles, les habitants cherchaient par tous
les moyens à se soustraire à ces fonctions : chaque élection

---

eurent plus tard la satisfaction d'engager un procès contre Foucaud, qui, contrairement aux instructions, avait fait ses recettes sur un brouillard : « Il
n'en faut pas davantage, disaient-ils, que son aveu d'avoir levé sur un brouillard, pour se convaincre de sa malversation et la clameur publique de tous
les plus grands taux qui lui étoient échus, sur lesquels il avoit fait mettre
des commissaires qui ont eu soin de lui donner blé et argent à proportion
qu'ils devoient et faisoit charger sur son brouillard. A présent ils ont été
avertis qu'il a biffé ou rompu les sommes desquelles son brouillard étoit
chargé, ce qui fait voir plainement qu'il a concussé la plupart de ses taux,
comme on lui justifiera par les habitants du présent bourg, et de ce qu'il a
fait consommer tous les fruits du village de Brin, au moyen de la saisie qu'il
fit jeter sur leurs revenus, après avoir *fait courre la tête du loup* sur divers
commissaires, lesquels il a rançonné pour les en tirer et en tire diverses
sommes d'un chacun, comme il se justifiera par les plaintes qu'ils en font. »
(Desport).

(1) Le 25 janvier 1705, Jean Eymery, sieur du Theil, syndic de 1703, ayant
dû faire de grandes dépenses pour recouvrer le montant de son rôle, ne peut
verser au receveur le montant intégral de la part lui incombant, et, sous le
coup d'un emprisonnement, emprunte 200 l. pour se libérer.

(2) Instructions envoyées aux syndics de 1742. (Papiers Chartroule.)

de collecteurs est immédiatement suivie, à tort ou à raison, des protestations des nouveaux élus : l'un dit qu'il est chargé d'une écuelle pour les captifs, l'autre exhibe des lettres patentes constatant qu'il est père spirituel des RR. PP. Cordeliers de Nontron, un autre invoque des infirmités, un autre qu'il a plus de 70 ans, qu'il a cinq enfants (1).

Il était permis de se faire substituer ; il en coûtait généralement 20 l. par quartier. L'acte constatant cette substitution était passé par devant notaire et le collecteur désigné était néanmoins responsable des agissements de celui qui le remplaçait.

Les collecteurs ne délivraient pas de quittance; comme les impôts devaient se payer par quartier, ils indiquaient le paiement de chaque quart par un bâton ou une croix tracé en marge du rôle en face du nom du contribuable, c'est ce qu'ils appelaient *croiser* : celui-là se trouvait quitte qui avait quatre bâtons ou croix en marge de son nom. Il était prohibé pour les collecteurs de se servir d'un brouillon, les recettes devaient être indiquées sur le rôle.

Nous complèterons ce rapide aperçu sur le mode de perception de l'impôt en donnant le tableau des impositions directes qui frappaient la paroisse de Saint-Pardoux en 1742 (2) :

Taille..........................	3 055	livres.	
Capitation........................	1 360	14 s.	9 d.
Fourrage.......................	552	16	8
Equipement des milices.........	26	10	
Droit de quittance............		2	
Ustensile.....................	688	19	6
Loyer du presbytère...........	80		
Indemnité des collecteurs......	120	2	10
Total................	5 886	13 s.	9 d.

Une autre charge qui grevait lourdement la communauté

---

(1) Divers procès-verbaux dans les minutes de notaires.

(2) En 1751, le montant des impositions frappant la paroisse est de 5.151 l. 3 s. En 1789, elles atteignent 8.057 l.

était celle des milices : l'ancien régime ne possédait pas à proprement parler d'armée nationale ; seules à l'origine des milices locales avaient été créées et avaient rendu de grands services à la royauté dès le xiv⁰ siècle, ce qui n'empêchait pas les contemporains de les tourner en ridicule, témoin Villon dans le monologue du franc-archer de Baignollet « qui c'y mourut sans desmarcher, car de fuir n'eut onc espace. » (1)

Ce fut Louis XIV qui réorganisa ce service des milices ; chaque paroisse dut fournir un nombre de miliciens proportionné à celui de ses habitants ; ils étaient choisis à l'élection ou au tirage au sort parmi les célibataires de 16 à 40 ans ; les armes leur étaient données par la paroisse : le 26 décembre 1690, les syndics réunissaient la communauté « pour nommer quatre soldats auxquels on remettra fusil et espée des meilleurs de la paroisse. » Plus tard, on nomma des syndics de milice qui étaient spécialement chargés de désigner les miliciens.

En général, les jeunes gens montraient une grande répugnance à aller servir le roi pendant six ans. Beaucoup se dérobaient par la fuite à cette obligation. Les plus courageux n'affrontaient pas le tirage sans avoir, au préalable, pour se rendre le sort favorable, fait quelques dévotions ou récité des prières dans le genre de celle-ci :

Seigneur, qui n'avoit pas voulu que votre robe fut déchirée, mais qu'elle fut jettée au sort, faite-moi la grâce, moi qui tire aujourd'hui et que je suis exempt, exempté-moi, Seigneur, sy vous plaît, exempté, Seigneur, exempté-moi, Seigneur, sy vous plaît, comme il est vrai que c'est apparu sur la montage Elizé et que la loi fut protestée véritable. *Par Gamalet, Domine fiat que per sit nom Domine tradas probeli* (2).

---

(1) Villon, *Sensuict le monologue du franc-archier des Baignolles, avec son épitaphe.*

(2) Cette naïve prière terminée par une formule cabalistique, — des mots latins altérés, — a été trouvée à Clarat, commune de Lussas, dans les papiers de M. le commandant Lajus ; l'écriture et le papier, froissé et sali par un long séjour dans une poche, semblent indiquer la seconde moitié du xviii⁰ siècle.

Cette altération de mots latins nous remet en mémoire une leçon fantai-

Comme les syndics de milice étaient responsables du départ des miliciens, ils faisaient leurs nominations à l'improviste, mais toujours par devant notaire ; c'est ainsi que les syndics de Saint-Pierre de Frugie venaient nommer les leurs devant le notaire de Saint-Pardoux ; aussitôt après ils s'emparaient de l'homme désigné et le livraient aux recruteurs. S'il désertait une fois rendu au corps, ils étaient tenus de le remplacer.

Voici quelques faits relevés dans les minutes de notaires qui édifieront le lecteur sur les procédés des syndics de milice et l'impopularité de ce système de recrutement.

Le 18 mars 1690, le notaire Lapeyronnie se transporte au nom de François Garen, milicien, devant François de Champagnac, capitaine de milice, et lui expose qu'en 1688, Garen, malgré son jeune âge, avait été désigné pour partir au régiment par les syndics qui, en dépit de ses protestations, « l'enlevèrent par force et le firent conduire en la ville de Libourne » où il fut versé dans la compagnie de M. de Champagnac. Pendant ce temps, ses parents levèrent son extrait de naissance pour le remettre aux syndics et leur prouver qu'il n'avait pas l'âge requis : non seulement ces derniers ne tinrent aucun compte de cet acte, mais encore ils s'emparèrent du valet qui le leur avait porté et le livrèrent à un capitaine qui le mena à la guerre. Désespéré, Garen remit ses armes et ses habits à un camarade et, comme dit la vieille chanson,

> « Prit son congé par dessous ses souliers. »

Au notaire qui signifie le procès-verbal, Champagnac répond qu'il ne peut rien pour libérer Garen, que c'est affaire entre lui et les syndics ; il fait remarquer que la désertion de Garen est rendue plus grave par ce fait que le camarade à qui

---

siste du *Pater* à nous donnée par une vieille mendiante de Saint-Pardoux à qui nous faisions réciter des prières patoises : elle débutait par le *Pater* en latin de son cru et traduisait *da nobis hodie* par *dans notré bujadié* : le bujadier désigne en patois la cuve à lessive !

il avait confié son équipement a abandonné l'armée en emportant le tout. Il ajoute que Garen sera poursuivi comme déserteur et que de plus il lui demandera des dommages-intérêts, parce que depuis le jour de son départ les trésoriers lui ont supprimé la somme de 10 deniers par jour que touche le capitaine pour chacun de ses soldats. (Lapeyronnie.)

A Saint-Front, en 1693, malgré les publications d'une ordonnance de l'intendant, personne ne se présente par deux dimanches de suite pour procéder à l'élection de deux miliciens : le troisième dimanche, les syndics, dont la responsabilité se trouvait engagée, prirent sur la place 14 enfants représentant les 14 garçons susceptibles de faire partie de la milice ; ils placèrent dans un chapeau autant de billets : 12 blancs et 2 marqués d'une croix, puis procédèrent au tirage ; les deux jeunes gens correspondant aux enfants qui avaient tiré les billets marqués durent partir. (Pindray.)

Le 27 mai 1691, les syndics du même bourg informaient les habitants que les 4 soldats désignés par eux avaient pris la fuite et les sommaient de se mettre à leur poursuite avec des épées, fusils et mousquets. (Pindray.)

Quand les recrues étaient arrivées au régiment, les syndics n'étaient pas au bout de leurs tracas, il fallait compter avec le commissaire des guerres qui parfois réformait les hommes envoyés ; tout était alors à recommencer, témoin le billet suivant :

« Les syndics de la paroisse de Saint-Pardoux, aussy tost le présent ordre reçu, procéderont à la nomination d'un soldat de milice pour la compagnie lieutenante coronelle du régiment d'Excideuil, au lieu et place de Jean Gardilhou que nous avons jugé incapable et nullement propre pour le service et n'attendrons pas de s'y voir contraint. Fait à Bergerac le 4 juin 1692, Fournet, commissaire des guerres. » (Lapeyronnie.)

Le 18 décembre 1702, les syndics de Saint-Pardoux convoquent les habitants pour la nomination d'un milicien : personne ne se présentant, ils prennent 12 noms et les font tirer au sort par un enfant. Le père du jeune homme dont le nom est sorti est averti par le notaire que si son fils ne se représente pas, il sera rendu responsable et contraint par logement effectif. (Lapeyronnie.)

A la fin de leurs six ans de service les miliciens rentrant dans leurs foyers étaient exempts de taille pendant un an et, s'ils se mariaient au cours de cette année, la durée de ce privilège était doublé.

Ces obligations une fois accomplies, syndics et habitants n'étaient pas quittes envers le roi, il fallait encore loger les soldats pendant l'hiver, les casernes n'existant pas (1).

Ce n'était pas une des moindres charges des villageois et le bûcheron lui donne une bonne place dans ses lamentations sur « sa femme, ses enfants, les soldats, les impôts, le créancier et la corvée. » L'armée était alors composée d'un ramassis de gens de sac et de corde dont le voisinage était toujours fort inquiétant.

Parmi les troupes qui prirent leurs quartiers d'hiver à Saint-Pardoux, citons, en 1688, la compagnie de Panat des dragons de la Reine ; en 1696, la compagnie de Gontaud-Biron-carabiniers, installée avec femmes et enfants, y compris la vivandière ; en novembre 1689, les dragons de la compagnie du comte d'Auvergne ; en 1732, le régiment de Clermont, compagnie de Canillac et régiment Dauphin-dragons (2).

Les villages environnants devaient contribuer à ce logement : le 22 juillet 1748 il est enjoint aux syndics de Milhac de faire porter dans les casernes de Saint-Pardoux pour loger une compagnie du régiment de Crussol, 6 lits garnis, 12 draps, 12 serviettes et 2 nappes. A défaut d'exécution, ils y seront contraints par le logement de deux cavaliers. Saint Front dut fournir 4 lits. En 1757, pour une compagnie du ré-

---

(1) En 1712, les troupes restèrent 150 jours en quartier d'hiver.

(2) Relevé dans les registres d'état-civil : le 25 août 1622 est inhumé dans l'église Louis Foulon, écuyer, seigneur de Croysi, natif d'Orléans, gendarme de la compagnie de M. de Mortémart, revenant du Languedoc pour le service du roi.

Le 28 mars 1683, fut inhumé dans le cimetière Nicolas Olivier, maréchal des logis des dragons de la Reine, compagnie de Panat, originaire d'Aix en Provence.

giment Dauphin dragons, cette même paroisse donna 6 lits et Milhac 7.

Ces charges multiples, syndics généraux, syndics collecteurs, syndics de milice, étaient pour les habitants une source de nombreux ennuis, aussi Louis XIV tenta-t-il de les soulager en créant dans les bourgs importants des charges de maires perpétuels ; mais cette innovation, loin de simplifier les rouages de l'administration de la paroisse, ne fut qu'une occasion de nombreux conflits, le maire se refusant à remplir la plupart des fonctions auparavant dévolues aux syndics.

Le 9 décembre 1691, les collecteurs ayant demandé la nomination d'un syndic général pour soutenir un procès, les habitants la leur refusèrent sous prétexte que le soin de défendre la communauté incombait au maire perpétuel ; celui-ci consulté prétendit, au contraire, que ce soin ne le regardait pas. (Lapeyronnie.)

Le 5 janvier 1703, les collecteurs représentaient au maire qu'en sa qualité il était tenu de faire nommer un soldat d'infanterie, et pour qu'il ne pût invoquer son ignorance, ils lui signifièrent l'édit du 20 décembre 1702 qui mettait cette obligation à la charge des maires. A quoi Bonamour répond qu'il a déjà fait tirer au sort, mais que le jeune homme désigné s'est enfui et qu'il a déjà mis un sergent en garnison chez ses parents ; depuis il a donné l'ordre aux syndics de faire sortir ce dernier, mais ils n'en ont rien fait, pas plus qu'ils se sont mis à la recherche du réfractaire. Le 17 suivant, le maire ayant sommé les syndics de lui remettre les ordres envoyés par l'intendant pour l'élection d'un nouveau soldat, ceux-ci prétendent que cette sommation est extraordinaire, attendu que le dimanche où ces ordres arrivèrent en double expédition, l'une fut remise au curé pour être publiée en chaire et l'autre envoyée au maire qui la garda jusqu'au soir, puis remise par lui à un collecteur qui, ne sachant pas lire, la refusa ; elle tomba dans la boue et fut piétinée par ceux qui sortaient de vêpres. C'est à tort, disent-ils, que le maire les accuse d'avoir refusé de lui prêter main-forte pour chercher le réfractaire, « car il sait très bien que lesdits collecteurs ont fait toutes les démarches pour tâcher de prendre un soldat et faire toutes les dépenses pour raison de ce, sans que ledit maire ait jamais voulu [y contribuer, telles sommations verbales que les collecteurs lui aient pu faire, ayant au contraire usé de menaces; et pour marquer leur obéissance aux ordres de S. M., ils déclarent au maire qu'ils sont prêts à se mettre en marche pour courir ledit déserteur. » (Lapeyronnie.)

La même année, ce maire était en conflit avec les habitants qui refusaient encore de nommer un syndic général, prétendant que cette charge était attachée à celle de maire. Bonamour obtint pour les y obliger une ordonnance du président de l'élection, qui n'eut pas plus de succès : furieux, il fit alors désigner par ce même magistrat six des principaux habitants, qui, en cas d'un nouveau refus, devaient être condamnés chacun à 10 l. d'amende ; cette fois, la résistance cessa ; mais en soulevant tous ces conflits, Bonamour avait surabondamment prouvé l'inutilité de sa charge de maire qui fut supprimée peu après.

Cette fonction fut aussi éphémère que celle de gouverneur : un édit de novembre 1733 ayant créé cette charge dans les principales villes ou bourgs, celle de gouverneur de Saint-Pardoux et Nontron fut conférée, par lettres patentes du 10 janvier 1767, à Jean-François de Champagnac (1) ; presqu'entièrement honorifique, cette charge qui comportait quelques droits de police du bourg, s'éteignit avec lui.

Avant de clore cette revue des impôts et charges qui frappaient les villageois, nous mentionnerons la prestation en nature qu'ils étaient tenus de fournir sous le nom de corvée des chemins : en vertu d'un ordre de l'intendant, les paysans pouvaient être convoqués avec bœufs et charrettes et conduits souvent pour plusieurs jours à une grande distance de leur domicile pour réparer les chemins royaux. Dans une délibération du 27 mai 1764 les habitants se plaignent d'a-

---

(1) *Archives départementales*, Papiers judiciaires de St-Pardoux.

voir été obligés de « travailler en corvée au chemin de
Thiviers à Chalus, distant de cette paroisse de quatre mor-
telles lieues, ce qui cause une grande perte dans cette paroisse tant pour les bestiaux que pour la culture des biens ».
(Desport).

L'état des louviers ou courvoyeurs du bourg et paroisse
de Saint-Pardoux qui doivent se rendre sur le chemin de
Thiviers à Firbeix « nous fait connaître que la paroisse
devait 117 corvées pour l'année 1760. »

Après avoir indiqué à grands traits ce que pouvait être la
vie des habitants d'autrefois, esquissons la physionomie du
bourg, le cadre dans lequel ils s'agitaient.

Dans presque toutes les localités un peu anciennes, les
habitations se trouvent groupées autour de la forteresse,
souvent le centre initial de l'agglomération : c'était d'elle
que venait quelquefois l'oppression, mais c'était aussi d'elle
que venait le salut, en recélant dans ses flancs, aux jours de
péril, les villageois que le bourg grand ouvert laissait à la
merci des bandes de pillards qui dévastaient les campagnes.
Souvent même l'église se trouvait comprise dans son circuit.

A Saint-Pardoux un fort dont il ne reste plus que de rares
vestiges — *etiam periere ruinæ* — s'élevait dès 1291 au
lieu encore appelé place des Forts. Du côté nord, il était
naturellement défendu par l'escarpement des rochers; des
douves le ceignaient des autres côtés; à l'intérieur se trouvaient l'habitation du châtelain ou gouverneur, l'église,
le presbytère et des maisons particulières, y compris
celle du couvent. Sa porte principale devait faire face à la
rue venant du grand pont; une échelle de pierre permettait
la communication avec les fossés, aujourd'hui comblés, où
se trouvaient des habitations.

Ce fort n'était pas détruit en 1590, l'inventaire dressé à
cette époque, à la mort de M. d'Abzac, nous apprend que le
défunt possédait dans le fort une certaine quantité de poudre
à canon, des mousquets, pétards, arbalètes, hallebardes et

son harnois de guerre composé de cuirasse, casque couvert de velours jaune et épaulettes (1).

Par contre il n'existait plus, en 1612, le partage de la justice que nous avons donné plus haut ne le mentionnant pas, mais portant au contraire que les seigneurs feraient construire une tour sur la place des Forts pour y mettre leurs prisonniers.

De ce point central rayonnaient les principales rues ou routes qui sillonnaient le bourg. C'était d'abord, vers l'est, la route se dirigeant vers Nontron et le repaire de Villars, qui passait à la chapelle de la Mothe; puis la route conduisant à St-Saud en traversant le pont des Fusts (2); une rue partant du fort, dite rue du Gué-Durand et actuellement rue Froide, se dirigeait vers la rivière, puis s'infléchissant vers le couchant, touchait le moulin de Chaminade et aboutissait au pont du cimetière où s'amorçaient les routes de Milhac et de la Noujarrède (3). La rue de la Barre tendait de l'église au puits dit de la Barre; à partir de ce puits, elle pre-

---

(1) Dans le recollement d'inventaire qui fut fait en 1592 il est dit que « la poudre à canon inventorizée fust prinse par les sr de Bruzat et de Mayat » et que les pétards ont été rendus au sr de Limeyrac qui les avait prêtés.

(2) C'est dans la partie de cette rue comprise entre la rivière et la route de Saint-Saud, à gauche en descendant, que se trouve la plus ancienne maison du bourg; elle n'attire pas l'attention, par suite des nombreux remaniements qu'elle a subis; en la regardant de près, on voit que la façade du premier étage était percée de deux fenêtres ogivales géminées à l'ogive très aiguë.

Si Saint-Pardoux n'a conservé qu'un petit nombre d'anciennes maisons, on y rencontre cependant quelques débris de sculpture, vestiges d'antiques édifices: mentionnons sur la route de Saint-Saud un chapiteau roman représentant une tête humaine entre deux serpents; rue Froide, dans le mur du moulin, un chapiteau de la plus pure renaissance; Grand'rue, un autre chapiteau roman, une cheminée sur le manteau de laquelle est sculpté un porc au milieu de branches de chêne chargées de glands.

(3) Au delà du pont du cimetière on rencontrait la maison de la Roche ou du Roc construite vers 1368 et réédifiée au xviie siècle; M. de Champagnac, gouverneur de Saint-Pardoux, l'habitait en 1777; un peu plus loin, le faubourg de la Grave qui fut en partie détruit par un incendie le 23 avril 1761 (Desport.) Les 6 et 7 mars 1783, une inondation emporta plusieurs maisons. (Lapeyronnie).

nait le nom de rue du Puits de la Barre. C'est dans la Grand'
rue de la Barre, allant du puits au pont du cimetière (1),
que se trouve la curieuse fenêtre du xvi° siècle, si bien
décrite par notre érudit confrère, M. Charles Durand. Sous
les retombées de l'encadrement sont sculptés deux person-
nages : à gauche un joueur de cornemuse vêtu d'une longue
robe, les cheveux crespelés surmontés d'un tocquet ; à
droite un Fol au costume collant, coiffé d'un coqueluchon à
oreilles se terminant par le bas en un camail garni de gre-
lots ; il danse au son de la cornemuse. Ses bras sortent de
larges manches traînant jusqu'à terre : de la main gauche il
secoue une marotte à la face grotesque et de la main droite
il touche... son dos (2).

Une petite rue, prolongement de celle de la Barre, rejoi-
gnait la rue du Pont des Fusts, un peu au-dessus du point où
elle se détachait de la route de Beaumont, elle est dite rue
du Verdoyer.

Enfin la rue de la Barre et la rue du Gué-Durand étaient
réunies par une petite ruelle nommée, suivant les temps,
rue de Buon, de la Barre Courtelie (xve siècle), de Coutoudarias (1618) ; on la désigne aujourd'hui sous le nom de char-
reyron, terme générique : au coin de cette ruelle et de la rue
du Gué-Durand, à gauche en descendant celle-ci, se trouvait
la maison de Bretagne qui servait de prison au couvent ; elle
est citée dès 1274 (3).

Bien que Saint-Pardoux n'ait jamais été clos de murs, certaines rues étaient fermées par des portes : nous avons re-

---

(1) Le pressoir, le four à ban du couvent et le logis de la poste étaient dans
cette rue.

(2) M. Charles Durand, *Une fenêtre du xvi° siècle à Saint-Pardoux-la-
Rivière*, Périgueux, 1895.

Nos recherches pour déterminer l'origine de cette maison ont été infructueuses : dans cette rue se trouvait bien le logis de l'Escole (1457-1550), mais
il est dit tenir au pré des Religieuses, par suite il devait être sur l'autre main.

C'était peut-être le logis de la Poste où dès 1623 se réunissaient les
joyeuses compagnies.

(3) Une rue de Courbissat est mentionnée en 1731.

trouvé mention du Portal de Chez-Pey-Bayle dont les vestiges se voient encore au-dessus du point où la route de
Saint-Saud rencontre l'ancien chemin du pont des Futs ;
un peu plus haut en montant vers l'église, on rencontrait le
portail de Chez-Jean-Redon ; enfin, le portail de Chez-le-
Baron se trouvait du côté du pont du cimetière ; il devait
fermer la rue du Gué-Durand (1).

De ces rues ou routes, une délibération du 23 mars 1751
nous fait un tableau lamentable : « le bourg, y dit-on, est
situé dans un petit vallon, de telle sorte que les eaux se
rassemblent de trois côtés dans le bourg et terres environ-
nantes. Depuis vingt ans, les inondations sont très fréquentes ; les eaux ont ainsi totalement ruiné et emporté tant le
pavé du bourg que presque tous les chemins conduisant
dans les villages et à force de trous que les inondations et
ravines ont fait, tant au pavé qu'aux chemins, en emportant
en différents endroits une grande quantité de terres, ont
rendu entièrement impraticables les rues du bourg et les
chemins de la paroisse. Ce qui a rendu l'air très malsain par
la quantité d'eau qui croupit presque toute l'année dans les
trous ou bourbiers. Les ravines et inondations ont creusé
les rues et ont rendu la culture très difficile par la difficulté
de conduire les voitures ». Le curé atteste lui-même que les
chemins sont tellement impraticables qu'il ne peut y passer
pour aller administrer les sacrements dans les villages. On
arrêta alors de demander à l'intendant l'autorisation de ré-
tablir aux frais de la paroisse le pavé du bourg. (Desport.)

Il y avait trois ponts à Saint-Pardoux : l'un dit le pont des
Fusts ou du Fust, ainsi nommé parce qu'il devait être originairement en bois (2), faisait communiquer le bourg avec
le Limousin ; il est cité dès 1525 ; démoli il y a 30 ans, il a
été reconstruit 50 mètres plus bas. Le second, dit le grand

____

(1) V. le plan du bourg dû à M. Gabriel Lagrange.

(2) *Fust*, arbre et bois : 1260, quilliers de bois ou de fust. (Reg. d'Est.
Boileau), 1369 ; le pont de fust de l'Isle Nostre-Dame. (Compte de Simon
Gaucher). — M. de Laborde, *Glossaire français du moyen âge*, v° *Fust*.

pont ou le pont du cimetière, donnait passage à la route de Nontron à Thiviers ; ses substructions sont encore visibles, le pont actuel ayant été construit un peu en aval ; enfin, le troisième était le petit pont de la Grave sur lequel la route de Milhac franchissait le ruisseau de Chantres ou de la Roche.

Le grand pont mentionné en 1422 fut réparé en 1615 ; le 30 juin 1612, les manants et habitants du bourg, ainsi que M⁰ Michel Bordier, présentaient une requête aux élus du Périgord où ils leur remontraient « qu'auprès dud. bourg y a ung pont scitué sur la rivière de Dronne qui est le passage ordinaire de la poste pour Paris, Lyon, Bordeaux, Bayonne et Lymoges et de plus grands passages qui se puisse dire, lequel est sur le point de tumber en ruine estant les fondements rompus ; comme aussy au-delà du grand pont sur le ruisseau appelé de la Rosche, il y a eu autrefois ung petit pont lequel est entièrement tumbé ». L'autorisation de les reconstruire ayant été accordée, Bordier se rendit adjudicataire des réparations et réfections des deux ponts moyennant 4,900 l. Un arrêt du Conseil d'Etat du 6 mai 1614 prescrivait aux élus d'imposer cette somme sur tout le pays en deux années consécutives (1) ».

Le vicaire Fourichon nous apprend dans ses registres d'état-civil que le 15 juin 1615 on commença à rebâtir les deux arcades du milieu du grand pont avec les deux murailles de chaque côté ; le petit pont de la Grave se fit ensuite ; ces travaux furent confiés aux Balthazar, maçons de Quinsac. Plus tard, on prétendit avoir procédé à l'entière réfection du pont « et le crurent tout bonnement ceux qui estoient commis » pour recevoir les travaux qui furent payés en conséquence.

Ce pont était ruiné en 1764 ; à une demande présentée par les paroissiens de la Chapelle-Faucher afin d'obtenir des subsides pour la reconstruction de leur pont sur la Côle, l'assemblée générale de Saint-Pardoux répondait que celui-ci « ne leur étoit utile et nécessaire en rien, ni pour rien, qu'il leur seroit plus convenable et d'une utilité plus grande, même

---

(1) *Archives du département de la Gironde*, C. 3818.

pour l'état du royaume, de parfournir au pont du présent bourg et paroisse qui est tombé et est totalement en ruines où le paquet de la subdélégation de Nontron à Thiviers est obligé de passer, même que M. le curé d'icelle paroisse, lors des inondations ne peut aller administrer les sacrements, ni faire ses fonctions aux malades, comme on a eu l'honneur plusieurs fois d'en présenter requête à la grandeur de Mᵍʳ l'Intendant ; que même ils ne peuvent pas. fienter, ni aller travailler leurs biens qui se trouvent au delà de la rivière ». (Desport.)

La population de la paroisse de Saint-Pardoux ne semble pas avoir beaucoup varié ; les courbes de naissance et de décès que nous avons construites pour les deux derniers siècles sont sensiblement parallèles, sauf pour la période allant de 1770 à 1800 pendant laquelle la courbe des décès monte progressivement tandis que celle des naissances descend, ce qui indiquerait une diminution de population. Cependant durant la seconde moitié du xviiie siècle, les naissances dépassèrent les décès ; de 1740 à 1790 on compte 2,933 naissances et 2,700 décès, soit un gain de 223 habitants pour cette période de 50 ans. Les habitants des campagnes ne quittant guère leur village, ce chiffre peut être considéré comme représentant l'accroissement de la population.

Pendant le xviie siècle, la moyenne annuelle des naissances prises sur des périodes décennales varie entre 59 et 69, celle du siècle est de 64 ; le maximum de natalité a été atteint en 1668 avec 84 naissances. Au siècle suivant, les moyennes décennales extrêmes sont 52 et 75 ; celle du siècle de 69. Le plus grand nombre des naissances, 95, se rencontre en 1727.

Quant aux mariages, à mesure que l'on approche de la Révolution, leur nombre diminue : la moyenne, qui était de 17 par an en 1740, tombe à 10 en 1790.

La moyenne annuelle des décès a beaucoup varié suivant les époques : tandis que pour la période 1751-1760 elle est de 27.63, pour 1741-1750 elle est de 85 ; normalement elle était de 50. Le maximum de décès a été atteint en 1747 avec 192 ; l'année précédente avait donné 109 et l'année suivante 110. Le nombre des décès tombe à 17 et 16 en 1754 et 1755.

Parmi ces décès, les enfants y figurent pour moitié, la mor_
talité enfantine étant autrefois fort grande.

Les épidémies étaient jadis très fréquentes en même
temps que très meurtrières, conséquence forcée du dédain
que nos pères affichaient pour tout ce qui était précaution
hygiénique. Saint Pardoux, dont nous avons montré les
rues transformées en cloaques, n'échappa pas à la loi commune et, à différentes reprises, sa population fut décimée
par des maladies contagieuses.

Fourichon nous apprend que du mois de septembre 1586
au mois de mai suivant, la peste ravagea le bourg et emporta
dans la paroisse 328 personnes. Dix ans après, en 1596, ce
fut une cruelle famine qui s'abattit sur lui.

En 1746, le vicaire Borderon signale la mort d'un de ses
paroissiens qui fut « atteint d'un mal assez extraordinaire et
assez commun cette année : les deux bras et les deux pieds
lui ayant pourri sans estre aucunement meurtri ; son fils et
sa petite fille furent attaqués du même mal, comme aussi
plusieurs autres de la paroisse et du voisinage, maladie
qu'on crut estre une espèce de contagion. »

L'année suivante, la plus meurtrière de toutes celles que
nous avons pu étudier, ces décès furent causés par les dys-
senteries « qui régnèrent furieusement dans la paroisse :
tous ceux qui sont morts depuis le commencement du mois
d'août jusqu'à la fin de l'année sont presque tous morts de
cette maladie. »

Les renseignements que nous avons pu recueillir sur le
chiffre de la population sont peu nombreux et peu précis :
en 1365, la paroisse comptait 138 feux ; une délibération du
30 juillet 1689 dit qu'elle contient 1,600 communiants ; un
tableau de la taille de la généralité de Bordeaux attribue à
la même le nombre de 470 feux ; une délibération de 1706
indique 1,400 communiants ; le rôle des tailles de 1742, 557
feux (1) ; les cahiers de 1789, 422 feux ; enfin le premier recen-

---

(1) D'après ce rôle, il y avait dans le bourg 25 bourgeois chefs de feux, 51
marchands et ouvriers, 80 laboureurs, vignerons et journaliers.

sement fait le 20 septembre 1793 fait connaître que la commune renferme 1,264 habitants, dont 395 électeurs.

Saint-Pardoux, peuplé, nous venons de le montrer, par un grand nombre de membres de cette petite bourgeoisie que partout on retrouve à la tête du mouvement révolutionnaire, embrassa avec enthousiasme les idées nouvelles ; mais nous ferons remarquer à sa louange que ses habitants, à de rares exceptions près, surent, malgré l'entraînement venu du dehors, conserver dans tous leurs actes et leurs revendications une juste modération (1).

Le 8 mars 1789, tous les citoyens âgés de 25 ans se réunirent dans l'auditoire sous la présidence du juge, Antoine Beausoleil, pour rédiger le cahier de leurs doléances et désigner les députés chargés de le présenter à l'assemblée qui devait s'ouvrir à Périgueux le 11 suivant.

Les votes se portèrent sur Pierre Planchas, sieur de la Valette, avocat en parlement, Gui de la Peyronnie, sieur de la Mothe, Antoine Delarret, sieur de la Dorie, et Jean Desport, sieur des Nauves, mᵉ chirurgien.

De cette assemblée sortit le cahier que nous transcrivons ci-dessous comme reproduisant le tableau certainement chargé de la situation de la paroisse de Saint-Pardoux, à la fin du siècle dernier.

Modestes observations et doléances de la communauté
de Saint-Pardoux-la-Rivière.

Cette paroisse est située sur des collines, dont majeure partie est située en pays Limousin ; l'autre partie, sur les rochers, est généralement sujette aux ravines ; sa petite plaine est traversée par la rivière de Dronne et trois petits ruisseaux qui, dans les temps pluvieux et la fonte des neiges en Limousin, l'inondent totalement et entraînent ses productions.

---

(1) Tous les faits qui suivent sur la période révolutionnaire ont été puisés soit aux Archives de la Dordogne, série L, soit à la mairie de Saint-Pardoux qui possède encore quelques registres et papiers de cette époque.

Quoique d'un sol fort aride, tous ces fonds seroient susceptibles de quelques productions, s'il estoit possible de les servir ; mais comme d'un côté les chemins sont quasi tous impraticables, il est très dispendieux et très difficile, soit d'y porter de l'engrais convenable, soit enfin d'en retirer les fruits ; de l'autre, le pont qui traverse le bourg la Dronne ayant été emporté depuis plusieurs années par ses fréquents débordements, il est quasi impossible de donner les labours dans les saisons convenables à cette partie de la paroisse qui est au delà de la Dronne, de façon qu'elle ne produit tout au plus que le quart de ce qu'elle faisoit avant cette perte et, ce qui est plus affligeant, c'est que cette partie de la paroisse est très souvent privée des secours de la religion par l'impossibilité où sont les ministres de pouvoir les administrer, ne pouvant passer.

Cependant, loin de ressentir du soulagement en ses impositions, elle a la douleur de les voir accroître annuellement : elle en paye la présente année 8,057 l., ce qui est pour cette communauté une surcharge d'autant plus exorbitante qu'elle donne tout au plus que 35,000 l. de revenu, ainsi qu'il est facile d'en justifier par les baux des fermes des dîmes sur lesquelles il faut encore en prélever un quart pour les rentes ou impenses pour la culture.

Les corvées, tantôt en nature, tantôt par impositions sont une seconde surcharge : quand elles sont en nature, les laboureurs et vignerons, enfin les ouvriers de toute espèce, en supportent seuls le poids ; quand elles sont par imposition les seuls tailliables en sont chargés et jamais, en aucun cas, les privilégiés, quoiqu'ils emportent au moins la moitié du revenu de la paroisse ; cependant la dernière imposition pour cet objet s'est élevée à la somme de 450 l. pour la seule saison de printemps.

Une troisième surcharge est prise de l'abus de pouvoir que font les receveurs des impôts royaux par les contraintes réitérées tous les mois que fait chaque receveur ; surcharge qui ne pèse que sur cet état de gens les plus indigents et les plus utiles, puisque les laboureurs qui, à proprement parler, sont les pères nourriciers, en supportent tout le poids : inutilement cherchent les misérables à l'alléger en vendant jusqu'au dernier nécessaire : tout est inutile ! Chaque mois ils sont tourmentés par les huissiers aux tailles, qui, par un abus des plus répréhensible, exigent non seulement leur journée de la paroisse d'où ils sortent, mais encore forcent celles où ils se rendent à la payer : ce qui s'appelle retirer deux moutures d'un même sac. Très souvent les collecteurs ont la douleur de voir que les verbaux dont ils chargent les misérables excèdent le taux de leurs impositions. Enfin c'est une surcharge, année commune, de plus de 300 l. sur la paroisse et qui ne peut être répartie que sur les plus indigents, et en est sans doute de même au préjudice de chaque paroisse ; ce qui revient à 12,000 l. pour la province : il seroit donc de l'intérêt public de remédier à ces abus, soit par la suppression des charges de receveur des tailles, soit par celle de leurs huissiers. Au premier cas, il seroit très facile de faire verser les impôts royaux dans les coffres de S. M. à de modiques frais, soit en formant des dépôts de dix en dix paroisses d'arrondissement où les collecteurs de chaque paroisse seroient tenus de verser tous les trois mois le quart des impositions de leur paroisse et en chargeant le plus solvable du lieu du dépôt de les faire passer recta dans les coffres du roi, ce qui pourroit se faire sous une modique rétribution et bien plus modérée que celles qu'exigent les receveurs aux tailles. Au second, si par événement, il se trouve quelque réfractaire à payer les impôts et qu'on fut forcé de procéder par saisie à son préjudice, on pourroit se servir d'un sergent ordinaire, ce qui se feroit toujours à de modiques frais.

Une quatrième surcharge, et bien plus onéreuse pour la paroisse, est prise de ce que les nobles et privilégiés ne participent pas aux charges de la paroisse, quoiqu'ils possèdent les meilleurs fonds et emportent plus de la moitié du revenu.

Une cinquième surcharge est prise des diverses acquisitions que font les privilégiés dans la paroisse et qui font rejaillir la taille de ces fonds sur les non privilégiés, de façon qu'il en est plusieurs qui ne sont capités ni au rôle des roturiers, ni à celui de la noblesse.

Enfin, une sixième surcharge est prise de l'assujettissement forcé où sont les bouviers des taillables à la conduite des troupes et équipages, surcharge d'autant plus onéreuse qu'ils sont souvent forcés d'aller à quatre ou cinq lieues et très souvent dans le temps des semailles.

Le moyen de remédier à toutes ces surcharges et subvenir aux besoins de l'Etat seroit de répartir également tous les impôts entre la noblesse et les privilégiés, que du tiers et ce par proportion des facultés et qu'à ces fins la corvée en nature fût supprimée pour être suppléée par une imposition dans une proportion égale entre les trois ordres, et qu'enfin toutes les charges de la paroisse fussent réparties entre les trois ordres et ce, par une seule et même cote, et proportionnellement.

Ce que requièrent les habitants taillables de la dite paroisse ainsi que la prescription des rentes après cinq ans et que les seigneurs fonciers soient tenus de donner avec l'exploit de solidarité, copie de la liève. Comme aussi la construction des chemins royaux qui communiquent des villes capitales aux diverses bourgades de la province, afin de faciliter le commerce général des denrées et que chaque bourgade puisse être approvisionnée à peu de frais.

Telles sont les observations qui contiennent les vœux de la dite paroisse.

Signé : Planchas de la Valette, Lapeyronnie, Ladorie, des Nauves, la Chapoulie, Grandpré, Beausoleil, Patoureau, Montet, Pigot, Vincent Roger, Jean Chalard, Marbotin, Bonamour, Pierre Beausoleil, Laurent Mazeau, Boredon, Roger, Etienne Rebeirol, Laurent Chevalier, Versaveau, Barbarein, Lagarde, Puybonnieux, Jacques Pommeyrol, Lapeyronnie, Beausoleil, juge ; Chartroule, greffier.

La première municipalité de Saint-Pardoux qui fut élue l'année suivante s'inspira de ces principes si justes et présentés sous une forme si modérée : son élection eut lieu en mars 1790 et les opérations durèrent trois jours.

Le mercredi 2 mars, les électeurs se réunirent dans l'église sous la présidence du curé Gorsse qui donna lecture du décret de l'Assemblée nationale du 12 novembre 1789, qui ordonnait de procéder à cette élection dans toutes les paroisses.

Au scrutin auquel prirent part 73 électeurs, le curé fut élu président définitif. Après avoir remercié l'assemblée, il l'assura de son impartialité et prêta serment : « Je jure de maintenir de tout mon pouvoir la constitution du royaume, d'être fidèle à la Nation, à la Loi et au Roi, de choisir en conscience les plus dignes de la confiance publique et de remplir avec zèle et courage les fonctions civiles et politiques qui pourront m'être confiées. » Tous les habitants répétèrent avec lui : Je le jure.

A la séance du soir, à laquelle assistaient 114 citoyens, Antoine Beausoleil, juge, fut nommé maire par 74 voix ; puis les deux jours suivants, on compléta la municipalité par l'élection du procureur d'office, de cinq officiers municipaux et de douze notables (1).

Le 4 au soir, le curé clôtura les opérations en prononçant

---

(1) Le procureur d'office fut Gui de la Peyronnie, sieur de la Mothe ; les cinq officiers municipaux : Etienne Desport-Fouladier, Pierre Delarret, sieur de Grandpré, Jean Chartroule, sieur des Moulières, Jean Bonamour, maréchal-ferrant, et Antoine Delarret, sieur de Bosredon.

les paroles suivantes qui honorent à la fois celui qui les prononça et les habitants à qui elles s'adressaient :

« Messieurs, je vous remercie une seconde fois de l'honneur que vous m'avez fait en me donnant la présidence : je désire que tout se soit passé à votre satisfaction ; j'en ai beaucoup de votre modération et de la paix que vous avez fait régner dans les séances. Voici la municipalité formée, je dois vous avertir que la loi ordonne de dissoudre votre assemblée et de vous retirer. »

Le dimanche 7 suivant, à la messe paroissiale, après l'aspersion de l'eau bénite, le curé annonça que le soir, aux vêpres, la municipalité prêterait serment : en effet, à 3 heures 1/2, l'église étant pleine de fidèles, la municipalité fit son entrée et se plaça dans la nef ; puis le procureur de la commune, après avoir salué le curé resté dans le sanctuaire, lut la formule du serment que les membres répétèrent après lui.

Au mois de juin suivant, tous les électeurs du canton se rendirent à Saint-Pardoux pour procéder à la nomination des électeurs de l'assemblée primaire. Ils se divisèrent en deux sections, la première composée de Saint-Pardoux, Milhac, Romain, Saint-Angel et Firbeix ; la seconde de Saint-Front, Saint-Saud et Miallet. Toutes deux se réunirent dans l'église du couvent : aussitôt entrées en séance, ces deux dernières communes et celle de Firbeix, élevèrent des protestations énergiques contre la loi du 15 janvier 1790 qui les avait comprises dans le canton de Saint-Pardoux. Ces opérations durèrent trois jours pour élire huit électeurs primaires (1).

L'année suivante, pour accentuer sa protestation, la commune de Miallet ne se présenta pas.

Le 9 janvier 1791, après la messe, le curé Gorsse s'avança dans le sanctuaire et, tourné vers le maire, prêta le serment prescrit par le décret du 12 juillet 1790 : « Je jure de veiller

____

(1) *Arch. dép.* L. 1043.

avec soin sur les fidèles de la paroisse, qui m'est confiée, d'être fidèle, à la Nation, à la Loi et au Roi et de maintenir de tout mon pouvoir la constitution décrétée par l'Assemblée Nationale et acceptée par le Roi. » Son vicaire le remplaça et l'imita (1).

En conséquence de la loi du 20 avril 1791 sur les droits seigneuriaux et d'une ordonnance du tribunal de Nontron du 4 novembre 1791, le conseil municipal fit, en décembre, enlever de l'église les bancs de MM. d'Allogny et de Beaumont, gratter la litre autour de l'église et démolir le pilori, qui fut vendu aux enchères 32 sols.

De nouvelles élections municipales eurent lieu le 20 novembre 1791, et Pierre Delarret-Grandpré fut choisi pour maire. Ce fut lui qui accorda à un groupe d'habitants l'autorisation de fonder une société populaire, comme il en

---

(1) Plus tard, le curé, informé qu'on donnait diverses interprétations à son serment, se présenta devant la municipalité, le 10 février suivant, pour expliquer « avec toute la franchise dont est capable le cœur le plus droit », la portée de son engagement : il a promis, dit-il, de veiller sur les fidèles, en qualité de pasteur légitimement établi par l'église, parce que ce sont les obligations de son état et que la Nation lui alloue un traitement pour cette fin. Il a juré fidélité à la Nation, à la Loi, au Roi : d'abord comme citoyen, parce que sans cette sincère disposition tout citoyen est un monstre et que sa religión lui prescrit de rendre à César ce qui est à César, à Dieu ce qui est à Dieu ; puis comme pasteur, car il s'est engagé à enseigner aux fidèles ces points de la religion qui sont nécessaires pour le bonheur dans l'autre vie, et pour la paix et la tranquillité et le bon ordre dans celle-ci. Enfin, il s'est engagé à maintenir la Constitution, car « il seroit plus qu'absurde de dire, même de penser, que la vraie loi toujours juste, sage et naïve, commande d'agir d'une manière irrégulière et contradictoire ; il ne peut donc être question ici que de tout mon vrai pouvoir légitimement exercé, aussi je jure de maintenir de tout mon pouvoir la Constitution décrétée par l'Assemblée Nationale et sanctionnée par le Roi, en tout ce qui est conforme à la saine doctrine de l'Eglise catholique, à sa discipline et à sa foi. »

Ce serment à la Constitution civile du Clergé fut prêté dans le canton par Noël Desvergnes, curé de Saint-Saud ; Armand Merlhies, son vicaire ; Couvral, curé de Saint-Front ; Dumaine, curé de Romain ; Bellat, vicaire de Milhac ; Dufraisse, cordelier, vicaire de Miallet, et Boysse, dominicain, aumônier du couvent.

existait alors jusque dans les plus petits bourgs. Il en avait
été sollicité par la lettre suivante :

De Saint-Pardoux, ce sixième février 1792.

Monsieur le Maire, plusieurs citoyens soussignés, amis de la
constitution et du bon ordre, ont l'honneur de vous prévenir et de vous
demander la permission de nous assembler pour former une société d'amis
et du bon ordre ; nous nous assemblerons aujourd'hui et demain sans tumulte pour cette formation. Nous vous offrons, après notre organisation,
tout ce qui dépendra de nous pour le bon ordre et la paix. Nous nous
réservons d'avoir l'honneur de vous présenter une requête demain matin
pour vous prier d'une manière plus particulière. Nous vous prions par
cette lettre de vouloir vous joindre à nous. Nous aurons un grand plaisir
de voir parmi nous le chef de la municipalité que nous regarderons toujours
comme notre ami et notre frère, et nous vous rendrons en toute occasion
le respect infini avec lequel nous avons l'honneur d'être et de votre municipalité, à qui nous vous prions de communiquer,

les très humbles et affectionnés frères.

Signé : Pucelle, Grandpré fils, Beausoleil, Chartroule, Beausoleil fils,
Tommas, vicaire de Saint-Pardoux.

Le premier soin de cette société fut de voter une adresse
et de demander ses statuts au club de Nontron, qui lui répondit par son président Vieillemard :

Messieurs, j'eus l'honneur moi-même de faire lecture de votre adresse à
la société des Amis de la Constitution établie en cette ville et j'eus la satisfaction, dont j'avais joui d'avance, de la voir accueillir par les témoignages de la plus vive sensibilité.

Avec des unions pareilles, Messieurs, nous serons bien forts pour dé-
truire les ennemis de la Patrie et hâter aussi la régénération, en portant
tous les cœurs vers le même but ; quand tout un peuple n'est plus qu'un
assemblage de frères, chaque individu doit se sentir bien heureux des sa-
crifices qu'il a fait pour le bonheur commun. Sous peu de jours, nous aurons l'honneur de vous faire passer une copie de nos règlemens ; jusqu'à
présent, nous n'avions qu'un règlement provisoire qu'avait formé la Société naissante, mais devenue très nombreuse, nous en avons senti l'in-
suffisance et la société a nommé une commission de quatre commissaires pour nous présenter dimanche leur travail à ce sujet. En at-
tendant, Messieurs, que nous puissions vous en faire part, vous pouvez
convenir provisoirement de quelques règles de discipline absolument né-

cessaires dans une assemblée, sans quoi elle n'aurait l'air que d'une réunion de personnes au hasard et sans but... »

Dès 1789, une garde nationale avait été créée à St-Pardoux et son commandement confié à Fourichon-Lacombe, ancien officier aux grenadiers royaux : le 28 mai 1792, cette garde étant réunie sur la place des Forts, le maire lui adressa une allocution pour recruter dans ses rangs les volontaires demandés par la Convention pour voler au secours de la patrie en danger : le maire fut-il peu éloquent, les gardes nationaux peu patriotes, toujours est-il que personne ne s'offrit.

Le 29 juillet suivant, cette garde fut réorganisée par les commissaires du district et les huit maires du canton : on forma deux bataillons de six compagnies chacun : Saint-Pardoux donna deux compagnies, Milhac, trois ; Saint-Front et Saint-Angel, une ; Miallet, deux ; Firbeix, une ; Saint-Saud, deux ; et Romain, une ; au total, 1.007 hommes.

Aux élections municipales qui revinrent le 21 octobre de cette année, Grandpré fut continué dans ses fonctions de maire et le 7 novembre jurait de « maintenir de tout son pouvoir la liberté et l'égalité ou de mourir à son poste ».

Le club de Nontron vit avec mécontentement le maintien de « cette municipalité d'aristocrates, qui, disait-il, est de connivence avec une faction qui abuse de la force qu'elle se sent appuyée par ceux-là même qui devraient réprimer ses propos inciviques et contre révolutionnaires ».

Profitant de quelques difficultés qui s'étaient élevées au sujet du recrutement, il obtint du district l'envoi de deux commissaires, Vieillemard et Boyer, pour surveiller les opérations.

Le jour de leur départ, comme on venait d'apprendre que le 17 il y avait eu des troubles à Saint-Front-la-Rivière, fomentés, racontait-on, par les citoyens de Saint-Pardoux, les deux commissaires jugèrent prudent de se faire accompagner par la garde nationale de Nontron ; mais pour ne pas alarmer les habitants de Saint-Pardoux et provoquer des désordres, ils la laissèrent en observation à quelque distance du bourg et s'avancèrent seuls.

L'accueil qu'ils reçurent de la municipalité fut plutôt froid. Néanmoins, malgré quelques tiraillements — comme l'interdiction faite aux commissaires de prendre la parole — tout promettait de se passer avec ordre, quand tout à coup le fils du maire, Larret-Grandpré, armé d'une pique et suivi d'une troupe munie de bâtons, fait irruption dans la salle et interpellant à haute voix le procureur syndic, lui demande s'il est exact que la garde nationale de Nontron est aux portes du bourg. Toute l'assemblée se retourne alors vers les commissaires qui pâlissent, perdent contenance et se voient obligés de reconnaître les précautions prises par eux ; ils essaient de justifier leur conduite, disant que cette mesure ne peut alarmer les bons citoyens. Mais à peine ont-ils terminé leurs explications que les habitants les entourent : « leurs cris, leurs hurlements tenaient de la fureur : ces hommes, les yeux étincelants et les lèvres écumantes de rage, s'approchent de nous à tel point que nous n'étions séparés d'eux que par une table » : cette barrière est bientôt franchie et ils la brisent à coups de bâtons, ainsi que les chaises. « Le livre de la loi est foulé aux pieds » et plusieurs bâtons menaçants se lèvent sur les commissaires, mais..... ne s'abaissent pas. Le tocsin sonne et une partie de l'assistance se détache furieuse, criant qu'elle va « massacrer les citoyens de Nontron. » Ceux qui restent retiennent prisonniers Vieillemard et Boyer qu'ils accablent d'injures. Parmi ces derniers, le fils du maire, Pucelle, secrétaire de la municipalité, et trois ou quatre autres se font particulièrement remarquer. Enfin, « isolés de tout secours, abandonnés par la municipalité, » ils parviennent à s'échapper et par des chemins détournés rejoignent la garde nationale qui attendait patiemment : à peine mis au courant, il n'y a qu'un cri parmi les guerriers nontronnais, courir sus à Saint-Pardoux et venger l'injure faite au district ! Ils en sont dissuadés par les trop prudents commissaires pour qui une bagarre était suffisante, et qui leur représentent qu'il est plus sage et plus digne de rentrer à Nontron pour saisir de cette rébellion les autorités du département.

Sur ces entrefaites, le maire Grandpré et ses amis qui

étaient à leur recherche, les rejoignent et de part et d'autre, semblables à ces héros fameux, habitants de Nontron et de Saint-Pardoux s'invectivent à distance, mais n'en viennent point aux mains; puis les deux troupes partent chacune de leur côté.

Le 24 suivant, malgré la défense faite par le district de reprendre en l'absence des commissaires, les opérations du recrutement, le maire convoqua les habitants dans l'église, double malice qui visait à la fois le district et le curé constitutionnel : aussi les délibérations prises furent de nouveau annulées, attendu qu'il n'est plus d'usage de convoquer dans l'église, où à peine 30 personnes sur 1,600 suivent les exercices religieux; qu'il est notoire que le maire n'a fait cette réunion dans ce lieu que pour braver le ministre du culte et ceux qui se trouvaient avec lui, d'autant qu'il a choisi pour faire son entrée le moment où on célébrait une cérémonie religieuse.

La surexcitation des esprits passée, les plus compromis dans cette affaire prirent peur et abandonnèrent la commune, le maire en tête. Après leur départ, deux envoyés du département, Lalande et Legrand, arrivèrent à Saint-Pardoux accompagnés d'une troupe de soldats qu'ils laissèrent en garnison. Ils proclamèrent la déchéance de la municipalité et firent nommer par le district une commission municipale composée de Joseph Planchas, Jean Patoureau, Barbarin et Pouyade.

Cette nomination fut annoncée aux vêpres le 13 avril par le curé qui prononça ensuite un discours patriotique entraînant, à tel point que 29 jeunes gens vinrent s'inscrire pour marcher contre les ennemis de la patrie, et que tous les assistants contribuèrent par des dons à leur équipement : Planchas avait donné l'exemple en offrant une somme de 300 l., Beausoleil donna 150 l., Ladorie 50 l. et chaque volontaire reçut 64 l.

Le 20 avril, cette commission décrétait la taxe du pain, dont le prix excessif était devenu une cause de murmures pour la population : « Comme dans une année de disette de vrais républicains ne doivent pas vivre dans la sensualité et que des frères et amis doivent être au même régime », elle enjoignait aux boulangers de ne faire qu'une seule catégorie de pain à 5 s. 8 d. la livre.

L'enthousiasme soulevé par le discours du curé ne fut pas de longue durée, et quand il fallut exécuter les engagements pris, il se produisit de nombreuses défections : le départ des volontaires, ou du moins de ceux qu'on avait pu réunir, donna lieu, le 10 mai, à de nouveaux désordres : un conscrit fut tué et plusieurs blessés. Dès le 12, le Conseil général du département, « pour étouffer à leur naissance les germes contre-révolutionnaires dont il est certain que de nombreux rameaux s'étendent dans le département », prenait l'arrêté suivant :

Art. 1er. — Les citoyens Boyer l'aîné et Faurien, président et membres de l'administration, sont nommés commissaires à l'effet de se transporter sur le champ à Saint-Pardoux avec les forces qu'ils croiront utiles, à l'effet d'y apaiser les troubles qui viennent d'y avoir lieu, d'en faire arrêter les fauteurs et prendre toutes les mesures que le bien public exigera.

Art. 2. — Comme il paroit évident que ces troubles ont été occasionnés par les volontaires faisant partie du recrutement, les commissaires ci-dessus nommés sont autorisés à les faire partir de suite.

Art. 3. — Les commissaires se feront assister des officiers de justice à l'effet de faire toutes les instructions nécessaires pour atteindre les coupables et les faire punir.

Art. 4. — Les commissaires sont invités à instruire par un cavalier d'ordonnance le conseil d'administration de tous les événements et des mesures qu'ils prendront.

Fait à Périgueux, en séance publique, le 12 mai 1792.

Le lendemain, Boyer et Faurien étaient à Saint-Sulpice, suivis de 20 cavaliers ; ils haranguèrent les habitants sur leur peu de goût pour le service militaire, conduite coupable, car la période troublée que traverse la République exige les marques du plus éclatant dévouement : la conduite des volontaires n'est peut-être pas aussi blâmable qu'elle le paraît au premier abord, mais avant tout il faut les soustraire aux influences de leurs milieux, aussi ordonnent-ils leur départ immédiat : un seul manqua à l'appel.

Deux partis se disputaient alors le bourg : un parti modéré qui avait pour chef l'ancien maire, Larret-Grandpré, mais qui était désorganisé par la fuite de celui-ci ; un parti avancé s'appuyant sur la Société populaire et ayant à sa tête Planchas et Ladorie. Aussi les élections municipales qui s'effectuèrent vers ce temps furent-elles des plus mouvementées : à trois scrutins successifs, on trouva dans l'urne plus de bulletins que de votants ; si bien que le district dut envoyer, le 27 juillet 1792, deux délégués pour présider aux opérations ; cette fois tout se passa régulièrement ou du moins les délégués jugèrent régulier un scrutin qui donnait la majorité à leurs amis, car le parti avancé l'emporta et Planchas fut élu maire : alors commença le régime des suspects. Le 10 août, le maire réunissait tous les citoyens et leur annonçait qu'un tableau civique sur lequel chaque habitant, à peine d'être réputé suspect et traité comme tel, était tenu de se faire inscrire, était ouvert à la maison commune. Puis la garde nationale formée sur deux rangs, sous le commandement de Beausoleil, ancien dragon, se rendit à l'église et accompagua le curé au pied de l'arbre de la liberté : après la messe, le maire et les assistants prêtèrent serment à la nouvelle constitution.

Au mois de décembre précédent, on avait inauguré les réquisitions, en enjoignant aux habitants de porter à la mairie les armes en leur possession, ainsi que les bottes, fontes et manteaux. On dut en outre fournir deux chevaux et deux cavaliers. Quatre membres de la municipalité furent chargés de perquisitionner chez les citoyens soupçonnés de cacher ces objets. En septembre, on demanda trois autres soldats à la commune.

Le 13 octobre, on désigna six commssaires pour procéder à des visites domiciliaires dans le but de rechercher les grains et les farines.

Le 30 brumaire, le Conseil général de la commune convoqua les citoyens à son de caisse sur la place des Forts, et fit apporter tous les titres féodaux qui avaient été versés le 16 par la veuve Beausoleil et Guy Lapeyronnie. On en fit un tas auquel le maire Planchas mit le feu ; pendant qu'il flamblait, les assistants se prirent par la main et dansèrent autour en chantant la Carmagnole et en criant : Vive la République ! vive la Montagne !

Les vivres étant devenus fort rares, il fut décidé, dans ce mois, d'établir un grenier commun où tous les particuliers porteraient les grains qui ne seraient pas nécessaires à leur consommation ; de plus, il fut interdit aux hôteliers d'héberger les gens du bourg.

Le 3 frimaire, Lacoste, représentant du peuple, ordonnait l'arrestation de Larret-Grandpré qui était rentré à Saint-Pardoux (1) ; le lendemain, le Comité de salut public de Nontron faisait perquisitionner dans ses papiers où « on n'en trouva aucun sur lequel on put porter le moindre soupçon préjudiciable à la chose publique. » Néanmoins, il fut maintenu prisonnier à Nontron pendant près d'un an et ne recouvra sa liberté que le 15 brumaire, par ordre du représentant Pélisson, à qui il avait fait valoir « qu'il était né dans la classe des sans-culottes et qu'il avait un fils au service de la patrie. »

Pendant cette période enfiévrée, le Conseil général de la commune était presque continuellement en permanence : le 18 frimaire, il nommait deux commissaires pour « stimuler la sensibilité des citoyennes en faveur de leur époux, fils ou frère qui peuvent être blessés en combattant les satellites et les despotes, et les exhorter à faire de la charpie. » Le lendemain, il décrétait que chaque chef de maison ne pourrait posséder plus de trente livres en monnaie de billon, à peine d'être traité comme accapareur. Dans le même mois, il procédait à la réquisition de 5 soldats, des couvertures, du foin et de la paille. Le 30, en vertu d'une proclamation du représentant Roux-Fazillac chargeant les comités révolu-

---

(1) Cette arrestation de Grandpré ne fut pas isolée : dans ce même mois, on incarcéra Desport-Lagrange, pour avoir tenu les propos les plus inciviques ; Roux de Lusson, son père et sa femme, comme ascendants d'émigrés ; Bellicot, ex-moine, comme incivique et fanatique ; puis dans les mois suivants : la veuve Darfeuille, Jean Lapeyronnie-Lamothe et sa femme, tous omme auteurs d'émigrés.

tionnaires de faire observer le repos du decadi, tous les citoyens se rendent à l'église, où un assistant donne lecture de la déclaration des Droits de l'homme ; puis deux membres entonnent l'hymne de la Raison, repris en chœur par l'assemblée ; sa fin est accueillie par les cris de Vive la Montagne ! Vivent les Sans-Culottes ! De là on se rend sur la place et on danse en chantant la Carmagnole.

Le 10 nivôse, on fête la prise de Toulon : après la messe, l'agent national invite les habitants à donner du bois pour faire un feu de joie. A la sortie des vêpres, tous se réunissent autour du bûcher en chantant des hymnes civiques, mais au moment d'y mettre le feu, l'agent national propose de se rendre d'abord au pied de l'arbre de la Liberté, arbre chéri de tous les bons patriotes, et de danser la Carmagnole autour. Sa motion acceptée, les assistants se prennent par la main et toujours chantant, toujours dansant, exécutent le programme arrêté, puis s'en reviennent par la grand'rue sur la place : mais là une déception les attendait, du feu de joie il ne restait plus que les cendres ; de mauvais plaisants l'avaient allumé pendant leur promenade. Une enquête faite sur-le champ permit de trouver les coupables qui furent condamnés à faire un nouveau feu de joie à leurs frais.

Vers cette époque, on reconnut, à la suite d'un nouveau recensement de grains, qu'il serait impossible d'assurer jusqu'à la récolte prochaine, la subsistance des habitants, et, en conséquence, le 28 pluviôse, le Conseil de la commune réduisait à quatre boisseaux par personne la quantité de grains qu'on pouvait conserver chez soi ; le surplus devait être porté au grenier commun, à peine d'être déclaré suspect.

La Convention ayant ordonné la création de chantiers pour la construction des chemins, le Conseil de la commune envoya deux de ses membres prendre les instructions de Lakanal. Le 6 ventôse, Laqueuille, envoyé de celui-ci et chargé de ses ordres, vint à Saint-Pardoux. Il se rendit à la maison commune où il réunit la société populaire et engagea les vrais patriotes à se joindre à lui et à la municipalité pour seconder les vœux de la Convention. Ses paroles furent en-

tendues, car, le 9, tous les citoyens s'assemblèrent au pied
de l'arbre de la Liberté, puis accompagnés de ménétriers et
de musiciens, se transportèrent, drapeau en tête, sur la
route de Milhac, où le chantier devait être ouvert ; on
planta le drapeau et tous se mirent au travail, les musiciens et les tambours jouant et battant sans disconti-
nuer. L'heure du repas fut indiquée par des sonneries spéciales et le soir on rentra au bourg avec le même cérémo-
nial, en chantant des airs patriotiques ; enfin on termina la
journée par une ronde autour de l'arbre de la Liberté. Ce
bel enthousiasme ne pouvait durer : on travailla encore le
lendemain 10 et le 11, mais le 12, tous restèrent chez eux.

Le 10 nivôse, toutes les religieuses habitant encore le
bourg durent se présenter devant la municipalité et prêter
serment de fidélité à la Nation.

Le curé avait annoncé, le 18 pluviôse, qu'il cessait ses
fonctions (1) et l'église fut consacrée au culte de la Raison.
Le premier germinal, les vases sacrés furent enlevés et conduits au district pour être envoyés à la Monnaie de Limoges,
et le 10 floréal, la société populaire faisait vendre les balustres et les confessionnaux, « ne pouvant souffrir plus longtemps la vue de ces objets de superstition. »

Ici s'arrêtent les registres révolutionnaires de Saint-Pardoux et avec eux les renseignements que nous avons trou-
vés sur cette curieuse et tragique période. Mais déjà les
temps étaient proches où ce régime de terreur qui pesait
d'une façon si terrible sur la plus petite des communes devait disparaître à tout jamais. Avec lui aussi se clôt la pé-

---

(1) Le registre d'abdication des citoyens ci-devant ministres du culte catholique mentionne pour notre canton les noms de Pierre Marcillaud-Lava-
lette, curé de Saint-Pardoux; Modenel, curé de Milhac depuis 15 ans ; Jean-
Louis-Abraham Lolière, curé de Miallet depuis 22 ans ; Jean Couvral, curé
de Saint-Front depuis 4 ans ; Jean Tamagnon, son vicaire, et Pierre Bellat,
vicaire de Milhac. (*Ibid*. L. 657.)

Par suite d'une erreur matérielle, les listes de Maîtres de Poste, Chirurgiens, Apothicaires et Maires, qui devaient figurer ici, ont été mises à la suite
du Chapitre II.

riode active et originale de la vie de notre vieux bourg. Depuis cette époque, son histoire n'offre plus de traits saillants et est celle des autres chefs-lieux de canton de France.

V. — Vieilles coutumes et superstitions.

Nos pères, bien qu'ils aient mis volontiers en scène, et souvent d'une façon fort irrévérencieuse, les saints et les moines dans leurs fabliaux, leurs contes moqueurs et leurs mystères, n'en étaient pas moins pieux ; mais de même que leur foi était gaie, l'Eglise se prêtant au rire de bonne grâce, en leur abandonnant à certains jours de l'année, ses temples, — principaux cadres des fêtes des Fous, de l'âne et des innocents, — de même leur piété n'allait pas sans de nombreuses superstitions.

Elles étaient légion les vieilles coutumes, restes d'anciennes croyances, remontant pour quelques-unes aux premiers âges de l'humanité, que l'on se redisait le soir à la veillée, que la mère apprenait à sa fille et dont la connaissance était nécessaire à celle-ci pour devenir aux yeux du village une matrone accomplie.

Ces vieux usages, qui, il y a encore peu d'années, avaient de nombreux fervents, disparaissent tous les jours : les vieux, qu'une sorte de respect pour la mémoire de leurs anciens qui les leur ont transmises, attache encore à ces pratiques, ne s'y livrent plus qu'en cachette, par peur des moqueries des jeunes ; tandis que ceux-ci, fiers de leur savoir, dédaignent ces sornettes des vieux ans et ne songent même pas à en conserver le souvenir.

Il nous a donc paru curieux de réunir ici, pour les sauver de l'oubli, toutes les pratiques bizarres et superstitieuses que nous avons pu recueillir : ce chapitre qui ouvrira, en quelque sorte, une échappée sur l'état d'esprit des villageois de jadis, complétera cet essai d'évocation du Saint-Pardoux d'autrefois.

Chaque acte de la vie de nos pères est accompagné de pratiques bizarres et naïves religieusement respectées et transmises de génération en génération ; elles prennent l'homme à sa naissance, l'accompagnent dans toutes les actions de son existence et ne le laissent qu'au tombeau.

A peine l'enfant est-il au monde que la matrone lui pose une bague sur la joue pour lui donner des fossettes ; les visiteuses arrivent : elles croiraient porter malheur au nouveau-né si elles ne déposaient pas un sou sur la table de la nouvelle accouchée ; faire manger à l'enfant un morceau de pomme cuite le premier vendredi après sa naissance le rend robuste pour toujours ; conserver une portion de son cordon ombilical remplit le même résultat.

Pour qu'il ne soit pas sourd, le parrain et la marraine ne doivent pas oublier de sonner les cloches et de s'embrasser sous le clocher ; s'il est en retard pour parler, le présent d'une écuelle par ceux ci lui déliera infailliblement la langue ; on pourra même lui donner une belle voix en coupant ses ongles sous un rosier blanc.

Les enfants dans leur bas âge sont sujets à de nombreuses maladies dont les causes sont souvent difficiles à discerner ; si la science de l'homme de l'art est en défaut, celle des commères n'est jamais à court ; elles vous diront que l'enfant est atteint du mal d'un saint et qu'il faut le conduire à une des fontaines réputées dans le pays : fontaines de Saint-Front, Saint-Jean, Saint-Pardoux, etc. ; il s'agit avant tout de connaître le nom du saint ; une opération très simple va vous l'indiquer : prenez 12 baguettes de noisetier d'égale grosseur et d'égale longueur ; à chacune d'elles donnez le nom d'un des saints honorés dans le voisinage, puis faites-les brûler successivement au-dessus d'un verre d'eau : des charbons se détacheront pour tomber dans l'eau, surveillez-les et dès que vous aurez vu l'un d'eux s'enfoncer et gagner le fond du verre, arrêtez-vous, le problème est résolu : le nom du saint porté par la baguette dont le fragment carbonisé s'est ainsi enfoncé, est celui que vous cherchez : vous n'avez plus qu'à vous rendre à la fontaine du saint et y tremper l'enfant, sans négliger certains rites, comme de laisser dans le bassin de la fontaine le bonnet du petit malade, des épingles, des sous, etc. ; généralement on fait en même temps dire un évangile à l'église de la paroisse dans laquelle se trouve la source (1).

L'enfant a-t-il la *rate*, le ventre gonflé ? Fendez le tronc d'un jeune noyer dans le sens de la longueur et faites passer le patient dans l'écartement des deux branches, que vous réunissez par une ligature : si les deux parties se ressoudent, le mal partira pour toujours ; pour les coliques, portez l'enfant à l'église et roulez-le sur l'autel de la Vierge pendant l'élévation (2).

Les maladies infantiles sont souvent causées par le manque de lait chez la mère : un premier moyen pour celle-ci de le faire revenir consiste à se mettre au cou un collier composé de plusieurs pierres taillées ; tous les colliers en usage n'ont pas la même efficacité, aussi tel qui jouit d'une bonne renommée fait-il le tour de la paroisse au cou des jeunes mères (3) ; si ce procédé échoue, on peut essayer de mettre un fromage sur l'autel de la Vierge ou bien encore de déposer un sou dans le bénitier.

Le jour des Rameaux — des Rampants, comme on dit en patois — c'est la fête des enfants : chacun d'eux reçoit un rameau de buis que l'amour maternel s'ingénie à orner de gâteaux : tortillons, casse-museaux ; de bibelots, de rubans, etc., véritable arbre de Noël en miniature que tout ce petit monde joyeux en ses plus beaux atours, emporte à la messe pour le faire bénir : gracieuse et touchante coutume, qui a

---

(1) Presque toujours on faisait coïncider ce voyage avec la fête locale : cet usage existe encore et nous avons compté dans la fontaine de Saint-Pardoux, un lendemain de frairie, une douzaine de petits bonnets.

(2) Dans l'inventaire fait le 11 avril 1747, après décès de Michel Mallet sieur de Chastillon, on trouve parmi les bijoux « dans un petit sac des reliques qu'on assure servir aux femmes qui sont en couches, le tout fort ancien. » (Deguizable, notaire à Milhac).

L'inventaire de Sicaire Dubois, sieur de Mazerac (15 mai 1635) cite : « une pierre de mègre servant à la colique ».

(3) Nous avons retrouvé un de ces colliers : il n'est composé que de trois agates taillées, celle du milieu en olive, les deux autres globuleuses. Sa renommée dépasse les bornes de la paroisse et il sert encore fort souvent : le cordon, noir de crasse, en offre un témoignage irrécusable.

sur celle à peu près semblable qui, dans certains pays, se célèbre à Noël, la supériorité d'avoir pour cadre un jour ensoleillé de printemps.

L'enfant grandit, l'amour s'éveille : pour connaître celui ou celle à qui l'on accordera son cœur, il existe nombre de procédés infaillibles : mettez sous votre oreiller une gousse de pois contenant neuf grains, vous le (ou la) verrez sûrement en rêve ; ou bien encore, par un beau soir, adressez-vous à la lune et dites-lui :

> O lune, ô belle lune !
> De mon pied droit je te salue,
> Je te prie de me faire voir en songe
> L'époux que j'aurai en ce monde.

Autre procédé plus compliqué : jetez des sous dans le feu de la Saint-Jean, cherchez-les dans la cendre et en les donnant à un pauvre, demandez-lui son nom : ce sera celui de votre futur amoureux ; n'ayez pas surtout le malheur de mettre une bûche dressée dans le foyer, ce serait lui signifier son congé ; mais si vous voyez un jeune homme s'installer chez vous dans la cheminée, ne vous y trompez pas, c'est une déclaration.

Mais le mariage est fait ; le cortège revient de l'église, précédé du traditionnel *chabretaïre* ; sur son chemin il rencontrera des troupeaux de truies et de brebis que les voisins ont conduits sur la route pour que la mariée leur porte bonheur. Si en arrivant à sa maison, celle-ci trouve un balai ou une quenouille en travers de sa porte, elle ne manquera pas, à peine de passer pour une paresseuse, de saisir l'instrument et de balayer ou de filer, en même temps les gens de la noce tireront des coups de pistolet pour célébrer la vaillance de l'épousée.

Le nouveau ménage est installé, quantité de pratiques lui porteront bonheur : en revenant de la messe de minuit, manger de neuf choses différentes, parmi lesquelles on n'oubliera pas les boudins, surtout si on a eu le soin, le soir de la Sainte-Luce de guetter le premier coup de cloche et de crier : — *tripo !* — *tripo !* car la compagnie doit les payer à celui qui prononce ces mots le premier.

Les bestiaux forment la principale richesse de la maison, aussi que de soins prendra-t-on pour les faire profiter, leur conserver la santé ou les guérir : pour les brebis, allez chercher le 23 juin les herbes de la St-Jean, brûlez-les et, au milieu du brasier, faites passer le troupeau ; les mêmes herbes ramassées le matin du même jour dans trois paroisses différentes et avant soleil levé, sauvegarderont les cochons.

Gardez-vous bien de demander à votre métayer le nombre de petits que la truie vient de mettre bas, vous feriez crever toute la portée ; du reste, il ne vous répondrait pas. Ne jetez pas la *redoundo*, lien d'osier qui attache le timon, mais suspendez-la à une croix pour protéger le bétail, surtout ne le brûlez pas, vous vous exposeriez à voir votre enfant mourir étouffé.

Si un sort est jeté à vos bêtes, tracez un cercle et faites-les passer au milieu, vous les désensorcellerez.

Ne vous imaginez pas de curer une étable un vendredi, vos bœufs boîteraient sûrement, mais n'oubliez pas de vous mettre à ce travail le jour du mardi-gras, bétail et poules en profiteront. Pour avoir des poulets précoces, portez des noix ou des pommes à la fontaine le jour du premier janvier ; de même le bois du feu de St-Jean fait pondre les poules ; de plus il a, pour les gens, le privilège apprécié de chasser les puces.

Pour avoir du blé, *ne faites pas les marrons* avant que le grain qui est en terre ne soit levé ; au contraire, pour avoir une bonne récolte ne pas manquer de les faire entre Noël et le premier de l'an. En partant pour la foire, gardez-vous de rien prêter, vous seriez certainement volé ; si vous ramenez une nouvelle paire de bœufs, n'oubliez pas, avant de les rentrer à l'étable, de leur jeter de l'eau bénite et de dire une prière.

Avez-vous du foin dehors? gardez-vous bien de toucher aux fourmilières, vous amèneriez la pluie à bref délai.

Si l'orage se prépare, arrêtez-le en fendant une bûche ou en jetant du sel dans le feu ; on conjurera ses ravages en faisant brûler un bouquet béni le jour de la Fête-Dieu.

Pour avoir des fruits, un moyen bien simple et que nous avons vu fréquemment employer, consiste à entourer le tronc de chaque arbre fruitier avec un lien de paille ; cette opération doit s'effectuer le matin du Carnaval : préalablement on a dû se lever de bonne heure, faire la soupe et porter, avant le lever du soleil, la première cuillerée sur le fumier et devant les ruches. Ce même jour, cassez tous les œufs qui sont à la maison : autant d'œufs conservés, autant de sacs de blé perdus : usage certainement inventé par un gourmand !

Voulez-vous avoir de l'argent toute l'année ? frottez-vous les dents avec une pièce d'or le matin du premier mai ou bien encore faites des crêpes le jour de la Chandeleur.

Une bonne ménagère ne jettera jamais au feu ses pelures d'oignons, ceux qui sont en terre pourriraient.

Après avoir soigné ses bêtes, un bon cultivateur songe à lui et aux siens : si quelqu'un a la fièvre, mettez-lui sans qu'il le sache une rainette dans la poche ; le bois du feu de St-Jean, outre les vertus précédemment énumérées, calme les rhumatismes ; en vous chauffant le dos à ce même feu, vous préviendrez les maux de reins pendant les moissons. Pour les *fourmis*, tracez un signe de croix sur la partie engourdie avec un doigt de la main gauche enduit de salive. Les goîtres disparaissent au contact de la main d'un mort.

Si vous souffrez du mal de dents, mordez dans la première fougère que vous rencontrerez, vous serez guéri pour toute l'année ; le mal d'oreilles ne résiste pas à une station faite sous un vergne avant soleil levé. L'eau bénite en lotions vous délivrera des furoncles, des piqûres d'insectes.

Il peut y avoir des dissensions dans le ménage, gardez-vous bien de vous faire battre par votre femme, et, si ce malheur vous arrive, faites qu'il reste secret, sinon le bourg va rire à vos dépens : votre plus proche voisin sera chargé de vous représenter dans la farce burlesque qui va s'organiser : on le hissera à rebours sur un âne dont il tiendra la queue en guise de guides, et tous vos amis l'accompagneront en chantant, pendant qu'il criera : *Ne sei pas iqui per mou pécha, i sei per lou de me veisi*, et on lui fera faire le tour du bourg, tandis que de temps à autre un loustic de la bande lui offrira à boire dans un verre rincé avec la queue de l'âne. Les amateurs de ce genre de distractions,— et ils étaient nombreux au village où l'on aime à rire aux dépens du prochain, — ne manquaient pas d'organiser le traditionnel charivari contre la veuve qui convolait en secondes noces ou la fille qui, suivant l'expression pittoresque, faisait passer Pâques avant Rampants (1).

Il est vrai que l'on pouvait se venger de ses voisins le matin de la St-Jean : en leur dérobant une pelletée de fumier, on leur enlevait la moitié de leur récolte. Si on était alors importuné par des furoncles, on pouvait se donner le malin plaisir de les leur passer, c'était bien simple : il n'y avait qu'à porter à la nuit des oignons devant leur porte, ils les ramassaient et du même coup gagnaient vos furoncles dont vous étiez débarrassé.

Une ménagère entendue ne doit rien commencer un vendredi, ne laissera pas bouillir l'eau d'une marmite sans qu'il y ait quelque chose dedans, car c'est le maître de la maison qui s'use. Faire la lessive durant la semaine sainte ou les Rogations peut amener la mort du mari; pour la même raison, elle ne se servira pas des épingles qui ont été utilisées pour étendre la lessive. Faire brûler un figuier peut amener le même malheur.

Le vendredi-saint elle se gardera de boulanger, car le pain serait plein de sang : on citait toujours à l'appui de ce dire telle paroisse où ce fait s'était produit; on ne devait pas mettre couver ce même jour.

L'angelus sonné, il n'est pas prudent de rester à la rivière, on risquerait de rencontrer des revenants, de plus soi même on reviendrait après sa mort pour laver à la même place et à la même heure.

Semer du persil porte malheur à quelqu'un de la maison; mais s'il pousse spontanément, on dira qu'il y a de l'argent caché.

Brûler le joug des bœufs prolonge l'agonie des vieillards,

---

(1) Pâques avant les Rameaux.

au contraire un morceau de ce joug, placé sous l'oreiller du mourant, abrège ses souffrances.

Quand le maître de la maison est mort, videz immédiatement l'eau de tous les vases et apportez au milieu de la chambre un seau plein d'eau fraîche pour que l'âme du défunt puisse s'y purifier ; allez ensuite prévenir les bêtes. Pendant tout le temps qu'on conservera le corps, on ne doit pas balayer.

Ce serait ici le lieu de dire quelques mots sur les vieilles légendes qu'on se contait jadis au coin du feu, les chansons patoises :

> Ces vieux airs du pays au doux rythme obsesseur,
> Dont chaque note est comme une petite sœur,
> Dans lesquels restent pris des sons de voix aimées...
> Ces airs, dont la musique a l'air d'être en patois,

Dont nos pères étaient si friands, les prières bizarres, autant que peu orthodoxes, qu'on se transmettait oralement ; mais de ce côté notre moisson a été trop riche et nous dépasserions les bornes permises en allongeant encore de quelques pages ce chapitre consacré au Folk-lore ; cependant nous ne résisterons pas au plaisir de faire connaître la gracieuse légende suivante qui nous a été contée tout récemment.

En ce temps-là, les hommes vivaient heureux, le travail était inconnu, chaque tige de blé était garnie d'épis depuis le bas jusqu'au sommet ; mais chaque homme n'avait droit qu'à la récolte d'un sillon : un jour, un méchant s'empara, pour nourrir son chien, de la récolte du sillon voisin. Grand courroux du seigneur Dieu, qui décide de châtier la race humaine. Il descend sur la terre et se met à arracher tous les épis de blé qui n'étaient pas encore moissonnés. Son travail de destruction était sur le point d'être terminé, une seule tige restait encore garnie de ses épis ; Dieu l'avait déjà saisie et sa main en remontant le long de la tige avait déjà enlevé tous les épis, sauf celui du sommet qui allait disparaître à son tour, privant à tout jamais les hommes de cette plante précieuse, quand la Vierge accourut et protégeant de sa main le dernier épi, empêcha Dieu d'accomplir son œuvre de punition ; mais depuis ce temps la tige de blé ne porte plus qu'un seul épi.

ADDENDA et ERRATA.

Notre très érudit confrère, M. le comte de Saint-Saud, nous fait remarquer que les armoiries décrites, page 342, sont bien probablement celles de la famille de Roux, qui portait *fascé d'argent et d'azur, au chef d'azur chargé de trois fleurs de lys d'argent.*

De même, page 433, lire : Antoine de la Roche-Aymon, seigneur de Premilhac, au lieu d'Antoine de Premilhac, seigneur de la Roche-Aymon.

A ajouter à la liste des religieuses : Denise et Dauphine de Chanac, filles de Gui et de Bellotte de Montberon, mariés le 17 janvier 1307. (Cf. *Dict. des Fam. du Poitou*, 2ᵉ édition, V. Chenac.)

www.ingramcontent.com/pod-product-compliance
Ingram Content Group UK Ltd.
Pitfield, Milton Keynes, MK11 3LW, UK
UKHW021519090726
13657UKWH00001B/342